සම්බුදු සුවඳේ පහස ලත්
අනඳ මහතෙරණුවෝ

කිරිබත්ගොඩ ඤාණානන්ද හිමි

සම්බුදු සුවඳේ පහස ලත් අනඳ මහතෙරණුවෝ

කිරිබත්ගොඩ ඤාණානන්ද හිමි

ISBN : 978-624-5524-22-8

මුද්‍රණය : **ශ්‍රී බු.ව. 2568 නිකිණි මස (2024 අගෝස්තු)**

සම්පාදනය : **මහමෙව්නාව භාවනා අසපුව**
වඩුවාව, යටිගල්ඔළුව, පොල්ගහවෙල.
දුර : 037 2244602
info@mahamevnawa.lk | www.mahamevnawa.lk

ප්‍රකාශනය : **මහාමේඝ ප්‍රකාශකයෝ**
වඩුවාව, යටිගල්ඔළුව, පොල්ගහවෙල.
දුර : 037 2053300, 076 8255703
info@mahamegha.store | www.mahamegha.store

මුද්‍රණාලය : **තරංජී ප්‍රින්ට්ස් (ප්‍රයිවට්) ලිමිටඩ්,**
506, හයිලෙවල් පාර, නාවින්න, මහරගම.
ටෙලි: 011-2801308 / 011-5555265

“ධම්මෝ හි වාසෙට්ඨා, සෙට්ඨෝ ජනේතස්මිං
දිට්ඨේ චේව ධම්මේ, අභිසම්පරායේ ච.”

වාසෙට්ඨයෙනි, මෙලොවෙහි ත් මෙන්ම පරලොවෙහි ත්
ජනයා අතර ධර්මය ම ශ්‍රේෂ්ඨ වෙයි.

- භාග්‍යවත් බුදුරජාණන් වහන්සේ -

අප මිහිඳු මහතෙරිඳුන් - ඉදුහයෙන් මෙ ලක්දිව් වැඩ
පිහිටවූ ගොයුම් ගොත් - උතුම් සම්බුදු සසුන
නිවී යා නො දී දිවි පුදා - රැක එය මැ බැබළවූ
මහවිහාරීය සකල සඟ ගණ - ගුණ මිණි වැලට පුදමි මෙය

පොත ගැන...

අප භාග්‍යවතුන් වහන්සේගේ මහාශ්‍රාවක සඟරුවන අතර ආනන්ද මහරහතන් වහන්සේගේ නම කියන විට ම මුළු මහත් බෞද්ධ ලෝකයාගේ සිතෙහි උන්වහන්සේ පිළිබඳව මහත් ආදර ගෞරවයක් නිතැතින් ම හටගනී. එයට ප්‍රධාන හේතුව නම් අනඳ මහතෙරුන් විසිපස් වසක් පුරා සිය සදාදරණීය ශාස්තෘන් වහන්සේට නිබඳ කැපවීමෙකින් උපස්ථානයන් කිරීම ය. එසේ ම, බුද්ධ දේශනා කියවීමේ දී ද ආනන්ද නාමය නිතර ම හමුවේ.

අප ගේ අනඳ මහතෙරුන් පිළිබඳව බොහෝ තොරතුරු ඇතත් ඒ සියල්ල ම එක්කොට පොතක් ලිවීම පහසු නැත. එහෙත් අනඳ මහතෙරුන් පිළිබඳ දතයුතු බොහෝ වැදගත් කරුණු කාරණා මේ පොතෙහි සඳහන් ය. ඇතැම්විට ඒවා ඉතා අනුවේදනීය ය.

අනඳ මහතෙරුන් බඳු සත්පුරුෂ උතුමෙකුගේ උත්තුංග චරිතාපදානය මෙපමණෙකින් හෝ ලියන්ට ලැබීම කෙනෙකුට ලැබෙන අතිමහත් භාග්‍යයක් යැයි සිතේ. ඔබත් මේ පොත අවසන් වනතුරු කියවුව මැනව. අනඳ මහරහතන් වහන්සේ පිළිබඳව සිත පහන් කරගත මැනව. ඒ මහෝත්තමයන් වහන්සේගේ අසිරිමත් දිවිසැරිය දැනගන්ට ලැබීම වාසනාවක් කොට සැලකුව මැනව. එය කවදා හෝ ඔබට පිහිට වනු ඇත.

කිරිබත්ගොඩ ඤාණානන්ද හිමි

සම්බුදු සුවඳේ පහස ලත්
අනඳ මහතෙරණුවෝ

නමෝ තස්ස භගවතෝ අරහතෝ සම්මා සම්බුද්ධස්ස

සම්බුදු සුවඳේ පහස ලත් අනඳ මහතෙරණුවෝ

සැමට පොදු නොවූ උරුමයෙක අසිරිය

භාග්‍යවත් අර්හත් සම්‍යක් සම්බුදුවරුන ගේ උපත වනාහී දෙව් මිනිස් ලෝසතට නො සිතිය හැකි, ඔවුන ගේ කල්පනාවනට අවිෂය වූ, අචින්තනීය වූ, අවාච්‍ය වූ, අතුල්‍ය වූ, අතිශය දුර්ලභ වූ, සුවිශේෂී සිදුවීමෙකි.

අප දිවි ගෙවන මේ යුගයෙහි පහළ වූ ගෞතම නම් භාග්‍යවත් අර්හත් සම්‍යක් සම්බුදුහු ගේ උපත අයත් වනුයේ එකී ආශ්චර්යාද්භූත ගණයට ය. කල්ප කාලාන්තරයෙක ඇවෑමෙන්, ඉතාමත් කලාතුරෙකින් සිදුවන එවන් සිදුවීමෙක් මින් සියවස් පස්විස්සකට පෙර සිදු ව, ඒ බුදුරදහු පිට දුන් මහබෝධිය, ඒ බුදුහු පිරිනිවීමෙන් පසු සිය අදිටන පරිදි ශේෂ වූ ධාතූන් වහන්සේලා නිදහිත මහා සෑ, දිවමන් ව වැඩවුසූ සමයෙහි පන්සාළිස් වසක් පුරා දඹදිව් තෙළෙහි ඇවිද අමා දම් වහරේ වස්මින් වදහළ දහම්, එ දහමින් නිපන් නිකෙලෙස් පැවිදි සව්වන්ගේ ධාතූන් වහන්සේලා යනාදී බොහෝ දෑ තවමත් අතුරුදන්

නො වී පවත්නා කලෙක, අප ද මනුලොව ඉපිද, ඒ හැම දේ පිළිබඳ දැන අසා දැක, අප සිතත් පහදාගන්ට ලැබේ නම් එය කවර නම් භාග්‍යයක් ද!

අප ගෙවන මිනිස් දිවිය වූ කලී ගෙවී ගිය සසර පුරා අප විසින් ලබන ලද පළමු ආත්මය නො වේ. මෙවන් ආත්ම කොතෙකුත් ගෙවා හමාර ය. එබඳු අපි වනාහී අනේක සත්ව ලෝකයන්හි, අනේක ජන්මයන් ලබා, අනේක අර්බුදයන්ට හසු ව පැටලී, අනේක සත්වයන් හා සතුරු මිතුරු බැම්මෙන් ගැටගැසී, අනේක මනඃකල්පිත ලෝකයන්හි කිඳා බැස, අතෘප්තිමත් ව, කවදා කොතැන්හි නිමා වේ දැයි නො දැන, අනේක කායික මානසික දුක් දොම්නස් - සුඛ සොම්නස් විඳ විඳ, අක් මුල් නො දන්නා ලොවෙක ඉපදෙන මැරෙන ඉරණම ම දෛවය කොට වසන සත්වයෝ වෙමු.

මෙවන් සසරෙක, ගෙවී ගිය අතීතයේ කෙතෙක් නම් සම්බුදුවරුන් ලොව පහළ වෙන්ට ඇද්ද! කෙතෙක් නම් සම්බුදු සසුන් අපට මගහැරෙන්ට ඇද්ද! එහෙත් එකක් නම් ඉඳුරා කිව හැකිය. එනම් මේ සා ගෙවුණු දිගු අතීතයේ අතිශය දුර්ලභ ව පහළ වූ සම්බුදුවරුන ගේ ස්වර්ණමය යුගය නම් අපට මගහැරී ගොස් ඇති බව ය.

අප මේ කථා කරන්ට උත්සාහ කරනුයේ එවන් උතුම් අවස්ථා මගහැරී තවමත් හිස් හැරුණු අත ඉබාගාතේ යන අප බඳු අය ගැන නො වේ. මේ කථාව ඉතා අද්භූත කෙනෙකු පිළිබඳව ය. ඉතා අසිරිමත් කෙනෙකු පිළිබඳව ය. එනම් අප භාග්‍යවතුන් වහන්සේ කෙරෙහි ළබැඳි සෙනේ උපදවා, උතුම් මුනිරදහු ගේ සිනිඳු සෙවණැලි සුව විඳ

විඳ, පසුපසින් වැටි වැටී, ළඟින් ම වැස, ඒ භගවතාණන් ගේ සිතැඟි මැනැවින් හඳුනා, පලබර රුකෙක අතු ඉති පහතට නැමී ඇති සෙයින් අතිශය නිහතමානී ව, ඉතා යටහත් සිතින්, මුනිඳුට දිවි පුදා, පස්විසි වසක් පුරා භාග්‍යවතුන් වහන්සේ උදෙසා සදාදරණීය ව උවටැන් කළ, දුටු දුටුවන් ගේ නෙතට, ඇසූ ඇසූවන්ගේ දෙසවනට ආනන්දය ගෙන දුන්, අප ආනන්ද මහරහතන් වහන්සේ ගේ උදාර දිවිසැරිය පිළිබඳ කථාව ය.

සසර සැරිසරා යන හැම සතුනට ම පාහේ සිදුවනුයේ කාටත් සිදුවෙන පොදු දේ ම ය. එනම්, තම තමා විසින් කර කියා ගන්නා ලද කර්මයන්ට අනුව, භව පුරුදුවලට අනුව, බැඳීම් පැතීම්වලට අනුව, එකිනෙකා මුණගැසී, ඇලෙමින් ගැටෙමින්, අවුල් පොදි බැඳ, ඒ බර හිස තබා, නිනව්වක් නැති ගමනෙක ඔහේ යාම ය.

දෙව්ලොව මනුලොව කලාතුරකින් ඉපදෙන නමුත් ප්‍රේත ලොව, තිරිසන් ලොව, යක්ෂ භූත පිසාච ලොව, නිරය ආදී තන්හි නිරතුරුව උපත ලබමින් දුකසේ යාම ය.

එබඳු සසරෙක පවා ඇතැම් මිනිසුනට අතිශය කලාතුරකින් වරින් වර බුදු සසුන් මුණගැසේ. පසේබුදුවරුන් ද මුණගැසේ. නිකෙලෙස් බුදුසව්වන් ද මුණගැසේ. එසේ ම, ඔවුනට නිතර ම පාහේ ව්‍යාජ බුදුවරුන්, ව්‍යාජ පසේබුදුවරුන්, ව්‍යාජ රහතුන්, ව්‍යාජ දහම්, සත්පුරුෂ කලණ මිතුරු වෙස් ගත් ව්‍යාජ මිනිසුන් ද මුණගැසේ. එවන් ලොවෙක අව්‍යාජ වූ ත් සත්‍ය වූ ත් උතුමෝ කවරහු දැයි, සත්‍ය ධර්මය කුමක් දැයි

නො මුළා ව, නො වැරදි ව හඳුනා, ඒ කෙරෙහි සිත පහදා, පිළිවෙත් පුණ්‍ය පූජාවන්හි යෙදීම සියල්ලනට පොදු නො වූ, සත්පුරුෂ මිනිසුනට පමණක් ම උරුම වූ උතුම් ලාභයෙකි.

අපගේ අනඳ මහා තෙරුන් ගේ අතීත සසර ගමනෙහි ද සත්පුරුෂ මිනිසෙකුට දුර්ලභ ව හිමිවන උතුම් ගුණ සම්පතින් හෙබි ගමනක් උරුම විය. වහා නොමගට වැටෙනසුලු මෙ සසරෙහි යමෙකු ගුණදම් රැකගත් දිවි ගමනක තිරසර ලෙස බැසගැනීම පුදුම සහගත නො වේ ද?

අප භාග්‍යවතුන් වහන්සේ ගේ සසුනේ අගතනතුරු පහක් ලබනු පිණිස අනඳයන් වහන්සේ ගේ සසර ගමනේ හැරවුම් ලක්ෂ්‍යය ඇරඹුණේ කොතැනින් ද?

සම්මා සම්බුදු සසුනෙක කිසියම් සුවිශේෂී තනතුරක් ලැබීම යනු ඉතා භාග්‍යවත් අවස්ථාවෙකි. මෙකල දිවි ගෙවන අපට සිතාගත නො හැකි දෙයකි. මෙකල මිනිසුනට ලැබෙන තනතුරු වනාහී තමාගේ අධ්‍යාත්මය හා නො සැසඳෙන, ව්‍යාජ වූ ත් හිස් වූ ත් ගෞරව පුරස්සර නම්බු නාම පදයක් පමණි. ව්‍යාජ වාගාඩම්බරයන්ගෙන් සරසන ලද ඊනියා නම්බු නාම, ධානාන්තර ආදිය වෙනත් අයෙකු පෙළඹීමෙකින් හෝ අල්ලස් දීමෙකින් හෝ තරඟ වැදීමෙකින් හෝ කිසියම් බාහිර උපායෙකින් පහසුවෙන් ලබාගත හැකි ලාභදායී නිසරු දෙයකි. සම්බුදුවරුන් විසින් දෙනු ලබන අගතනතුරු වනාහී එසේ ලද හැකි දෙයක් නො වේ. අධ්‍යාත්මික ව තමා තුළ ම හැදී වැඩී, මල්පල ගැන්වී ගිය කිසියම් උදාර වූ ගුණයකින් සුශෝභිත

ව සිටිය යුතු වීම අත්‍යන්තයෙන් ම අවශ්‍ය කරුණෙකි. ඒ අගතනතුරු ලැබෙනුයේ සුදුස්සාට ම පමණි. එබඳු දෙයක් ලැබීමට සුදුස්සෙකු වීම යනු ලේසි පහසු දෙයක් නොව අතිශය දුෂ්කර කැපවීමෙකින් සපුරා ගත යුත්තකි.

කිමෙක් ද මේ අගතනතුරු ?

ගෞතම බුදු සසුනෙහි ද අගතනතුරු ලද භික්ෂු සංඝයා ගැනත්, භික්ෂුණී සංඝයා ගැනත්, උවසු උවැසියන් ගැනත් අපි අසා ඇත්තෙමු. ඒ අතර අප භාග්‍යවතුන් වහන්සේ ගේ අග්‍රශ්‍රාවක වූ මහාප්‍රාඥ සාරිපුත්ත මහරහතන් වහන්සේත්, මහාර්ධිමත් මහා මොග්ගල්ලාන මහරහතන් වහන්සේත් මේ බුදු සසුනෙහි අගතනතුරු හොබවන බවට හාහපුරා කියා අනාවැකියක් අසන්ට ලැබුණේ මින් අසංඛෙය්‍ය කල්පයකුත් කල්ප ලක්ෂයකට පෙර ය. ඒ උතුම් සත්පුරුෂයන් දෙදෙනාට ලොව පහළ වූ සම්‍යක් සම්බුදුවරුන් දාහත් නමකගේ සසුන් පසුකරමින් ශ්‍රාවක පාරමී දම් පුරා එන්නට සිදු විය.

ඔවුනට අගතනතුරු ලැබීම පිණිස ඒ ඒ සම්බුදුවරුන් අනාවැකි පවසනු ලබනුයේ ඔවුනගේ සිතෙහි අහඹු ලෙස උපන් හුදු ආශාවක් අරභයා නො වේ. අතීතංසඥානයෙන් ද අනාගතංසඥානයෙන් ද හෙබි අනාවරණඥාණී වූ සම්බුදුවරුන් විසින් යමෙකුට අත්‍යන්තයෙන් ම උරුම වෙන්ට නියමිත අග තනතුරක් ගැන කීම වූ කලී මෙකල මෙන් ජ්‍යෝතිර්වේදීන්, ශාස්ත්‍රකරුවන්, අංජනම් බැලීම් වැනියන්ගේ මෙන් අනුමානයෙන් පවසන කියුම් වැනි දෙයක් ලෙස නො සිතිය යුතු ය.

සම්බුදුවරුන් වෙත පැමිණෙන පුද්ගලයා ගේ සිතෙහි උපදින අගතනතුරු ලැබීමේ ආශාවට පසුබිම් ව, ඔහුගේ චිත්තාභ්‍යන්තරයෙහි පවත්නා පුණ්‍ය වාසනාවන් ඒ බුදුවරු විමසා බලත්. එසේ නැතිව සම්බුදුවරුනට දන් පැන් පුදා "ස්වාමීනී, මාහට අසවල් අගතනතුරු ලබන්ට ඕනෑ" යි කප්රුකෙකින් හෝ භද්‍රඝටයෙකින් හෝ කිසියම් ඍද්ධිමය වස්තුවෙකින් හෝ රිසි රිසි දෑ ඉල්ලන සෙයින් ඉල්ලන්ට ලොව කිසිවෙකුටත් නො හැක්කේය. එවන් අදහස් සිතා ආව ද, ඊට නුසුදුසු නම් භාග්‍යවතුන් වහන්සේ නමක් ඉදිරියේ ඔහු සිතා සිටි කරුණ අමතක වේ ම ය. කියාගත නො හැක්කේ ම ය. එහෙයින් අගතනතුරු ලැබීම පිළිබඳව අප තේරුම් ගත යුත්තේ එය ඔවුනොවුන් ගේ පුණ්‍ය වාසනාවට අනුව ධර්මතාවෙන් සකස් වන දෙයක් බව ය.

අනඳ මහතෙරණුවෝ විවරණ සිරි ලබත්

මෙසේ සසර ගමනේ යමින් සිටි එක්තරා සත්පුරුෂයෙක් වරින් වර මුණගැසුණු බුදුසසුන්හි දී ද වරින් වර මුණගැසුණු පසේබුදුවරුන්ට ද දන් පැන් පුදා ඇප උපස්ථාන කොට රැස්කළ පිනෙන් යුක්ත ව සිටියේය. මේ ගෞතම බුදුසසුනේ අගතනතුරුලාභී වීමට නිසි දෙවෝපගත ජන්මය ඔහු ලදුයේ මින් කල්ප ලක්ෂයකට පෙර ය.

දඹදිව ගංගා නදිය අසබඩ පිහිටි අලංකාර පෞරාණික නගරය මෙකල හඳුන්වනුයේ බරණැස යන නමිනි. එකල මේ නගරය හංසවතී නම් සුවිසල් නුවරක් ව පැවතුණි. එහි රජ කරනු ලැබුයේ නන්ද නම් රජෙකු විසිනි.

නන්ද රජු හට දාව අගමෙහෙසිය කුසින් දෙතිස් මහා පුරිස් ලකුණෙන් හෙබි මහපිනැති පුත්රුවනක් උපන. පදුමුත්තර හෙවත් පියුමතුරා යනු ඒ කුමරහුගේ නම ය. එ රජුට ම දාව වෙනත් බිසොවකගේ කුසින් තව පිනැති කුමරෙක් උපන. හේ සුමන නමි.

පියුමතුරා කුමර තෙම නිසි වියෙහි දී දෙවියන් විසින් දක්වන ලද සිව් පෙර නිමිති දැක ගිහිගෙන් නික්ම පැවිදි වනු වස් අබිනික්මන් කළේය. පස් මරුන් බිඳ, සවාසනා කෙලෙසුන් නසා, ස්වයංභූඥානයෙන් ධර්මාභිසමය කොට සම්මා සම්බුද්ධත්වයට පත්ව ලොව වැඩසිටියෝ ඒ පියුමතුරා මුනිරජහු ය. ඒ බුදුහු ගේ ගිහි කල සෝවුරෙකු වූ සුමන කුමරාට පියරජුගෙන් ප්‍රාදේශීය රාජ්‍යයක් ලැබුණි. හංසවතී නගරයට එක්සිය විසි යොදුනක් දුරින් යුතු එය හැඳින්වූයේ භෝග නගරය නමිනි.

එකල අප ගේ ගෞතම මුනිඳාණන් ද සිව් අසංඛෙය්‍ය කල්පයක් පාරමී දම් පුරා, කල්ප ලක්ෂයක පාරමී දම් පිරිය යුතු ව සිටි කෙනෙක. එසමයෙහි එතුමෝ ජටිල නම් ප්‍රදේශාධිපතියෙකි. හේ පියුමතුරා භාග්‍යවතුන් වහන්සේ ප්‍රමුඛ ලක්ෂයක් මහසඟනට තුන් සිවුරු සහිත මහදන් පුදා ඒ බුදුන්ගෙන් විවරණ ලැබ, ගිහිගෙන් නික්ම පියුමතුරා බුදු සසුනෙහි පැවිදි ව එ සසුන බැබළවීය.

පියුමතුරා බුදුරදුන් ගේ පියමහරජ වූ නන්ද රජතෙමේ සිය පුතු ව සිටි පියුමතුරා බුදුරදුන් ප්‍රමුඛ භික්ෂු සංඝයා 'තමා අයත් මහානීය වස්තුවෙකි' යි සිතා, තමාගේ ම වෙහෙරෙක වඩාහිඳුවා, තෙමේ ම නිරතුරු ප්‍රත්‍ය දානයෙන් උවටැන් කළේය. අඩු ගණනේ සිය පුත් සුමන කුමරුටවත් බුද්ධෝපස්ථාන කරන්ට ඉඩක් නො දුනි.

එක්සිය විසි යොදුනක් දුරින් විසූ සුමන කුමරා බුදු උවටැනට තිසි උපායක් සොයා කල් බලමින් සිටියේය. හදිසියේ ම පසල් දනව්වෙක කැරැල්ලක් හටගති. කුමරා වහා එහි ගියේය. කැරැල්ල සංසිඳවීය. පියරජුටත් නො දන්වා එහි ගොස් කැරැල්ල සංසිඳුවීම ගැන නන්ද රජ බොහෝ සතුටු විය. පුතුගේ වීර වික්‍රමය අසා චිත්තප්‍රීතියට පත් ව පුතු කැඳවීය.

"පුත, කදිම ය. තොප විසින් ඒ පසල් දනව්ව වහා සංසිඳුවන ලදී. එහෙයින් පුත, මම් තොපට ප්‍රසන්නයෙමි. කියව. තා විසින් ඉල්ලනු ලබන ඕනෑම වරයක් මම් දෙමි."

සුමන කුමරහු බොහෝ කල් පතමින් බලා සිටි මොහොත එළැඹියේය. හේ පියරජු පා වැඳ වරය ඉල්ලා සිටියේය. "දේවයෙනි, මා ඉල්ලන්නේ එක් ම වරයෙකි. එය පමණක් ම දුන මැනව. එනම්, මාගේ ශාස්තෘවර පියුමතුරා භාග්‍යවතුන් වහන්සේ භෝග නගරයේ වස් සමාදන් කරවා තුන් මසක් උවටැන් කිරීමට ය."

පියරජ වහා වෙනස් විය. සිතෙහි ප්‍රීතිය නැති විය. මුව රළු විය.

"නෑ පුත්‍රය, තෙපි කුමක් කියහි? වෙන වරයක් ඉල්ලව. තා විසින් ඉල්ලන වෙන ඕනෑම වරයක් දෙමි."

"අනේ දේවයෙනි, මේ කිමෙක්ද? ක්ෂත්‍රිය රජවරු කිසි කලෙකත් දෙබිඩි බස් නො තෙපලත්. නුඹවහන්සේ කී පරිදි ම ය මා මේ වරය ඉල්ලා සිටියේ. වෙනත් වර මට කුමට? මට ඕනෑ මා ඉල්ලූ දේ ම ය. මේ ජීවිතය නිෂ්ඵල කරගන්ට මට ඇවැසි නැත."

පියරජ පිළිතුරු රහිත ව බිමට නෙත් යොමා ටික වේලාවක් සිට මෙය කීය. "ම්... පුත්‍රය, එසේ නම් තොප ම ගොස් භාග්‍යවතුන් වහන්සේට සිය මනදොළ දන්වව. ඉදින් භාග්‍යවතුන් වහන්සේ කැමති වන සේක් නම් මවිසින් ඒ වරය දෙන ලද්දේය."

නිම් හිම් නැති ප්‍රීතියෙන් ඉපිල ගිය කුමරා සිය පිරිවර හා එක් ව පියුමතුරා බුදුරදුන් බැහැදකිනු පිණිස වෙහෙරට ගියේය. එසඳ පියුමතුරා බුදුරදුන් ගඳකිළියෙහි වැද විවේකී ව වැඩහුන් වේලාව ය. රාජපුත්‍රයා භික්ෂු සංඝයා බැහැදැක වැඳ, භාග්‍යවතුන් වහන්සේ බැහැදැකුමේ සිය අවශ්‍යතාව කියා සිටියේය. සංඝයාගේ පිළිතුර මෙය විය.

"කුමාරය, මෙ වේලෙහි භාග්‍යවතුන් වහන්සේ වෙත අපට යන්ට නො හැකි ය. අර භික්ෂුව වෙත ගොස් පවසව. ඒ තෙරපාණෝ භාග්‍යවතුන් වහන්සේගේ අග්‍ර උපස්ථායකයාණෝ ය."

සුමන රාජපුත්‍රයා බුද්ධෝපස්ථායක තෙරුන් වෙත ගොස් වැඳ "ස්වාමීනී, භාග්‍යවතුන් වහන්සේ බැහැදැකුමට මට අවශ්‍ය ය." යි කීයේය. "එසේ නම් රාජකුමාරය, මොහොතක් සිටුව." යි පවසා ඔහු බලා සිටියදී ම පොළොවෙහි කිමිද නො පෙනී ගියේය. පියුමතුරා භාග්‍යවතුන් වහන්සේ වැඩහුන් ගඳකිළියෙන් මතු ව බුදුරදුන් වැඳ රාජපුත්‍රයාගේ පැමිණීම සැලකොට සිටියේය. බුදුරදුන්ගෙන් අවසර ලැබුණි. එසඳ සුමන තෙරපාණෝ බුද්ධාසනය ද ගෙන ගඳකිළියෙහි දී ම පොළොවෙහි කිමිද, රාජපුත්‍රයා බලාසිටියදී පිට ආවාසයෙහි පොළොවෙන් මතු වූහ. බුද්ධාසනය පනවා

පසෙකින් සිටගත්හ. පියුමතුරා බුදුරදාණෝ ගඳකිළියෙන් වැඩමකොට පනවන ලද අසුනෙහි වැඩහුන් සේක.

උපස්ථායක තෙරුන් විසින් කරන ලද ප්‍රාතිහාර්යයන් දුටු රාජපුත්‍රයාගේ සියොලඟ කිලිපොළා ගියේය. අද්භූත ප්‍රීතියකින් සිත පිනා ගියේය. දෑස් විදහා ගති. 'ආ හා... මහා අසිරිමත් ඍද්ධියකින් හෙබි මේ ශ්‍රමණ තෙමේ කෙතරම් භාග්‍යවන්තයෙක් ද! මහපුරිස් ලකුණින් හා අසූවක් අනුව්‍යංජනයෙන් වොරඳනා බුදුබඳින් හෙබි තිලොවග මුනිඳාණන්ට පෙළහර පාමින් උවටැන් කරන අයුරු කදිම ය.' යි සිතුණි.

රාජපුත්‍රයා පියුමතුරා බුදුන් මහත් ආදරයෙන් වැඳ පිළිසඳර දොඩා "ස්වාමීනී, භාග්‍යවතුන් වහන්ස, මේ තෙරපාණෝ නුඹවහන්සේට අතිශයින් ම විශ්වාසී ව, ලැදි ව සිටිනා බුද්ධවල්ලභයාණ කෙනෙකැයි සිතමි."

"එසේය කුමාරය, මේ මාගේ අග්‍ර උපස්ථායක ය. මොහුගේ නම ද සුමන ය. සැබැවින් ම මොහු බුද්ධවල්ලභයාණ කෙනෙක."

"ස්වාමීනී, නුඹවහන්සේට මෙතරම් සාදර ගෞරවයෙන් උවටැන් කිරීමට තරම් මේ සුමන තෙරුනට වාසනාව හිමි වූයේ කවර පුණ්‍ය මහිමයෙකින් ද?"

"කුමාරය, කෙනෙකුට මෙවන් දෑ ලැබෙනුයේ තමා විසින් රැස් කරන ලද දානාදී පුණ්‍ය ධර්මයන්ගේ ආනුභාවයෙන් පමණි."

"අනේ ස්වාමීනී, අනාගත බුදුසසුනෙක නුඹවහන්සේ බඳු සනරාමර ලෝක ශිවංකර සුගත තථාගත කෙනෙකුන් හට මේ තෙරුන් සේ ම බුද්ධවල්ලභ ව උවටැන් කරන්ට

මටත් ඇත්නම්, අහෝ! කෙතරම් නම් භාග්‍යයක් ද! එය මාගේ සොඳුරු සිහිනයෙකි."

පියුමතුරා බුදුරදහු කිසිත් නො දොඩා නිහඬ ව වැඩහුන් සේක. එසඳ රාජපුත්‍රයා බුද්ධ ප්‍රමුඛ ලක්ෂයක් බික්සඟනට තමාගේ තාවකාලික කඳවුරු නිවෙස්නෙහි සතියක් මහදන් දුන්නේය. ඉක්බිති පියුමතුරා භගවතාණන් බැහැදැක මෙසේ කීය.

"ස්වාමීනී, භාග්‍යවතුන් වහන්ස, පියරජු වෙතින් නුඹවහන්සේට පුරා තෙමසක් උපස්ථාන කිරීමට මම් වරයක් ගතිමි. මවිසින් කරනු ලබන මෙවර තුන් මාසයේ වස්සාන ඇරයුම පිළිගන්නා සේක්වා!"

එකල්හි භාග්‍යවතුන් වහන්සේ මේ රාජපුත්‍රයා සිත උපන් අනාගත බුදුසසුනෙක අග්‍ර උපස්ථායකයෙකු වීමේ ආශාව මුදුන්පත් කරගැනීමේ හැකියාව ඇත්තේ දැයි අනාගතංසඥානයෙන් බලා එය එසේ ම වන බව දැන "රාජකුමාරය, තථාගතවරු ජනශූන්‍ය විවික්ත සෙනසුන්හි සිත් අලවා වසත් නොවැ." යි කී සේක.

'ඕ...! භාග්‍යවතුන් වහන්සේ මා අදහස මැනවින් දුටු සේක. සුගතයන් වහන්සේ මා අදහස මැනවින් දුටු සේකැ' යි උදන් අනා ප්‍රීතිමත් සිතින් "ස්වාමීනී, එසේ නම් මම් පළමුව ගොස් කුටි සෙනසුන් කරවන්නෙමි. මවිසින් එවන හසුන ලද කල්හි ලක්ෂයක් වූ මේ භික්ෂු සංඝයා සමග භෝග නුවරට වැඩමවා වදාළ මැනව." යි පියුමතුරා බුදුරදුන්ගෙන් ප්‍රතිඥා ගත්තේය. අනතුරුව වහා පියරජු බැහැදැක "දේවයෙනි, මාගේ ශාස්තෲන් වහන්සේ ඇරයුම පිළිගත් සේක. මවිසින් කුටි සෙනසුන්

පිළියෙල කොට හසුන් එවූ කල්හි උන්වහන්සේ මා වෙත එවා වදාළ මැනව." යි කියා පියරජු වැඳ නික්මුණේය.

එසේ යන ගමනේදී යොදුනක් පාසා බුද්ධ ප්‍රමුඛ භික්ෂු සංඝයාට ගිමන් නිවනු පිණිස විවේකී සෙනසුන් ද කරවමින් නගරයට ගියේය. බුදුවරයෙකුට විසුමට යෝග්‍ය තැනක් සෙවීය. ශෝභන නමැති සිටුවරයෙකුට අයත් වනෝද්‍යානයක් දැක ලක්ෂයක් කහවණු යොදා එය මිලට ගෙන, පියුමතුරා බුදුරදුන් උදෙසා මනරම් ගඳකිළියක් ද, සෙසු සංඝයා උදෙසා රාත්‍රීස්ථාන, දිවාස්ථාන යුතු කුටි සෙනසුන්, මණ්ඩප ආදිය කරවීය. හැම කටයුතු නිමවූ වග දන්වා පියරජුට හසුනක් යැවීය. පියරජ තෙමේ පියුමතුරා බුදුරදුන් ප්‍රමුඛ භික්ෂු සංඝයාට ප්‍රණීත දන්පැන් වළඳවා "ස්වාමීනී, භාග්‍යවතුන් වහන්ස, අපගේ සුමන පුත්‍රයා භෝග නුවර ගොස් කළයුතු දේ සපුරා ඇත. නුඹවහන්සේ ගමනට කල් දැන වදාළ මැනව." යි කීය.

පියුමතුරා බුදුරදාණෝ ලක්ෂයක් සඟුන් පිරිවරා භෝග නුවර බලා වඩනා සේක් යොදුනක් පාසා කරවන ලද සෙනසුන්හි විවේක ගනිමින් වැඩම කළ සේක. ශාස්තෲන් වහන්සේ ගේ ආගමනය ඇසූ කුමරා මහත් ආදරයෙන් සුවඳ මල් ගෙන පිරිවර සහිත ව යොදුනක් දුර පෙරගමන් ගියේය. බුදුරදුන් වඩමවා ශෝභන නම් වනෝද්‍යානයෙහි ලැගුම් සලස්වා, දන්පැන් පුදා 'මේ මේ අයුරින් ශාස්තෲන් වහන්සේටත් භික්ෂු සංඝයාටත් උවටැන් කරව්' යි කියා සිය අඹුදරුවන්, අමාත්‍යාදී සේවකයින් ද යෙදවීය. රාජපුත්‍රයා භාග්‍යවතුන් වහන්සේ ගේ අග්‍ර උපස්ථායක සුමන තෙරුන් සමීපයෙහි වසමින්, වස් තුන් මස පුරා බුදුරදුන්ට උවටැන් කරගත්තේය.

වස් කාලය වහා ගෙවී ගියේය. වස් පවාරණය එළඹුණි. යළි හංසවතිය බලා පිටත් වනු පිණිස ගමට වැඩි භාග්‍යවතුන් වහන්සේ ප්‍රමුඛ සංඝයාට සත් දිනක් මහදන් පවත්වා හැම දෙනා වහන්සේට ම තුන් සිවුරු පුදා පියුමතුරා බුදුරදුන් වන්දනා කරමින් මෙය කීය.

"ස්වාමීනී, භාග්‍යවතුන් වහන්ස, මවිසින් හංසවතී නුවර කඳවුරු බැඳ සිටියදී දන් දුන් වේලේ පටන් යම් පිනක් රැස් කරන ලද ද, ඒ සුගති සංඛ්‍යාත ලෝකයන්හි සැප විඳිනු පිණිස නොව, මේ සුමන තෙරුන් සෙයින් අනාගත සම්බුදුවරයාණ කෙනෙකුට අග්‍ර උපස්ථානයක් කරගන්ට මට ද භාග්‍යය ලැබේවා! යන අදහසින් පමණි."

එකල්හි පියුමතුරා භාග්‍යවතුන් වහන්සේ මෙය වදාළ සේක. "මහණෙනි, මෙතෙක් දවස් බුද්ධ ප්‍රමුඛ සංඝයාට මහත් ආදරයෙන් උවටැන් කළ මේ සැදැහැවත් රාජපුත්‍රයා දෙස බලව්. මොහු විසින් සියලු පින් රැස් කරන ලද්දේ අනාගත බුදුවරයෙකුගේ අග්‍ර උපස්ථායක භික්ෂුව වීමේ පැතුම පෙරදැරිව ය. මොහුගේ ඒ පැතුම කල්ප ලක්ෂයක් ඇවෑමෙන් සඵල වන්නේය. ගෞතම නම් භාග්‍යවත් අර්හත් සම්මා සම්බුදු කෙනෙකු පහළ වන ඒ යුගයේ මෙතෙමේ ඒ බුදුන්හට අග්‍රෝපස්ථායක ව දෙව් මිනිස් ලොවෙහි 'ආනන්ද' නමින් ප්‍රකට වන්නේය." යි වදාරා විවරණ ශ්‍රී ලැබදුන් සේක.

සුමන රාජපුත්‍රයා ලක්ෂයක් අවුරුදු ආයු ඇති ඒ බුද්ධෝත්පාදයේදී බොහෝ පින් රැස් කරගති. මේ ගෞතම බුදුසසුනෙහි ද අගතනතුරු ලද බොහෝ ශ්‍රාවකයන්ට විවරණ ලැබුණේත් ඒ පියුමතුරා බුදුරදුන්ගෙනි.

පෙරුම් පුරන මහබෝසත් හා ළං වෙමින්

ඒ කල්පය ඇවෑමෙන් පසු ගෙවී ගිය කල්ප ලක්ෂය තුළ සම්බුදුවරයන් වහන්සේලා දාහතරනමක් ලොව පහළ වූ සේක. කාලය කෙමෙන් ගෙවී යද්දී අප ගෞතම සම්බුදුරදුන් පාරමී පුරමින් යන අවදියෙහි මොහුගේ ජීවිතය ද මහබෝසතුන් වෙත ළං වෙන්ට පටන් ගත්තේය. අප මහබෝසතාණන් හා මොහු අතර නො බිඳිය හැකි මිත්‍රත්වයක් ද බෝසතුන් කෙරෙහි දැඩි ආදර ගෞරවයක් ද මොහු තුළ ඇති විය. බොහෝ ආත්මයන්හි මොහු බෝසතුන් වෙනුවෙන් දිවි පිදීමට පවා පසුබට නො වී ය.

අප මහා බෝසතාණන් වහන්සේට දෙව්දත් හා ඇසුර ලැබුණේ සම්බුද්ධත්වයට කල්ප පහකට පෙර ය. ඒ සේරිවාණිජ ජාතකයෙහි සඳහන් ආත්මයේදී ය. එකල මහබෝසත් තෙමේ කච්ඡපුට නම් කදාවළලු වෙළෙන්දෙකි. ඔහු හා මිතුරු ව සේරි නම් තව වෙළෙන්දෙක් සිටියේය. ඔහු වනාහී ස්වභාවයෙන් ම අනුකම්පා විරහිත ලෝභී අයෙකි. ඒ ආත්මයෙන් පටන් ගත් සේරි වෙළෙන්දාගේ වෛරය කල්ප පහක් තිස්සේ ඇදී ආ අයුරු ජාතක කථාවන්හි මැනවින් සඳහන් ය. යම් අසත්පුරුෂයෙකුගේ ඇසුර මොහොතකට හෝ ලැබුණ ද එය කෙතරම් බිහිසුණු දැයි වැටහෙනුයේ ඒ ජාතක කථා කියවීමේ දී ය.

අප අනඳ මහා තෙරුන් නමැති ඉතා ගුණවත් සත්පුරුෂ මිනිසා අප මහබෝසතුන් සමග එක් ව වසන්ට පටන් ගත්තේ කවදා කොතැන්හි දැයි එක්වර ම නො කිව හැකිමුත් කල්ප පහක් වැනි කාලපරාසයකට යටත්

ව ඇති ජාතක කථාවන්හි දක්නට ලැබෙන සිදුවීම් දෙස බලන විට කල්ප ලක්ෂයක අතීතයේ කෙතරම් නම් වාර ගණනක් හමුවෙන්ට ඇද්ද?

ජාතක කථාවන්හි අපණ්ණක ජාතකයෙහි සඳහන් පරිදි එක් ගැල් නායකයෙකු වූයේ දෙව්දත් ය. ඔහුගේ අනුවණ බසට ඇහුම්කන් දී අකාලයේ වැනසුණු පිරිස ව සිටියේ දෙව්දත්ගේ පිරිස ම ය. එකල නුවණැති ගැල් නායක ව සිටියේ අප මහබෝසත් ය. ඔහුගේ බසට සවන් දී දිවි බේරාගත් පිරිස වූයේ බුදු පිරිස ම ය. බුදු පිරිස නමින් හඳුන්වන තන්හිදී අප ආනන්ද තෙරහු එහි සිටි වග නම් ස්ථිරව ම කිව හැක්කේය.

භාග්‍යවතුන් වහන්සේ විසින් ජාතක කථා වැඩි වශයෙන් දෙසන ලද්දේ ඒ ඒ අවස්ථාවන්හි යම් යම් පුද්ගලයන් කෙරෙන් උද්ගත වූ සිදුවීම් නිරාකරණය කොට, පෙර ආත්මයන්හි කරන ලද දේ පවා වත්මන් ජීවිතයට බලපාන අයුරු පෙන්වා දීම පිණිස ය. ජාතක කථා යනු හුදු විනෝදාස්වාදය පිණිස හෝ කාල්පනිකව ගොතන ලද උපදේශාත්මක කථා හෝ නොව, සැබෑ ලෝකයේ සිදු වූ සිදුවීම් ය. මෙකල ද මිනිසුන් අතර පමණක් නොව සතුන් අතර ද පවත්නා නොහොඳ නෝක්කාඩුකම් හා එකිනෙකා අතර පවත්නා සමාන ගති ලක්ෂණ ද පෙර ආත්මගත ජීවිතවලින් බැඳී ඇති පුරුක් යැයි අපට හැඟෙන අවස්ථා කොතෙකුත් නම් තිබේ ද!

ඒ අනුව අප මහබෝසතුන් ගේ අතීත ජීවිත හා අනඳ මහතෙරුන් ගේ සබැඳියාව ජාතක කථා කීපයෙකින් වදාරන ලද නමුත් එය චරිත කිහිපයකට කිසිසේත් සීමා

කළ නො හැකි ය. එසේ නමුදු අනඳ මහතෙරුන් ගේ පෙර ජීවිතවල පවා ඉතා සොඳුරු ගුණ දහම් පැවති බව ඒ තුළින් නිසැකව ම හඳුනාගත හැකි ය.

අනඳ මහතෙරුන් ගේ අතීත භවය පිළිබඳව අපට මුලින් ම හමුවනුයේ දේවධර්ම ජාතකයෙනි. එකල කසී රට බරණැස් පුර බඹදත් රජහුගේ වැඩිමල් පුත් මහිංසාස කුමරු වූයේ අප මහබෝසත් ය. දෙවැනි පුතු චන්ද කුමරු වූයේ සැරියුත් මහතෙරුන් ය. ඔවුන් වැදූ මව් බිසොව මියගිය කල්හි දෙවැනි මෙහෙසියගේ පුත් ව උපන් සූරිය කුමරු ව සිටියේ අනඳ තෙරණුවෝ ය.

සූරිය කුමරු උපන් දා සතුටට පත් රජ, වරයක් ඉල්ලන්ට කියා දේවියට පැවසීය. ඕ එය පසුවට කල් තැබුවාය. වියපත් වෙමින් සිටි සිය පුත් සූරිය කුමරුට රාජ්‍යය භාරදෙන ලෙස බල කරමින් ඕ වරය සිහිපත් කළාය. කර කියා ගත නො හැකි ව අසරණ වූ රජ, තමාගේ ඇවෑමෙන් පැමිණ රාජ්‍යය භාරගන්නා ලෙස කියා මහිංසාස කුමරුත් චන්ද කුමරුත් වනවාසයට පිටත් කරවීය. එය දුටු සූරිය කුමරු ව රජවාසලේ රඳවන්ට කිසිවෙකුට නො හැකි විය. ඔහු ද පලාගොස් ඔවුන් හා එක් විය.

වනවාසයට යන ගමනේදී චන්ද කුමරු හා සූරිය කුමරු දියරකුසෙකුගේ ග්‍රහණයට හසු විය. බෝසත් මහිංසාස කුමරා දියරකුසාට දේවධර්මය පවසා ඔහු පැහැදවීය. රකුසා එක් අයෙකු නිදහස් කරන්ට කැමති විය. එහිදී බෝසත් ඉල්ලා සිටියේ දෙවෙනි මවගේ පුත් සූරිය කුමරු ය. වැඩිමලෙකු සිටියදී බාලයෙකු ඉල්ලීමට හේතු වූ කරුණු පහදා දුන් කල්හි රකුසා චන්ද කුමරු

ද නිදහස් කළේය. ඒ දියරකුසා ව සිටි සත්වයා අප භාග්‍යවතුන් වහන්සේගේ කාලයේ මනුලොව ඉපිද බුදු සසුනෙහි පැවිදි විය. නමුත් හේ බොහෝ පිරිකර රැස් කරන්ට පටන් ගති. ඒ භික්ෂුවට සිහි ඉපිදවීම පිණිස පෙර භවයේ ඔහු විසූ දියරකුසු ආත්මයේ කථාව වදාළහ. එය ඇසූ භික්ෂුව සෝවාන් ඵලයට පත් විය.

පෙරුම් පුරන බෝසතුන් හා එක් වූ මේ කවුරුත් එකට එක් ව වසන අතර සම්බුදුවරුන් ගේ නියත විවරණ ලැබූවන් ද ඒ අතර සිටි වග කවුරු නම් දනිත් ද!

මඛාදේව නම් බෝසත් රජුගේ හිසකෙස් කපා සෝදා පිරිසිදු කොට අන්දම් තැබූ කරණවෑමියා ව සිටියේ අනඳ මහතෙරුන් ය. එකල මිනිසුනට බොහෝ ආයු තිබිණ. මඛාදේව රජ අසූහාරදහස් වසක් රජ කළ අතර දිනක් කරණවෑමියාට මෙය කීය. "මිත්‍ර කරණවෑමිය, මා හිසෙහි ඉදුණු කෙසක් දුටුවහොත් මට කියව." දිගු කලකට පසු රජුගේ අඳුන්වන් කෙස් කළඹ අතරේ සුදු පැහැ කෙස් ගසක් දැක "දේවයෙනි, එක් ඉදුණු කේශයෙක් ඇත්තේ ය." කියා රන් අඬුවෙන් එය උදුරා රජහුගේ අත්ල මත තැබීය. මඛාදේව රජ එපමණින් ම ගිහි දිවිය අත්හළේය. ඍෂි පැවිද්දෙන් පැවිදි විය.

ලක්ඛණමිග ජාතකයෙහි අනඳ මහතෙරහු බෝසත් මුවාගේ නායකත්වයෙන් හෙබි මුව පිරිසට අයත් ව සිටියහ. නිග්‍රෝධමිග ජාතකයෙහි මුවමස් බුදීමට අතිශය ලොල් ව සිටි බරණැස් රජ ව සිටියේ අප ගේ අනඳ තෙරුන් ය. රජු වෙනුවෙන් වධයට කැප වූ මුවගාලට හසු ව සිටි අලංකාර මුවරාජයා අප මහබෝසත් ය.

නිග්‍රෝධ මුවා යනු ඔහු ය. ඒ මුවගාලෙහි මරණය පිණිස සිය වාරය පැමිණි විට මුවා කැමැත්තෙන් ම ඉදිරිපත් විය යුතුය. දෛවයක පුදුමය නම් ඒ මුව ගාලේ ම දෙව්දත් ද මුවෙකු ව ඉපිද සිටීම ය. සාඛ යනු ඒ මුවාගේ නම ය. දිනෙක මැරුම් කන වාරය ආවේ ගැබ්බර මුවදෙනකට ය. ඇ හඬමින් සාඛ මුවා වෙත ගොස් දරුවා වදනතුරු වෙන අයෙකු යවන ලෙස ඉල්ලා සිටියාය. "නෑ... තිගේ වාරය අනිකකුට දෙන්නේ කුමට? තී ම පල." යි මොර ගෑවේය. එවිට ඇ හඬමින් නිග්‍රෝධ මුවා වෙත ගියාය. බෝසත් මුවා ඇය වෙනුවෙන් පෙරට ආවේය. දංගෙඩියේ හිස තබාගත්තේය. මේ අලංකාර මුවරාජයාගේ නිර්භීත හැසිරීම ගැන මවිත වූ සතුන් මරන්නා වහා ගොස් රජුට සැලකළේය. රජ ද එතැනට පැමිණියේය.

"කිම මිත්‍ර මුවරජ? මා තොපට කලින් ම අභයදානය දුන්නා නොවැ. ඇයි තොප මේ දංගෙඩියට ඇවිත්?"

"මහරජ, අද මැරුම් කන වාරය ඇත්තේ ගැබ්බර මුවදෙනකට ය. ඕ දරුවා බිහිවන තුරු පණ රැකදෙන්ට කියා හඬ හඬා මට කීවාය. එක් අයෙකු ගේ මරණ දුක දෙදෙනෙකු මත්තෙහි හෙළන්ට මා අකැමති ය. එනිසා මගේ දිවිය ඇයට දුනිමි. ඇගේ මැරුම් වාරය මම් ගතිමි. මේ ගැන අනිකකු සැක නො කරව."

මහරජුගේ සිත කම්පා විය. මුවා වෙත ගොස් ආදරයෙන් වැළඳ ගති. "මගේ රන්වන් මුවරජුනි, තොප ළයෙහි ඇති ක්ෂාන්ති දයා මෛත්‍රී ගුණස්කන්ධය මිනිසුන් වන අපට නැත්තේ මන්ද? නැගිටුව මුවරජුනි, මම් තොපටත් ඇයටත් අභය දෙමි."

නිග්‍රෝධ මුවා ඉන් නතර නො වී ය. රජු ලවා සියලු මුවන්ට ද අනිත් සතුන්ට ද අභයදානය දුන්නේය. මෙසේ මහබෝසත් මුවරජු ව ඉපිද, මිනිස් රජ ව උපන් අනඳ තෙරුන් මහා අකුසල් රැසකින් බේරාගත් අයුරු සැබැවින් ම පුදුමයෙකි. එසේ ම, රජු තුළ ද නිග්‍රෝධ මුවා කෙරෙහි පැවති අසීමිත ආදරය කෙතරම් නම් වෙනසක් කළේ ද!

එසේ ම, නළපාන ජාතකයෙහි බෝසත් වඳුරාගේ අසූදහසක වඳුරු පිරිස අතර වඳුරෙකු ලෙස අනඳ මහා තෙරහු ද සිටියහ. කුක්කුර ජාතකයෙහි මහබෝසත් වනගත සුසානයක සුනඛරාජයෙකු ව ඉපිද සිටියදී අනඳ තෙර ඒ පිරිසෙහි සුනඛයෙකු ව ඉපිද සිටියේය. භෝජාජානීය ජාතකයෙහි බරණැස් රජ ව ඉපිද සිටියේ අප ගේ අනඳ තෙරණුවෝ ය. ඒ රජුට භෝජ නමැති ආජානීය අශ්වරාජයෙක් සිටියේය. ඒ අශ්වරාජයාගේ විස්මිත දස්කම් හේතුවෙන් රජවරුන් පහක් ම අල්ලා-ගන්ට සමත් විය. සයවැනි රජු අල්ලාගත් යුද්ධයේදී භෝජාජානීය අශ්වයා මාරාන්තික පහරකට ලක් විය. පහර කෑ අශ්වයා රාජද්වාරයේ බිම ඇලයට සතපවන ලදී. එවිට අශ්වයා ඇස් හැර අශ්වාරෝහකයා දෙස බලා මෙය කීය. "එම්බා මිත්‍රය, මා මේ සියලු කැපකිරීම් කරන ලදුයේ මගේ රජු වෙනුවෙනි. සත්වෙනි රජු අල්ලන්ට වෙන අසෙකු යෙදුවහොත් මා මෙතෙක් ගත් සියලු වෑයම් නිෂ්ඵල වනු ඇත. මේ කටයුත්ත අවසන් නො කොට නො මැරෙමි. මා ඔසොවා සන්නාහයෙන් සරසව."

අශ්වරාජයාගේ කීමට ඔහු ඔසොවා යළි සන්නාහයෙන් සරහා යුද්ධයට පිටත් කරවීය. සත්වෙනි රජු ද අල්ලාගත්තේය. යළි අශ්වයා මාරාන්තික විය. ජයග්‍රාහී

බරණැස් රජ වහා අශ්වයා වෙත දිව ආයේය. අශ්වයා අවසන් වතාවට රජු දෙස බලා "මහරජ, මේ සත්රජුන් ජීවග්‍රහයෙන් තොපට අල්ලා දුන්නේ තොප කෙරෙහි මා ළයෙහි ඇති ස්නේහය නිසා ය. මේ සත්රජුනට අභයදානය දෙව. යළි යුද නො කරන බවට ඔවුන් ලවා ශපථ කරවා නිදහස් කරව. මට දිය යුතු තෑගිත් අශ්වාරෝහකට ම දෙව. තොප ද දන් දී, සිල් රැක දැහැමින් රාජ්‍යය කරව." යි පවසා දෑස් අඩවන් කරගති. මෙසේ රජුට අවවාද කළ පසු අශ්වයා සන්නාහයෙන් ගැලවීය. එකෙණෙහි ම ඔහුගේ මරණය සිදු විය. ඒ ආත්මයේ අශ්වාරෝහක ව සිටියේ සැරියුත් මහතෙරණුවෝ ය. සත්රජුන් අල්ලා දුන් මහා වීර වික්‍රමයෙන් හෙබි අශ්වරාජයා ව සිටියේ අප මහබෝසත් ය.

ආජඤ්ඤ ජාතකයෙහි ද අනඳ මහතෙර බරණැස් රජු ය. රජුගේ ආජානීය අශ්වරාජයා ව සිටියේ අප මහබෝසත් ය. ඒ ආත්මයෙත් රජු වෙනුවෙන් අශ්වයා දිවි පිදීය. තිත්ථ ජාතකයෙහි බරණැස් රජ අප මහබෝසත් ය. රජුගේ නුවණැති අමාත්‍ය ව සිටියේ අනඳ තෙරණුවෝ ය. මහිලාමුඛ ජාතකයෙහි බරණැස් රජ ව සිටියේ අනඳ මහතෙර ය. නුවණැති අමාත්‍ය ව සිටියේ අප මහබෝසත් ය.

නන්දිවිසාල ජාතකයෙහි එක්තරා බ්‍රාහ්මණයෙක් නන්දිවිසාල නම් මහවෘෂභයෙකු දරුකමට හදාගත්තේය. තමා හට ආදරයෙන් සලකන බ්‍රාහ්මණයාට ධනය ලබාදෙනු පිණිස ගැල් සියයක් එකට ගැටගසා ගොනෙකු ලවා අද්දවන කහවණු දහසක ඔට්ටුවක් අල්ලන ලෙස ගවයා බ්‍රාහ්මණයාට යෝජනාවක් කළේය. යෝජනාව

පිළිගත් බ්‍රාහ්මණයා තරඟය සංවිධානය කළේය. තරඟය ඇරඹුණි. ජයග්‍රාහී ඉලක්කය තමා අත බව දැන මත් වූ බ්‍රාහ්මණයා "අඩේ... තක්කඩි ගොන් නාම්බෝ... ඇදපිය ගැල..." යි වේවැල ඔසොවා තර්ජනය කළේය. නන්දිවිසාල ගවයා එක අඩියකුදු නො සොල්වා ගලක් සේ සිටියේය. තරඟයෙන් පැරදුම ලද බමුණා දහසක් කහවණු ද අහිමි ව නිවසට ගොස් හඬ හඬා නිදා සිටියේය.

නන්දිවිසාල ගවයාට බමුණා කෙරෙහි මහත් දුකක් හටගති. නැවතත් ඔහු වෙත ගොස් ඇමතීය. "ඇයි බමුණ, තොප නිදන්නේ?"

"මට කොයින් ද නින්දක්? තොප මා කහවණු දහසකින් පැරදුවා නොවැ."

"නෑ බමුණ, මා මෙතෙක් කල් මේ නිවසේ වළඳක්වත් බිඳ නැත. අඩු ගණනේ නුසුදුසු තැනක වසුරු හෙළා තිබේ ද?"

"අනේ නෑ පුත..."

"එසේ නම් මා විසින් යෝජනා කොට තරඟයට මා ඉදිරිපත් වූයේ තොප දිනවන්ට ම ය. එබඳු මට ඇයි තොප 'අඩේ තක්කඩි ගොන් නාම්බෝ. ඇදපිය ගැල' කියා අපහාස කළේ?" බමුණාගේ ඇස් ඇරුණේය. සිහි උපන්නේය.

"එනිසා බ්‍රාහ්මණය, මා අත වරද නැත. නැවතත් යව. ඔහු සමග කහවණු දෙදහසක ඔට්ටුවක් අල්ලව. හැබැයි මට ආදරෙන් අමතන්ට අමතක නො කරව."

බමුණා පාඩම උගත්තේය. යළිත් තරඟය සංවිධානය කෙරිණි. ගැල් සියය බැඳි නන්දිවිසාල ගවයාගේ හිස අතගා ආදරයෙන් මුහුණ සිඹ "මා සොඳුරු පුත්‍රය, ගැල ඇදපං" යි කී සැණින් ගැල ඇද දිනුම ලබාදුනි. ඒ ආත්මයේ බමුණා ව සිටියේ අනඳ මහතෙරණුවෝ ය. බමුණාට ආදර ඇතිව පාඩමක් ඉගැන්වූ වෘෂභරාජයා ව සිටියේ අප මහබෝසත් ය.

මුනික ජාතකයෙහි මහා ලෝහිත නමැති ගවයා අප මහබෝසත් ය. ඔහුගේ බාල සෝවුරු චුල්ල ලෝහිත ගවයා අනඳ තෙරණුවෝ ය. කුලාවක ජාතකයෙහි සක්දෙවිඳු ව සිටියේ අප මහබෝසත් ය. මාතලී රථාචාර්ය ව සිටියේ අනඳ මහතෙර ය. සකුණ ජාතකයෙහි අප මහබෝසත් කුරුලු රජෙකි. ඒ රජහුගේ කුරුලු පිරිස අතර අනඳ තෙර ද කුරුල්ලෙකු ව ඉපිද සිටියේය. වේළුක ජාතකයෙහි නායක තවුසා ව සිටියේ අප මහබෝසත් ය. ඒ තවුස් පිරිස අතර තවුසෙක් ව අනඳ මහතෙර ද සිටියේය.

දුම්මේධ ජාතකයෙහි බරණැස් රජ ව සිටියේ අප මහබෝසත් ය. ඒ රජුගේ පිරිසට අයත් ඇමතියෙකු ව අනඳ මහතෙර ද සිටියේය. සීලව ජාතකයෙහි සීලව මහරජ ව සිටියේ අප මහබෝසත් ය. ඒ රජුගේ පිරිස ද බුදු පිරිස ය. ඒ අතර අනඳ මහතෙර ඇමතියෙකු ව සිටියේය. ඵල ජාතකයෙහි ගැල් නායක ව සිටියේ අප මහබෝසත් ය. අනඳ මහතෙර ගැල්බඩු ගෙන යන ඔහුගේ පිරිස අතර සේවකයෙකු ව සිටියේය.

අසාතමන්ත ජාතකයෙහි තක්සිලාවෙහි දිසාපාමොක් නම් ආචාර්යවරයෙක් සිටියේය. ඔහුගෙන් ශිල්ප

උගත් එක් ශිෂ්‍යයෙක් නිවසට ගිය කල්හි ඔහු ගිහි ජීවිතයට බැඳෙනු දකින්ට මවට නොරිසි විය. එවිට ඈ "පුත්‍රය, තොප දිසාපාමොක් ආචාරීන්ගෙන් අසාතමන්ත්‍රය උගත්තේ ද?" යි විචාළාය. නැතැයි කී විට නැවත ගොස් උගනුව යි යළි තක්සලාවට පිටත් කරවීය. ශිෂ්‍යයා හැරී අවුත් අසාතමන්ත්‍රය යනු කිමැයි ඇසූ විට එවන් මන්ත්‍රයක් කිසිදා නො ඇසූ ආචාර්ය තෙමේ අනුමාන ඥානයෙන් අරුත් දැන ස්ත්‍රීන්ට වසඟ නො වනු පිණිස ඔහුට අපූරු පාඩමක් කියා දුන්නේය. ඒ පාඩම උගත් හේ ගිහි දිවිය අත්හැර තවුසෙක් බවට පත් විය. ඒ අනිකකු නොව අනඳ මහතෙර ය. එදා දිසාපාමොක් ආචාර්ය ව සිටියේ අප මහබෝසත් ය.

පාරමී දම් පුරමින් පවා යන්ට තිබෙනුයේ බිහිසුණු සසර ගමනක ය. එහි ඇති අනතුරෙහි කිසි අඩුවක් නැත්තේය. තක්ක ජාතකයෙහි අනුවේදනීය සිදුවීමක් සඳහන් ය. එකල අප මහබෝසත් ගිහි දිවිය අත්හැර තවුසෙක් ව ගංගා නම් නදිය අසබඩ කුටියෙක ධ්‍යාන අභිඥා උපදවාගෙන සමවත් සුවයෙන් සුවසේ විසීය.

එකල දුෂ්ටකුමාරී නම් බරණැස් සිටු දියණිය සිය දැසි දස්සන්ට බොහෝ පීඩා කරමින් උඩඟු ව විසුවාය. දිනක් දැසි දස්සෝ ඇය දෝලාවක නංවාගෙන දියකෙළි පිණිස ගංගා නදියට ගෙන ආහ. නො දැනී ම කල් ඉක්ම ගොස් හිරු අවරට ගියේය. සැණෙකින් පැන නැගී අකාල මේඝයෙන් අහස් කුස කළුවර ව ධාරානිපාත වර්ෂාවක් වසින්ට පටන් ගති. සේවකයෝ ඇය නදියේ සැඩපහරට තල්ලු කොට ගොඩට ආහ. ඇය සැඩපහරේ ගසාගෙන ගියාය.

මහහඬින් හඬමින් නදියෙහි ගසා යන්නියකගේ හඬ ඇසූ මහබෝසත් තෙමේ තණහුලක් දල්වා නදීතෙරට ගොස් වහා නදියට බැස පිහිනා ඇයගේ දිවි බේරා ගත්තේය. ඉතා අසරණ ව ක්ලාන්ත ව සිටි ඇය ඔසොවාගෙන කුටියට අවුත් ගිනිමැලයක් දල්වා උණුසුම සලසා සුවපත් කොට මියුරු පලවැල ද දුන්නේය. ඇය බරණැස් සිටුහුගේ දියණිය බවත් එහි සිටීම අනතුරු හෙයින් වෙන යන්ට තැනක් නැති බවත් පවසා තමාට පිහිට වන ලෙස අයැද සිටියාය. බෝසත්හුගේ සිත උණු විය. ඇයට කුටියේ ඉන්ට සලස්වා තවුසා එළිමහනේ විසීය. ඇය ඉතා උපායශීලී ව බෝසත් තවුසා ව සිය වසඟයට ගෙන ඔහුගේ බඹසර බිඳින්ට සමත් වූවාය. බෝසතුන්ගේ ධ්‍යාන අභිඥා සියල්ල නැති විය. ඇයගේ කීමට අවනත බැව් දත් ඇය බෝසතුන් ද රැගෙන ගම්පියසට පැමිණියාය. දැන් තවුසා මෝරු විකුණා අඹුවක සමග දුකසේ දිවි ගෙවයි. මෝරු විකුණන හෙයින් ඔහු ප්‍රසිද්ධ වූයේ තක්ක පණ්ඩිත නමිනි.

එසමයෙහි කන්දක විසූ සොරු රැළක් ගමට වැදී බඩු පැහැර ගත්හ. ගමෙහි සිටි සිටුදියණිය දැක සොර නායකයා ඇයව ද රැගෙන ගියේය. ඇයගේ රුවට ඔහු වසඟ විය. අඹුකමට ගත්තේය. එදා බෝසත් කිසියම් කටයුත්තකට ගමෙන් පිට ව ගොස් යළි ආ විට සිය බිරිඳට වූ ඇබැද්දිය දැනගන්ට ලැබුණි. ඇයට තමා නැතිව සිටිය නො හැකි බවත් ළඟදී ම ඈ ඉන්නා තැනකින් තමා වෙත පලාඑන බවත් සිතූ බෝසත් එහි ම විසීය. ස්ත්‍රිය සිතුවේ අනිකකි. 'මට මෙහි හොඳ ය. මෙවන් සැපක් කලින් නො ලද්දෙමි. ඉදින් තක්ක පණ්ඩිත මා සොයා

අවුත් ගෙනියන්ට පළමු මේ සොරදෙටුවා ලවා ඔහු මැරිය යුතුය.' යි සිතා තමා අසවල් පෙදෙසෙහි ඉන්නා බවත් වහා අවුත් බේරා ගන්නා ලෙසත් දන්වා රහසේ පණිවිඩකරුවෙකු අත හසුනක් තක්ක පණ්ඩිතයන් වෙත පිටත් කළාය.

සොරදෙටුවාගේ සතුරෙකු පැමිණෙන්ට නියමිත බවත් ඔහු ආ විට තලා පෙළා මරා දැමිය යුතු බවටත් සොරදෙටුවා දැනුවත් කළාය. තක්ක පණ්ඩිත පණිවිඩය ඇසූ සැණින් වහා පැමිණියේය. සොරදෙටුවා අතට ම සිය සැමියා අල්ලා දෙන්ට ඇයට පුළුවන් විය. සොරදෙටුවා තක්ක පණ්ඩිතයා ගේ මැද බිම හෙළා නො නවත්වා ම පහර දුනි. සිය බිරිඳ පහර කමින් සිටින සැමියා දෙස හිනැහෙමින් බලා සිටියි. ඔහුගේ දෑත් බැඳ සවස බත් කා යළිත් පහර දෙන්ට පටන් ගති. පහර කන හැම වරක දී ම තක්ක පණ්ඩිතයා,

'ක්‍රෝධ බඳින්නී - කළගුණ නොදන්නී
කේළාම් කියන්නී - මිත්‍රද්‍රෝහී වන්නී'

යන පද සතර කියයි. සොරදෙටුවාට මේ සිව්පදයෙහි අරුත් අසන්ට සිත් විය. තක්ක පණ්ඩිතයා සියල්ල කීවේය. තමා ධ්‍යාන අභිඥා උපදවාගෙන අහස් ගමන් ගිය තවුසෙකු බවත්, නදියේ ගසා ගිය ස්ත්‍රියක බේරා, ඒ ස්ත්‍රියගේ ම වසඟයට පත් ව මෙතෙක් කල් පවුල් කෑ බවත්, දැන් ඇය නිසා ම මැරුම් කන්ට සිදු වී ඇති බවත් කීවේය. සොරදෙටුවාට සිහි උපන. මෙපමණ උපකාරී වූ සත්පුරුෂයෙකුට මෙබන්දක් කළ මැය මා වැනියෙකුට කුමක් කරාවි දැයි සිතා වහා ඇය අත්හළේය.

තක්ක පණ්ඩිතයා තවුස්දම් පිරීමට වනයට ගියේය. සොරදෙටුවා ද 'මටත් මේ දිවියෙන් පලක් නැතැ' යි කියා ඔහු සමග වනගත විය. දෙදෙනා ම තවුසන් බවට පත් ව ධ්‍යාන අභිඥා උපදවා ගත්හ. එකල තක්ක පණ්ඩිත අප මහබෝසත් ය. ස්ත්‍රියකගේ උසිගැන්වීමට සොරදෙටුවා අතින් බෝසත් මැරුම් කන්ට නියමිත ව සිටියේය. ඒ සොරදෙටුවා අනිකකු නොව අනඳ මහතෙර ය. මහා පාපයක් සිදුවෙන්ට කලින් බේරෙන්ට වාසනාව ලද්දේ සොරදෙටුවාගේ නුවණ නිසා ය. මතු බුදුවන බෝසතුන් හා ඒ බුදුන්ගේ අග්‍ර උපස්ථායක වීමට පෙරුම් පුරන්නහු මූණ දුන් සසර ගැටලු මෙබඳු නම් සාමාන්‍ය ලෝක සත්වයාගේ ගැටලු ගැන කවර කථා ද?

මුදුලක්ඛණ ජාතකයෙහි මහබෝසත් ඍෂිවරයෙකි. බරණැස් රජ ව සිටියේ අනඳ මහතෙර ය. කුද්දාල ජාතකයෙහි බරණැස් රජ අනඳ මහතෙර ය. කුද්දාල පණ්ඩිත අප මහබෝසත් ය. වරණ ජාතකයෙහි දිසාපාමොක් ඇදුරුතුමා අප මහබෝසත් ය. ඔහුගේ සිසු පිරිස අතර අනඳ මහතෙර ද සිසුවෙකු ලෙස සිටියේය. සච්චංකිර ජාතකයෙහි දැහැමි රජ අප මහබෝසත් ය. ගිරවෙකු ව ඔහු අසල සිටියේ අනඳ මහතෙර ය. රුක්ඛධම්ම ජාතකයෙහි නුවණැති දෙව්රජ ව සිටියේ අප මහබෝසත් ය. අනඳ මහතෙර ද ඔහුගේ දෙව්පිරිසට අයත් දෙවියෙකු ව සිටියේය.

මච්ඡ ජාතකයෙහි අප මහා බෝසත් මහා මත්ස්‍යරාජයෙකු ලෙස ඉපිද සිටියේය. වැස්ස වලාහක දෙව්රජ ලෙස ඉපිද සිටියේ අනඳ මහතෙර ය. අසංකිය ජාතකයෙහි තවුස් නායකයා අප මහබෝසත් ය. ඔහුගේ

පිරිස අතර තවුසෙකු ව අනඳ මහතෙර ද සිටියේය. ඉල්ලීස ජාතකයෙහි බරණැස් රජ ව සිටියේ අනඳ තෙර ය. රජුගේ කෙස් සැරසූ කරණවැමියා ව සිටියේ අප මහබෝසත් ය. සුරාපාන ජාතකයෙහි නායක ඍෂිවරයා ව සිටියේ අප මහබෝසත් ය. ඔහුගේ අතවැසි ඍෂි පිරිස අතර ඍෂිවරයෙකු ලෙස අනඳ මහතෙර ද සිටියේය. කාලකණ්ණි ජාතකයෙහි බරණැස් සිටු ලෙස ඉපිද සිටියේ අප මහබෝසත් ය. ඒ සිටුහුගේ නිවස රැකගත් කාලකණ්ණි නමැති නුවණැති සේවකයා අනඳ මහතෙර ය. කිංපක්ක ජාතකයෙහි ගැල් නායක ව සිටියේ අප මහබෝසත් ය. ඔහුගේ ගැල් පිරිසේ සේවකයෙකු ලෙස අනඳ මහතෙර ද සිටියේය. සීලවීමංස ජාතකයෙහි බරණැස් රජ ව සිටියේ අප මහබෝසත් ය. ඔහුගේ රජ පිරිස අතර ඇමතියෙකු ලෙස අනඳ මහතෙර ද එහි සිටියේය. සාරම්භ ජාතකයෙහි තක්සිලාවේ විසූ බමුණෙකු ව සිටියේ අනඳ මහතෙර ය. ඔහුට අයත් සාරම්භ නමැති ගවයා ව සිටියේ අප මහබෝසත් ය.

මහාසාර ජාතකයෙහි රජ ව සිටියේ අනඳ මහතෙර ය. රජුට නිසි උපදෙස් දුන් නුවණැති ඇමතියා වූයේ අප මහබෝසත් ය. මහා සුදස්සන ජාතකයෙහි මහා සුදස්සන රජ ව සිටියේ අප මහබෝසත් ය. රජහුගේ ඇමති පිරිසේ ඇමතියෙකු ලෙස අනඳ මහතෙර ද සිටියේය. තේලපත්ත ජාතකයෙහි රජකමට පත් කුමරු ව සිටියේ අප මහබෝසත් ය. අනඳ මහතෙර ඒ රජහුගේ පරිවාර ඇමතියෙකු විය. නාමසිද්ධි ජාතකයෙහි දිසාපාමොක් ඇදුරුතුමා ව සිටියේ අප මහබෝසත් ය. ඔහුගේ ආචාර්ය පිරිස අතර අනඳ මහතෙර ද ආචාර්යවරයෙකු ලෙස

සිටියේය. සාලිත්ත ජාතකයෙහි බරණැස් රජ ව සිටියේ අනඳ මහතෙර ය. රජුට අවවාද දුන් පණ්ඩිත අමාත්‍ය ව සිටියේ අප මහබෝසත් ය.

තිත්තිර ජාතකයෙහි නායක ඍෂිවරයා ව සිටියේ අප මහබෝසත් ය. ඔහුගේ අතවැසි ඍෂිවරයෙකු ලෙස අනඳ මහතෙර ද සිටියේය. අකාලරාවි ජාතකයෙහි දිසාපාමොක් ඇදුරුතුමා ව සිටියේ අප මහබෝසත් ය. ඔහුගේ අන්තේවාසිකයන් අතර සිසුවෙකු ලෙස අනඳ මහතෙර ද සිටියේය.

බන්ධනමොක්ඛ ජාතකයෙහි රජ ව සිටියේ අනඳ මහතෙර ය. ඒ රජහුගේ අග්‍ර පුරෝහිත පදවිය ලද මනඃකාන්ත රූසපුවෙන් හෙබි බ්‍රාහ්මණ ව සිටියේ අප මහබෝසත් ය. එකල පසල් දනව්වක කැරැල්ලක් සංසිඳුවන්ට රජතුමා පිටත් විය. රාජදේවියට බෝසත් බ්‍රාහ්මණයා දකින්ට ලැබුණි. ඇය පිස්සු වැටුණි. බ්‍රාහ්මණයාව අයථා ක්‍රියාවකට පොළඹවා ගන්ට කෙතෙක් උත්සහ කළත් නො හැකි විය. මේ ස්ත්‍රී මායම හෙළිවෙන්ට පෙර බ්‍රාහ්මණයාව මැරිය යුතු යැයි සිතා බ්‍රාහ්මණයා විසින් තමාව දූෂණය කරන්ට මහත් වෙහෙසක් ගත් බවත් එයට ඉඩ නො දීම නිසා මහා දුක් පීඩා පැමිණවූ බවත් හඬ හඬා කියමින් අභූත චෝදනා කොට පෙරළා ආ රජු කෝප ගැන්වීය. කුපිත වූ රජ පුරෝහිත බ්‍රාහ්මණයාගේ හිස ගසාදමන්ට නියම කළේය. එහෙත් පුරෝහිත නැණවත් වෑයමෙන් එය වළකා රජු ඉදිරියට පැමිණ සියලු තතු නො වළහා කීමෙන් බ්‍රාහ්මණයාගේ නිර්දෝෂී භාවය ඔප්පු කරන්ට සමත් විය. ඒ ආත්මයේ දී අප මහබෝසතුන් මැරුම් නොකා බේරුණේ සිතාගත

නො හැකි තරම් අඩියකදී ය. බෝසත් බ්‍රාහ්මණයාව මරවන්ට අණ දුන් රජා අනිකකු නොව අනඳ මහතෙර ය. බ්‍රාහ්මණයාගේ ඉවසීමත් නිර්භීත බවත් සත්‍යවාදී බවත් සීලයත් හේතුවෙන් මහා විපතක් වැළකුණි.

කුසනාළි ජාතකයෙහි රුචා දේවතාවා අනඳ මහතෙර ය. කුසනාළි දේවතාවා අප මහබෝසත් ය. දුම්මේධ ජාතකයෙහි මගධ නම් රජෙක් සිටියේය. ඔහුට ඉතා අලංකාර හස්තිරාජයෙක් සිටියේය. ඒ ඇත්රජු අප මහබෝසත් ය. රජතෙමේ ඇත්රජුට තදබල ලෙස ඊර්ෂ්‍යා කළේය. ඇත්රජු මැරවීම පිණිස ඇත්ගොව්වාට අණ ලැබෙද්දී ඇත්ගොව්වා එය වටහා ගන්ට සමත් විය. "අදරැති පුත්‍රය, මේ රජුගේ වෑයම තොප මරා දැමීමට ය. දරුව, මෙහි නො සිට අපි පලායමු." යි ඇතාගේ කනට කොඳුරා ඇතා ධෛර්යවත් කළ ඇත්ගොව්වා ඇත්රජු ව අහස් ගමනින් යන්ට පෙළඹවීය. ඉක්බිති ඇතා ඇත්ගොව්වා ද රැගෙන පලාගියේය. ඇත්ගොව්වා අනිකකු නොව අපගේ අනඳ මහතෙර ය. ඇතු මරවන්ට ම ඕනෑ ය සිතා දරුණු උපක්‍රම යෙදූ මගධ රජ ව සිටියේ දෙව්දත් ය.

සතාසන ජාතකයෙහි කුරුලු රාජයා අප මහබෝසත් ය. ඔහුට කීකරු ව විසූ කුරුල්ලන් අතර අනඳ මහතෙර ද කුරුල්ලෙකු ව සිටියේය. කාක ජාතකයෙහි බරණැස් රජ ව සිටියේ අනඳ මහතෙර ය. එකල්හි කපුටු විනාශයෙන් පිරිස බේරාගත් කපුටුරාජ ව සිටියේ අප මහබෝසත් ය. රාධ ජාතකයෙහි පොට්ඨපාද නමැති ගිරවා අප මහබෝසත් ය. ඔහුගේ මලණු රාධ ව සිටි කුඩා ගිරවා අනඳ මහතෙර ය. ඒකපණ්ණ ජාතකයෙහි බරණැස් රජ ව

සිටියේ අනඳ මහතෙර ය. රජුට ඔවදන් දුන් තවුසා ව සිටියේ අප මහබෝසත් ය.

රාජෝවාද ජාතකයෙහි බරණැස් රජ අප මහබෝසත් ය. එකල කොසොල් රජ ව සිටියේ අනඳ මහතෙර ය. ගග්ග ජාතකයෙහි රජ ව සිටියේ අනඳ මහතෙර ය. රජු සතුටු කොට තෑගි ලැබූ බ්‍රාහ්මණ පුත්‍ර ව සිටියේ අප මහබෝසත් ය. ගුණ ජාතකයෙහි අප මහබෝසත් සිංහයෙකි. දිනක් හේ ගොදුරක් ඩැහැගන්ට ගොස් මඩ වළක එරුණි. ඉතා අසරණ ව දුකසේ වසන කල්හි වනයේ සිටි සිවලෙක් අවුත් බොහෝ වෙහෙසී සිංහයා මඩින් ගොඩට ගත්තේය. එදා පටන් දෙදෙනා මිතුරුදමින් වෙලී සිටියෝය. සිවලෙකු ව ඉපිද සිටියේ අනඳ මහතෙර ය. සුහනු ජාතකයෙහි බරණැස් රජ ව සිටියේ අනඳ මහතෙර ය. ඔහුගේ නුවණැති ඇමතියා ව සිටියේ අප මහබෝසත් ය.

මෝර ජාතකයෙහි අප මහබෝසත් රන් මයුරෙකු ව ඉපිද සිටියේය. බරණැස් රජුගේ දේවිය රන් මොණරෙකු-ගෙන් බණ අසන සිහිනයක් දුටුවාය. රන් මොණරෙකු දණ්ඩකහිරඤ්ඤ පර්වතයේ වසනා වග වැද්දෙකුගෙන් අසන්ට ලැබුණි. මොණරා අල්ලාගෙන එන ලෙස වැද්දාට රාජ අණ ලැබුණි. රන් මොණරා උදේ සවස මෝර පිරිත කියා රැකවල් ගත් හෙයින් ඔහු අල්ලාගත නො හැකි විය.

රන් මොණරාගෙන් බණ අසන්ට නො හැකි ශෝකයෙන් පීඩිත දේවිය මළාය. රජතුමා මොණරා කෙරෙහි වෛර බැඳගති. 'අසවල් දණ්ඩකහිරඤ්ඤ පර්වතයේ වසන රන් මොණරා මරා මස් කෑ අයෙකුට අජරාමර විය හැකිය' කියා රන්පතක ලියා බඳුනක බහා

තැබීය. මෙසේ සත්වෙනි රජුන් දක්වාත් සත් වැදි පරපුරක් දක්වාත් මොණරා අල්ලන්ට නො හැකි විය. සත්වෙනි වැදි පරපුරේ වැද්දා රන් මොණරා උගුලට හසු නො වන රහස වන තනි ව විසීමත් පිරිත් කීමත් බව හඳුනා ගති. හේ මොණරාට පිරිත වරදවනු පිණිස හොඳින් නැටිය හැකි මොණරියක් පුහුණු කොට පර්වතයට මුදා හළේය. මොණරියගේ හඬින් වසඟ වූ රන් මොණරාට පිරිත් කීම අමතක විය. මෙවර ඔහු වැද්දාගේ උගුලට හසු විය. මොණරා මාලිගයට ගෙන යන ලදින් රජු හා කථා කරන්ට ලැබුණි. රන් මොණරා රජුට බණ කීවේය. රජුගේ ආදර සත්කාර ලැබ නිදහස් වී යළි පර්වතයට ගියේය. මොණරාට නිදහස දුන් සත්වෙනි රජ ව සිටියේ අනඳ මහතෙර ය.

විනීලක ජාතකයෙහි මිථිලායෙහි විදේහ රජ ව සිටියේ අප මහබෝසත් ය. හංස පියා ලෙස ඉපිද සිටියේ අනඳ මහතෙර ය. සුසීම ජාතකයෙහි සුසීම රජ ව සිටියේ අනඳ මහතෙර ය. රජතුමා සතුටු කොට බොහෝ ධනය ලද තරුණයා ව සිටියේ අප මහබෝසත් ය. අරක ජාතකයෙහි අරක මහඍෂි ව සිටියේ අප මහබෝසත් ය. ඔහුගේ ඍෂි පිරිස අතර අනඳ මහතෙර ද ඍෂිවරයෙකු ව සිටියේය. කල්‍යාණධම්ම ජාතකයෙහි බරණැස් රජ ව සිටියේ අනඳ මහතෙර ය. එකල අප මහබෝසත් බරණැස් සිටු ලෙස සිටියේය. කලාසමුට්ඨි ජාතකයෙහි බරණැස් රජ ව සිටියේ අනඳ මහතෙර ය. ඔහුට ඔවදන් දුන් නුවණැති ඇමතියා ව සිටියේ අප මහබෝසත් ය. තින්දුක ජාතකයෙහි වඳුරු නායකයා ව සිටියේ අප මහබෝසත් ය. ඔහුගේ වඳුරු පිරිස අතර වඳුරෙකු ලෙස අනඳ මහතෙර ඉපිද සිටියේය.

කච්ඡප ජාතකයෙහි අප මහබෝසත් කුඹල්කරුවෙකි. එකල අනඳ මහතෙර ඒ පෙදෙසෙහි ඉබ්බෙකු ව ඉපිද තමා වසන පෙදෙසෙහි ආලය අත්හළ නො හැකි ව දුක්ඛිත මරණයකට පත්විය.

දුද්දද ජාතකයෙහි මහාඍෂි ව සිටියේ අප මහබෝසත් ය. ඔහුගේ අතවැසි ඍෂි පිරිස අතර ඍෂිවරයෙකු ලෙස අනඳ මහතෙර ද සිටියේය. අසදිස ජාතකයෙහි අසදිස කුමරු ව සිටියේ අප මහබෝසත් ය. ඔහුගේ මලණු කුමරා අනඳ මහතෙර ය. සංගාමාවචර ජාතකයෙහි රජ ව සිටියේ අනඳ මහතෙර ය. අප මහබෝසත් ඇත්ගොව්වෙකු ලෙස සිටියේය. වාලෝදක ජාතකයෙහි බරණැස් රජ ව සිටියේ අනඳ මහතෙර ය. ඔහුට ඔවදන් දුන් නුවණැති ඇමතියා අප මහබෝසත් ය.

ගිරිදත්ත ජාතකයෙහි අනඳ මහතෙර රජෙකු ව සිටියදී ඇමතියෙකු ව සිටි අප මහබෝසත් ඒ රජුට ඔවදන් දුනි. චුල්ල පදුම ජාතකයෙහි පදුමරාජ ව සිටියේ අප මහබෝසත් ය. එහිදී මහා අනතුරකින් බෝසතුන්ගේ දිවි රැකදුන් තලගොයි රාජයෙකු ලෙස සිටියේ අනඳ මහතෙර ය. පබ්බතූහත්ථ ජාතකයෙහි බරණැස් රජ ව සිටියේ අනඳ මහතෙර ය. අප මහබෝසත් ඔහුගේ ඇමතියෙකු ව සිටියේය. වලාහස්ස ජාතකයෙහි වලාහ නම් අහස් ගමන් යන අශ්වරාජයා ව සිටියේ අප මහබෝසත් ය. අශ්වයාගේ වචනය පිළිගෙන යකිනි මායමෙන් ගැලවීගත් පිරිස අතර කෙනෙකු වශයෙන් අනඳ මහතෙර ද සිටියේය. මිත්තාමිත්ත ජාතකයෙහි මහාඍෂි ව සිටියේ අප මහබෝසත් ය. ඔහුගේ අතවැසි ඍෂිවරුන් අතර ඍෂිවරයෙකු ලෙස අනඳ මහතෙර ද සිටියේය. බන්ධවත්ත

ජාතකයෙහි නායක තවුසා අප මහබෝසත් ය. ඔහුගේ අතවැසි තවුසන් අතර අනඳ මහතෙර ද තවුසෙක් ව සිටියේය. පුණ්ණනදී ජාතකයෙහි රජ ව සිටියේ අනඳ මහතෙර ය. ඔහුට උපදෙස් දුන් පුරෝහිත බ්‍රාහ්මණයා අප මහබෝසත් ය. කච්ඡප ජාතකයෙහි රජ ව සිටියේ අනඳ මහතෙර ය. ඔහුගේ නුවණැති ඇමතියා ව සිටියේ අප මහබෝසත් ය. ගරහිත ජාතකයෙහි මිනිසුන්ගේ අගුණ කී වඳුරු රජ ව සිටියේ අප මහබෝසත් ය. ඔහුගේ වඳුරු පිරිස අතර අනඳ මහතෙර ද වඳුරෙක් ව සිටියේය.

චුල්ලනන්දි ජාතකයෙහි හිමාලයේ මහානන්දි නමැති වඳුරෙක් සිටියේය. ඔහුගේ මලණු චුල්ලනන්දි නම් වඳුරෙකි. මේ වඳුරු සොයුරන් දෙදෙනා රැළෙන් වෙන්ව සිය අන්ධ මව් වැඳිරිය ද රැගෙන එක්තරා වනලැහැබක විසූහ. එහි ආ මස්වැද්දෙකු අන්ධ වඳුරු මව්ට විදින්ට සූදානම් වනු දැක මහානන්දි බෝසත් වඳුරා මව්ට පෙරටු ව සිටියේය. වැද්දාගේ ඊ පහරින් බෝසත් වඳුරා මැරී වැටුණේය. යළි වැද්දා මව් වැඳිරියට විදින්ට සූදානම් වූ විට අතු අතර සැඟවී හුන් චුල්ලනන්දි වඳුරා කෑමොර දී "එම්බා මිනිස, මාගේ අයියණ්ඩියගේත් මාගේත් ජීවිත ගෙන මව්ට ජීවිත දානය දෙව." යි කීය. එසැණින් වැද්දා චුල්ලනන්දි වඳුරා ද මරා මව් වැඳිරිය ද මරා දැම්මේය. එකල මහානන්දි වඳුරා අප මහබෝසත් ය. චුල්ලනන්දි මලණු වඳුරා අනඳ මහතෙර ය. අන්ධ මව් වැඳිරිය මහා ප්‍රජාපතී ගෝතමී ය.

කෝසිය ජාතකයෙහි බරණැස් රජ ව සිටියේ අනඳ මහතෙර ය. ඔහුගේ නුවණැති ඇමතියා අප මහබෝසත් ය. ගුත්තිල ජාතකයෙහි බරණැස් රජ ව සිටියේ අනඳ

මහතෙර ය. ගුත්තිල මහා සංගීතඥයා අප මහබෝසත් ය. සංකප්ප ජාතකයෙහි රජ ව සිටියේ අනඳ මහතෙර ය. රාජදේවිය දැක රාගයෙන් දැවී දත් නො වළඳා කුටියේ වැතිරී හූල්ලමින් සිටි අසරණ තවුසා අප මහබෝසත් ය. රජු විසින් තවුසා වාඩි කරවා සිහි උපදවන අයුරින් කාමයේ ආදීනව ගාථාවලින් කියන ලදී. සුළු මොහොතකින් රජුව කුටියෙන් බැහැර කොට යළි ධ්‍යාන අභිඥා ඉපිදවූ තවුසා අහසින් හිමවතට ගියේය.

මණිකණ්ඨ ජාතකයෙහි නාග මායමකට හසු ව අසරණ ව සිටි කණිටු තවුසා අනඳ මහතෙර ය. නාග මායමෙන් මුදවා ධ්‍යාන අභිඥා උපදවා ගන්ට උපදෙස් දුන් වැඩිමල් සොයුරු තවුසා ව සිටියේ අප මහබෝසත් ය. කුණ්ඩකකුච්ඡිසින්ධව ජාතකයෙහි රජ ව සිටියේ අනඳ මහතෙර ය. අස් වෙළෙන්දා ව සිටියේ අප මහබෝසත් ය. ගාමිණිචණ්ඩ ජාතකයෙහි ආදාසමුඛ රජ ව සිටියේ අප මහබෝසත් ය. ගාමිණිචණ්ඩ ව සිට රජතුමා සතුටු කොට ධනය ලැබූ තැනැත්තා අනඳ මහතෙර ය. තිරීටවච්ඡ ජාතකයෙහි බරණැස් රජ ව සිටියේ අනඳ මහතෙර ය. තවුසා ව සිටියේ අප මහබෝසත් ය.

අබ්භන්තර ජාතකයෙහි උයනෙහි විසූ තවුසා ව සිටියේ අප මහබෝසත් ය. එකල්හි රජදේවියට මියුරු අඹඵල මුවතුඩින් ගෙනා ගිරවා ලෙස සිටියේ අනඳ මහතෙර ය. සෙය්‍යංස ජාතකයෙහි බරණැස් රාජ්‍යය පැහැර ගන්ට ආ සතුරු රජ ව සිටියේ අනඳ මහතෙර ය. බරණැස් මහරජ ව සිටියේ අප මහබෝසත් ය. සිරි ජාතකයෙහි රජ ව සිටියේ අනඳ මහතෙර ය. රජහුගේ කුලුපග තවුසා ව සිටියේ අප මහබෝසත් ය. නානාච්ඡන්ද ජාතකයෙහි රජ

ව සිටියේ අප මහබෝසත් ය. රජු සතුටු කොට මහත් ධන ලාභයක් ලද බමුණා ව සිටියේ අනඳ මහතෙර ය. සුපත්ථ ජාතකයෙහි බරණැස් රජ අනඳ මහතෙර ය. සුපත්ථ නම් කපුටු රාජයා අප මහබෝසත් ය.

මහා අස්සාරෝහ ජාතකයෙහි බරණැස් රජ ව සිටියේ අප මහබෝසත් ය. ඒ රජ සේනාව සමගින් පසල් දනව්වක කැරැල්ලක් සංසිඳුවීමට ගොස් පැරදුණි. දිවි ගලවාගෙන අසුපිටින් පැන ගොස් වෙනත් පිටිසර පෙදෙසකට ගියේය. එහි විසූ එක්තරා මිනිසෙක් මේ නන්නාඳුනන ආගන්තුකයාට හොඳින් සංග්‍රහ කළේය. දින කිහිපයක් නවත්වා උපස්ථාන කළේය. රජත් තමා කවුදැයි ඔහුට නො කීවේය. මහා අශ්වාරෝහක යනු තමා ය කියා, තමා හමුවීමට එන ලෙසත් කියා ඉතා සුවසේ බරණැසට ගියේය. ගොස් ඒ පිටිසරබද මිනිසා පවුලේ අයත් සමග කැඳවා රජමැදුරේ නවාතැන් දුන්නේය. ඒ පිටිසරබද මිනිසා අනිකකු නොව අනඳ මහතෙර ය.

ඒකරාජ ජාතකයෙහි බරණැස් රජ අප මහබෝසත් ය. බරණැස් රජුව ආක්‍රමණය කිරීම පිණිස ආ දබ්බසේන නම් කොසොල් රජ අනඳ මහතෙර ය. පලාස ජාතකයෙහි දිළිඳු බ්‍රාහ්මණයා අනඳ මහතෙර ය. ඔහු කෙරෙහි පැහැදී ඔහුට මහත් ධනස්කන්ධයක් දුන් රුක්දෙවියා අප මහබෝසත් ය. ජවක ජාතකයෙහි බරණැස් රජ අනඳ මහතෙර ය. රජතුමා එක්තරා සැඩොල් තරුණයෙකුට පැහැදී ඔහුට නගරගුත්තික තනතුර දී ඔහුගේ අවවාද අනුව දියුණු වූයේය. ඒ සැඩොල් තරුණයා අප මහබෝසත් ය.

සය්හ ජාතකයෙහි බරණැස් රජ ව සිටියේ අනඳ මහතෙර ය. පුරෝහිත පුත්‍ර ව සිටියේ අප මහබෝසත් ය.

බ්‍රහ්මදත්ත ජාතකයෙහි බරණැස් රජ ව සිටියේ අනඳ මහතෙර ය. තවුස් ව සිටියේ අප මහබෝසත් ය. රාජෝවාද ජාතකයෙහි බරණැස් රජ අප ගේ අනඳ මහතෙර ය. රජුට ඔවදන් දුන් තවුසා ව සිටියේ අප මහබෝසත් ය. පීඨ ජාතකයෙහි බරණැස් සිටු ව සිටියේ අනඳ මහතෙර ය. තවුසා ව සිටියේ අප මහබෝසත් ය. කේසව ජාතකයෙහි බරණැස් රජ ව සිටියේ අනඳ මහතෙර ය. කේසව තවුසාගේ කුලුපග උපස්ථායක ව සිටි කප්ප බ්‍රාහ්මණයා අප මහබෝසත් ය.

මණිකුණ්ඩල ජාතකයෙහි බරණැස් රජ ව සිටියේ අප මහබෝසත් ය. එවර කොසොල් රජු විසින් බරණැස් ඇමතියෙකුගේ උසිගැන්වීමකට බරණැස ආක්‍රමණය කොට රජු අල්ලා සිර කරවීය. බරණැස් රජ සිරගෙහිදී ම ධ්‍යාන උපදවා අහසෙහි පලක් බැඳ හුන්නේය. කොසොල් රජුගේ සිරුර ගිනි ඇවිලී ගිය සෙයින් මහා දාහයකින් පීඩිත විය. බරණැස් රජු වෙත පැමිණ අහසේ සිටිනු දැක භීතියෙන් සලිත ව සමාව ගෙන බරණැස් රජුගේ ඔවදන් අසා යහපත් රජෙකු වී යළි සිය රට ගියේය. ඒ කෝසල නිරිඳා අනිකකු නොව අනඳ මහතෙර ය.

සත ජාතකයෙහි බරණැස සත මහරජ ව සිටියේ අප මහබෝසත් ය. එවර ද එක් ඇමතියෙක් රජු සමග අමනාප ව කොසොල් රටට පැනගොස් කොසොල් රජු පොළඹවා බරණැස ආක්‍රමණය කළේය. එවරත් සත රජුට සිරබත් කන්ට සිදුවිය. අවසානයේ සත රජු ධ්‍යාන උපදවා අහසේ පලක් බැඳ කොසොල් රජු පහදවා සිරගෙයින් නිදහස් විය. කොසොල් රජ ද නිවැරදි විය. බෝසතුන් සිරගෙහි දැමූ ධංක නම් කොසොල් රජ ව සිටියේ අනඳ මහතෙර ය.

සුසන්ධි ජාතකයෙහි බරණැස තම්බ නම් රජෙක් විසීය. ඔහුට සුසන්ධි නම් උතුම් රූ ඇති බිසවක් සිටියාය. එකල එක්තරා ගුරුළු රාජයෙක් මිනිස් වෙස් ගෙන රජු සමග දාදු කෙළියට ඒ. බිසොව දුටු සැණින් ගුරුළු රජ ඇයට වසඟ විය. ඇය පැහැරගෙන සයුර මැද පිහිටි ගුරුළු විමනට ගියේය. එකල තම්බ රජ ව සිටියේ අනඳ මහතෙර ය. සුසන්ධි බිසව පැහැරගත් ගුරුළු රාජ ව සිටියේ අප මහබෝසත් ය. ගුරුළු රාජයාට ගුරුළු විමානයෙහි සඟවාගෙන හෝ සුසන්ධි දේවිය රැකගන්ට නො හැකි විය. එහිදී ඇය අනාචාරයේ යෙදී හසු වූ කල්හි ස්ත්‍රී ලෝලත්වය අත්හළ ගුරුළු රජා ඇය ආපසු එවීය.

තචසාර ජාතකයෙහි බරණැස් රජ අනඳ මහතෙර ය. නුවණැති දරුවෙක් ව සිටියේ අප මහබෝසත් ය. අවාරිය ජාතකයෙහි බරණැස් රජු ව සිටියේ අනඳ මහතෙර ය. එහි තවුස් ව සිටියේ අප මහබෝසත් ය. නේරු ජාතකයෙහි වැඩිමහලු හංස ව සිටියේ අප මහබෝසත් ය. මලණු හංස ව සිටියේ අනඳ මහතෙර ය. නන්දියමිග ජාතකයෙහි කෝසල රජ ව සිටියේ අනඳ මහතෙර ය. නන්දිය මුවරාජ ව සිටියේ අප මහබෝසත් ය.

තුණ්ඩිල ජාතකයෙහි බරණැස් රජ ව සිටියේ අනඳ මහතෙර ය. එකල මහා තුණ්ඩිල නම් ඌරෙකු ව උපන් මහබෝසත් ගෙදරක දරුවෙකු සේ ඇතිදැඩි විය. ඔහුට චුල්ල තුණ්ඩිල නම් මලණු ඌරෙක් ද විය. වයස්ගත ස්ත්‍රියකගේ දරුවන් සේ ඇතිදැඩි වූ නමුත් සුරාසොඬුන්ගේ බසට රැවටුණු ඈ මස් පිණිස ඌරෙකු මරාගන්ට ඔවුන්ට අවසර දුන්නාය. සිය මරණය දැන භීතියටත් කම්පනයටත් පත් චුල්ල තුණ්ඩිල ඌරා

අස්වසනු පිණිස මහා තුණ්ඩිල ගාථා කියන්ට පටන් ගත්තේය. එය මුළු බරණැස් රාජ්‍යය පුරා දෝංකාර දුනි. රජ ද වහා එහි පැමිණියේය. මහා තුණ්ඩිල උඟරා රජුට දහම් දෙසා පන්සිල්හි පිහිටුවීය. රජතුමා උත්සව ශ්‍රීයෙන් මහා තුණ්ඩිල ව රජමැදුරට කැඳවාගෙන ගියේය. චුල්ල තුණ්ඩිල ද මරණයෙන් නිදහස් විය. අවසන රජහුගේ රාජ්‍ය අනුශාසකයා වූයේ මහා තුණ්ඩිල ය. රජුගේ මරණින් පසු මහා තුණ්ඩිලත් චුල්ල තුණ්ඩිලත් වනගත වූහ. බෝසත් මහා තුණ්ඩිලගේ අවවාද අනුව වසර සැටදහසක් දඹදිව රාජ්‍යය කෙරුණේය. (පුරාණ බ්‍රාහ්මණ ග්‍රන්ථයන්හි සඳහන් විෂ්ණු දෙවියන්ගේ වරාහ අවතාර සංකල්පයට මූලික බීජය වූයේ මේ ජාතකය විය හැකිය.)

ධජවිහේඨ ජාතකයෙහි එක්තරා විද්‍යාධරයෙක් රහසේ ම අහසින් අවුත් බරණැස් රජුගේ බිසොව දූෂණය කොට අහසින් ම පලායයි. දහවල් කාලයේ නදීතෙරට ගොස් තපස් කරයි. බිසව රජුට මෙය සැලකරන ලදින් රජු විසින් උපායශීලී ව තවුසා ව හඳුනාගන්නා ලදී. එසැණින් ඔහු අහසින් පලාගියේය. කෝපයට පත් බරණැස් රජ "මේ සියලු පැවිද්දෝ සොරු ය, වංචනිකයෝ ය, වනචර ස්ත්‍රී දූෂකයෝ ය." යි මිසදිටු ගෙන සියලු පැවිද්දන් බරණැස කසී රටින් පන්නා දැමීය. මේ හේතුවෙන් රජුට බොහෝ පව් සිදුවෙන බව දුටු සක්දෙවිඳා එකල හිමාලයේ ගන්ධමාදන පර්වතයෙහි නන්දමූලක පර්වත බෑවුමේ වැඩහුන් පසේබුදුවරුන්ට ඇරයුම් කොට එක් වැඩිහිටි පසේබුදුනමක කැඳවාගෙන ගොස් රජතුමා පහදවා ගත්තේය. එකල බරණැස් රජ ව සිටියේ අනඳ මහතෙර ය. සක්දෙවිඳා ලෙස සිටියේ අප මහබෝසත් ය.

කුක්කු ජාතකයෙහි රජ ව සිටියේ අනඳ මහතෙර ය. රජුට ඔවදන් දුන් නුවණැති ඇමතියා අප මහබෝසත් ය. සුතනු ජාතකයෙහි රජ ව සිටියේ අනඳ මහතෙර ය. එකල අඟුල්මල් තෙර යක්ෂයෙකු ව සිටියේය. යකු දමනය කළ තරුණයා අප මහබෝසත් ය. සත්තුභත්ත ජාතකයෙහි යොවුන් බැමිණියක අඹුකමට ගත් මහලු බමුණා ව සිටියේ අනඳ මහතෙර ය. ඒ බමුණහු අකල් මරණයෙන් බේරාගත් නුවණැති සේනක පණ්ඩිත ව සිටියේ අප මහබෝසත් ය.

අට්ඨිසේන ජාතකයෙහි බරණැස් රජ ව සිටියේ අනඳ මහතෙර ය. අට්ඨිසේන බ්‍රාහ්මණයා අප මහබෝසත් ය. ගන්ධාර ජාතකයෙහි ගන්ධාර රජ ව සිටියේ අප මහබෝසත් ය. වේදේහ තවුසා ව සිටියේ අනඳ මහතෙර ය.

මහා කපි ජාතකයෙහි හිමාලයෙන් ගෙන ආ අඹරසට ලොල් ව වනවැදී සිටි බරණැස් රජ අනඳ මහතෙර ය. අඹ කනු පිණිස ගසට ආ වඳුරු රැළෙහි නායකයා ව සිටියේ අප මහබෝසත් ය. ඒ වඳුරු පිරිස මරණයෙන් බේරාගන්ට බෝසත්තුමා සමත් විය. දළ්හධම්ම ජාතකයෙහි දළ්හධම්ම නම් රජ ව සිටියේ අනඳ මහතෙර ය. රජුට ඔවදන් දුන් නුවණැති ඇමතියා අප මහබෝසත් ය. සුසීම ජාතකයෙහි සුසීම රජ අප මහබෝසත් ය. ඔහුගේ මිත්‍ර රජ ව සිටියේ අනඳ මහතෙර ය. ධූමකාරී ජාතකයෙහි කෝරව්‍ය රජ ව සිටියේ අනඳ මහතෙර ය. එකල විධුර පණ්ඩිත ව සිටියේ අප මහබෝසත් ය. පරන්තප ජාතකයෙහි පුත්‍රරාජ ව සිටියේ අප මහබෝසත් ය. පුරෝහිත බ්‍රාහ්මණ ව සිටියේ අනඳ මහතෙර ය.

සුමංගල ජාතකයෙහි බරණැස් රජුට අයත් මුවන්ගේ අභයභූමිය හෙවත් මිගදායක් තිබුණි. එය භාරව සිටියේ සුමංගල නමැත්තෙකි. දිනක් බරණැසට වැඩම කළ පසේබුදුන් වහන්සේ නමකට පැහැදුණු රජතුමා උයනෙහි නවත්වාගෙන සුමංගල ලවා උපස්ථාන කරවීය. පසේබුදුන් වහන්සේ 'කිහිප දිනකට පිට ගමකට යමි' යි සුමංගලට පවසා පිටත් ව වැඩියහ. පසේබුදුන් වැඩි වග සුමංගල රජුට දැන්වීය. කිහිප දිනක් ගත වූ පසු පසේබුදුරද හිරු බැසයමින් තිබූ අඳුරෙහි යළි උයනට වැඩියේය. උන්වහන්සේ වැඩි වග සුමංගල නො දැන සිටියේය. එදා සුමංගලගේ ඥාති පිරිසක් ඔහු කරා පැමිණි අතර ඔවුනට අහර පිණිස අභයදානය දුන් මුවන්ගෙන් එකෙකු මරන්ට සිතූ සුමංගල අඳුරේ ම දඩයමට බැස්සේය. රැක් සෙවණක හිස වසා පොරවා වැඩහුන් පසේබුදුන්ට මුවෙකි යි රැවටී ඊයෙන් විද්දේය. පසේබුදුහු හිස වසා සිටි සිවුර පහත දමා "සුමංගල මේ මම්" යි කී සේක.

සුමංගල හඬාගෙන දිව ආයේය. "අයියෝ ස්වාමීනී, නුඹවහන්සේ වැඩි වගක් මම් නො දනිමි. මුවෙක් ය සිතා ය මා විද්දේ. අනේ මට සමාවන සේක්වා!" යි හඬ හඬා පාමුල වැඳ වැටී සමාව ගත්තේය. වහා ඊය ඇද ඉවත් කළ නමුත් මහත් වේදනාවට පත් පසේබුදුන් වහන්සේ ඒ මොහොතේ ම පිරිනිවන් පෑහ. සුමංගල අතිශයින් භීතියට පත් විය. 'අහෝ... දැන් ඉතින් මාත් ඉවර ය.' යි සිතා සිය පවුලත් ගෙන ඈත ජනපදයකට රැයෙහි ම පලා ගියේය.

රජුට සැලවූයේ සුමංගල උයන්පල්ලා විසින් පසේබුදුන් ඝාතනය කොට පලාගිය බව යි. සුමංගල රාජදණ්ඩනයට යටත් බව නියම කෙරිණි. බොහෝ

කලකට පසු සුමංගල අවුත් රජු බැහැදැක වැඳ සමාව ගෙන සියල්ල පවසා සිටියේය. රජුගෙන් සමාව ලැබිණ. එකල රජ ව සිටියේ අප මහබෝසත් ය. මුවෙකි යි සිතා පසේබුදුන්ට ඊට විදි උයන්පල්ලා අනිකකු නොව අනඳ මහතෙර ය.

ගංගමාල ජාතකයෙහි උදය රජ ව සිටියේ අප මහබෝසත් ය. අඩ්ඪමාසක රජ ව සිටියේ අනඳ මහතෙර ය. ඉන්ද්‍රිය ජාතකයෙහි සරභංග මහාසෘෂි අප මහබෝසත් ය. ඔහු අසල රැඳී උවටැන් කළ අනුශිෂ්‍ය තාපස ව සිටියේ අනඳ මහතෙර ය. හාරිත ජාතකයෙහි රජ ව සිටියේ අනඳ මහතෙර ය. හාරිත මහතවුස් ව සිටියේ අප මහබෝසත් ය. සංඛ ජාතකයෙහි සංඛ බ්‍රාහ්මණයා අප මහබෝසත් ය. ඔහුගේ උපස්ථායකයා අනඳ මහතෙර ය. චුල්ලබෝධි ජාතකයෙහි බරණැස් රජ ව සිටියේ අනඳ මහතෙර ය. පරිව්‍රාජක ව සිටියේ අප මහබෝසත් ය. කණ්හදීපායන ජාතකයෙහි කණ්හදීපායන සෘෂි ව සිටියේ අප මහබෝසත් ය. ඔහුට හිතමිත්‍ර ව සිටි මණ්ඩව්‍ය බ්‍රාහ්මණයා අනඳ මහතෙර ය. නිග්‍රෝධ ජාතකයෙහි නිග්‍රෝධ රජ ව සිටියේ අප මහබෝසත් ය. රජගහ නුවර සිටුනිවසේ රෙදි වියන්නාගේ බිරිඳ ගේ කුස උපන් පොත්තික ව සිටියේ අනඳ මහතෙර ය. මහා ධම්මපාල ජාතකයෙහි ධම්මපාල කුමරා අප මහබෝසත් ය. එහි රජපිරිස් අතර කෙනෙකු ලෙස අනඳ මහතෙර ද සිටියේය.

බිළාරකෝසිය ජාතකයෙහි සක්දෙවිඳා ව සිටියේ අප මහබෝසත් ය. පංචසිඛ දෙව්පුතු ව සිටියේ අනඳ මහතෙර ය. සත ජාතකයෙහි රෝහණ රාජපුත්‍ර ව සිටියේ අනඳ මහතෙර ය. සත පණ්ඩිත ව සිටියේ අප මහබෝසත් ය.

මාතුපෝසක ජාතකයෙහි බරණැස් රජ ව සිටියේ අනඳ මහතෙර ය. සිය අන්ධ මව් ඇතිනියට උපස්ථාන කළ අලංකාර ඇත්රජු ව සිටියේ අප මහබෝසත් ය. යුද්ධංජය ජාතකයෙහි යුධිෂ්ඨිල කුමරා ව සිටියේ අනඳ මහතෙර ය. යුද්ධංජය රජ ව සිට සියල්ල අත්හැර තවුස්දම් පිරීමට ගියේ අප මහබෝසත් ය.

දසරථ ජාතකයෙහි භරත කුමරු ව සිටියේ අනඳ මහතෙර ය. රාම පණ්ඩිත රජ ව සිටියේ අප මහබෝසත් ය. (රාමායනය ප්‍රබන්ධ කිරීම පිණිස මූලික සංකල්පය ගෙන තිබුණේ මෙම ජාතකයෙනි) සංවර ජාතකයෙහි ඔවදන් දුන් මහබෝසත් ඇමතිට සවන් දුන් පිරිස අතර අයෙකු ලෙස අනඳ මහතෙර ද සිටියේය. සුප්පාරක ජාතකයෙහි සුප්පාරක පණ්ඩිත ව සිටියේ මහබෝසත් ය. ඔහු සමග නෞකා ගමන් ගිය පිරිස අතර වෙළෙන්දෙකු ව අනඳ මහතෙර ද සිටියේය. භද්දසාල ජාතකයෙහි භද්දසාල දෙව්රජ ව සිටියේ අප මහබෝසත් ය. ඒ දෙව්පිරිස අතර දෙවියෙකු ලෙස අනඳ මහතෙර ද සිටියේය.

ජනසන්ධ ජාතකයෙහි ජනසන්ධ මහබෝසත් රජපිරිසේ අයෙකු ලෙස අනඳ මහතෙර ද සිටියේය. මහාකණ්හ ජාතකයෙහි සක්දෙවිඳු ව සිටියේ අප මහබෝසත් ය. මාතලී දෙව්පුතු අනඳ මහතෙර ය. මහාසුව ජාතකයෙහි රාජපුත්‍රයා ව සිටියේ අප මහබෝසත් ය. නුවණැති නාගරාජයා අනඳ මහතෙර ය. මිත්තාමිත්ත ජාතකයෙහි බරණැස් රජ ව සිටියේ අනඳ මහතෙර ය. රජුට නිසි ඔවදන් දුන් නුවණැති ඇමතියා අප මහබෝසත් ය. අම්බ ජාතකයෙහි බරණැස් රජ ව සිටියේ අනඳ මහතෙර ය. අකලට අඹඵල ගැන්වීමෙහි

මන්ත්‍රය දැනසිටි නුවණැති චණ්ඩාලයා අප මහබෝසත් ය. ජවනහංස ජාතකයෙහි බරණැස් රජ අනඳ මහතෙර ය. අහසේ විස්කම් පා පියාසලමින් රජු පුදුමයට පත්කළ ජවනහංසරාජ ව සිටියේ අප මහබෝසත් ය.

දූත ජාතකයෙහි රජ ව සිටියේ අනඳ මහතෙර ය. ගෙන ගිය ගුරු පඬුර ගඟට වැටීමෙන් දුකට පත් ව යළි මුදල් ලැබෙන තුරු ගංතෙරේ වාඩි වී උපවාස කළ බ්‍රාහ්මණ තරුණයා ව සිටියේ අප මහබෝසත් ය. කාලිංග බෝධි ජාතකයෙහි දන්ත පුරයෙහි කාලිංග සක්විති රජ ව සිටියේ අනඳ මහතෙර ය. රජුට ඔවදන් දුන් කාලිංග භාරද්වාජ බ්‍රාහ්මණ ව සිටියේ අප මහබෝසත් ය.

රූරුමිග ජාතකයෙහි බරණැස් රජ ව සිටියේ අනඳ මහතෙර ය. මුව දඩයමේ ගිය රජුට අලංකාර රූරු මුවරජා මුණගැසිණි. මුවාට විදින්ට ඊතලය දුන්නේ දමා එල්ලකොට සිටියදී රූරුමුවා මියුරු කතාබස් කොට රජු පහදවා දමනය කරන්ට සමත් විය. එකල රූරු මුවරජා අප මහබෝසත් ය.

සරභ ජාතකයෙහි ද රජ ව සිටියේ අනඳ මහතෙර ය. සරභ මුවරජ ව සිටියේ අප මහබෝසත් ය. සාළිකේදාර ජාතකයෙහි ගිරාරාජයා ව සිටියේ අප මහබෝසත් ය. ගිරා රජු දුටු සැණින් ආදරයෙන් බැඳී ගිය කෙත් හිමි බ්‍රාහ්මණයා ව සිටියේ අනඳ මහතෙර ය. උද්දාලක ජාතකයෙහි බරණැස් රජ ව සිටියේ අනඳ මහතෙර ය. ඔහුගේ පුරෝහිත බ්‍රාහ්මණයා අප මහබෝසත් ය. භිස ජාතකයෙහි මහබෝසත් තවුසා සමග තවුස්දම් පිරූ සොයුරු සත්දෙනාට අයත් තවුසෙකු ව සිටියේ අනඳ මහතෙර ය. සුරුචි ජාතකයෙහි සක්දෙවිඳා වූයේ

අප මහබෝසත් ය. විස්කම් දෙව්පුතු ව සිටියේ අනඳ මහතෙර ය. සාධීන ජාතකයෙහි සාධීන රජ ව සිටියේ අප මහබෝසත් ය. එකල නාරද රජ ව සිටියේ අනඳ මහතෙර ය.

දස බ්‍රාහ්මණ ජාතකයෙහි බරණැස් රජ ව සිටියේ අනඳ මහතෙර ය. හැම ගැටලු විසඳූ විධුර පණ්ඩිත ව සිටියේ අප මහබෝසත් ය. භික්ඛාපරම්පර ජාතකයෙහි බරණැස් රජ ව සිටියේ අනඳ මහතෙර ය. හිමාලවැසි මහතවුසෙක් ව සිටියේ අප මහබෝසත් ය. චිත්තසම්භූත ජාතකයෙහි චිත්ත පණ්ඩිත ව සිටියේ අප මහබෝසත් ය. සම්භූත පණ්ඩිත ව සිටියේ අනඳ මහතෙර ය. සිවි ජාතකයෙහි ඇස් දන් දුන් මහා සිවි රජ ව සිටියේ අප මහබෝසත් ය. රජුගේ දන් දීමේ අදහස් ඉටු කරනු වස් හඬ හඬා රන් ආයුධයෙන් ඇස් ගලවා රජුගේ අත්ල මත තැබූ රාජකීය සීවක වෛද්‍යවරයා අනඳ මහතෙර ය. රෝහන්ත ජාතකයෙහි චිත්ත මුවා ව සිටියේ අනඳ මහතෙර ය. රෝහන්ත මුවරජ ව සිටියේ අප මහබෝසත් ය. චූළහංස ජාතකයෙහි හංසරාජ ව සිටියේ අප මහබෝසත් ය. එකල උගුලකට හසු ව යාගත නො හැකි ව සිටි හංස රජු ළඟට ම වී ඉගිල නො ගොස් හංස රජුගේ ගුණ කියා වැද්දාගේ සිත මොළොක් කළ සුමුඛ හංසයා ව සිටියේ අනඳ මහතෙර ය. සත්තිගුම්බ ජාතකයෙහි බරණැස් රජ ව සිටියේ අනඳ මහතෙර ය. තවුසන්ගේ මල්ගොමුවක වැටී සිට ඔවුනට හමු ව ඔවුනතර ඇතිදැඩි ව මියුරු තෙපුල් කී ගිරවා වූයේ අප මහබෝසත් ය.

හත්ථිපාල ජාතකයෙහි හත්ථිපාල බ්‍රාහ්මණයා ගිහි-ගෙයි හැරයද්දී එක්වූ මහපිරිස අතර බ්‍රාහ්මණයෙකු

ලෙස අනඳ මහතෙර ද ඔහු හා තපසට ගියේය. අයෝඝර ජාතකයෙහි අයෝඝර කුමාරයා මහත් පිරිසක් සමග තපසට යද්දී අනඳ මහතෙර ද තවුසෙකු වී ඔවුන් හා එක් ව තපස් රැක්කේය. කුම්භ ජාතකයෙහි රජ ව සිටියේ අනඳ මහතෙර ය. සක්දෙවිඳා ව සිටියේ අප මහබෝසත් ය.

සම්භව ජාතකයෙහි ධනංජය රජ ව සිටියේ අනඳ මහතෙර ය. සම්භව පණ්ඩිත බ්‍රාහ්මණ ව සිටියේ අප මහබෝසත් ය. තේසකුණ ජාතකයෙහි බරණැස් රජ අනඳ මහතෙර ය. එකල ජම්බුක නම් කුරුලු රජ ව සිටියේ අප මහබෝසත් ය. සංඛපාල ජාතකයෙහි බරණැස් රජ ව සිටියේ අනඳ මහතෙර ය. සංඛපාල නම් නාගරාජයා ව සිටියේ අප මහබෝසත් ය. චුල්ල සුතසෝම ජාතකයෙහි සුතසෝම රජ අප මහබෝසත් ය. සෝමදත්ත කුමරු අනඳ මහතෙර ය. උම්මාදන්තී ජාතකයෙහි බරණැස් මහරජ ව සිටියේ අප මහබෝසත් ය. සුනන්ද නම් අස් රියදුරා අනඳ මහතෙර ය. මහාබෝධි ජාතකයෙහි මහාබෝධි පරිව්‍රාජක ව සිටියේ අප මහබෝසත් ය. එකල පිංගල නම් සුනඛයෙකු ව සිටියේ අනඳ මහතෙර ය. සෝණනන්ද ජාතකයෙහි සෝණ පණ්ඩිත ව සිටියේ අප මහබෝසත් ය. එකල නන්ද පණ්ඩිත ව සිටියේ අනඳ මහතෙර ය.

මහා හංස ජාතකයෙහි ධෘතරාෂ්ට්‍ර හංසරාජ ව සිටියේ අප මහබෝසත් ය. සුමුඛ නම් හංස ව සිටියේ අනඳ මහතෙර ය. සුධාභෝජන ජාතකයෙහි සක්දෙවිඳා අප මහබෝසත් ය. මාතලී දෙව්පුතු ව සිටියේ අනඳ මහතෙර ය. මහා සුතසෝම ජාතකයෙහි නන්ද බ්‍රාහ්මණයා අනඳ මහතෙර ය. සුතසෝම මහරජ ව සිටියේ අප මහබෝසත් ය.

මූගපක්ඛ ජාතකයෙහි තේමිය කුමරා අප මහබෝසත් ය. මහා පිරිස් සමග තපස් රකින්ට ගිය තේමිය තවුසාට එක් වූ අයෙකු ලෙස අනඳ මහතෙර ද සිටියේය.

මහා ජනක ජාතකයෙහි මිථිලායෙහි මහා ජනක රජ ව සිටියේ අප මහබෝසත් ය. රජුගේ ඊ වඩුවා ව සිටියේ අනඳ මහතෙර ය. සාම ජාතකයෙහි රන් පැහැති සාම කුමරු ව සිටියේ අප මහබෝසත් ය. සාම කුමරහුට ඊ පහර විදි රජ ව සිටියේ අනඳ මහතෙර ය. කුමරහුගේ මව්පියන් විසින් කරන ලද සත්‍යක්‍රියාවෙන් සාම කුමරා සුවපත් විය. රජතුමා සාම කුමරුගේ ඔවදන්හි පිහිටා දැහැමි රජෙක් විය. නිමි ජාතකයෙහි නිමි මහරජ ව සිටියේ අප මහබෝසත් ය. එකල සක්දෙවිඳුගේ මාතලී දෙව්පුතු ව සිටියේ අනඳ මහතෙර ය. භූරිදත්ත ජාතකයෙහි භූරිදත්ත මහා නාගරාජයා ව සිටියේ අප මහබෝසත් ය. සෝමදත්ත නාගයා ලෙස සිටියේ අනඳ මහතෙර ය.

මහා නාරදකස්සප ජාතකයෙහි මහා බ්‍රහ්මයා ව සිටියේ අප මහබෝසත් ය. එකල විදේහ රට මිථිලායෙහි අංගාති රජුට රුජා නමින් මනහර රූ ඇති දියණියක් සිටියාය. ඕ අනිකක නොව අනඳ මහතෙරහු ස්ත්‍රියක ව උපන් ආත්මයකි. අංගාති රජ ව සිටියේ උරුවේල කස්සප මහතෙර ය. මිසදිටු තවුසන්ගේ ඇසුරෙන් දරුණු මිසදිටුවෙකු ව සිටි ඔහුට එය අත්හළ නො හැකි විය. පින් පව්, මෙලොව පරලොව කිසිවක් විශ්වාස නො කළේය. එකල්හි රුජා රාජකන්‍යාව බොහෝ වෙහෙසී සිය පියරජු ඒ බිහිසුණු මිසදිටුවෙන් මුදවා ගන්ට සමත් වූවාය. එහිදී රුජා දියණිය තමන්ගේ පෙර ආත්මයන්හි තොරතුරු පියරජුට කීවාය.

එක් ආත්මයක මගධ රට රන්කරුවෙකුගේ පුතෙකු ලෙස අනඳ තෙර උපන්නේය. ඔහුට ලැබුණේ පවිටු මිතුරු ඇසුරකි. ඒ හේතුවෙන් ඔහු බොහෝ ස්ත්‍රීන් ඇසුරු කොට අශීලාචාර දිවියක් ගෙවීය. තමා කරගත් පව අළු යට ගිනි පුපුරු සේ සැඟවී ගිය වග නො දැන සිටියේය. ඊළඟ අත්බවෙහි නැවත ඔහු සිටු ගෙදරක පුත්‍රයෙකු වී උපන. එහිදී කලණ මිතුරු ඇසුර ලැබුණේය. පොහොයට පෙහෙවස් රැක දානාදී පින්කම්හි යෙදුණි. එහෙත් ඊළඟ ආත්මයේ උපත සඳහා ඔහු මනුලොවින් චුත වන විට පෙරට ආයේ කලින් ආත්මයේ පර ස්ත්‍රී සේවනයෙන් රැස්වූ අකුසල විපාකය යි. ඔහු රෞරව මහා නිරයේ ඉපදුණි. එහි බොහෝ දුක් වින්දේය. වර්ෂ ගණනින් නො ගිණිය හැකි කාලයක මහා දුකක් විඳ එයින් චුත ව බර අදිනා කුලයට අයත් එළුවෙකු ව උපන. කුඩා අවදියේ ම එළුවාගේ කෝෂ තලා කරඅඹවන ලදී. ඔහුට බොහෝ දුක් විඳින්ට සිදු විය.

එයින් චුත ව වඳුරු යෝනියෙහි පැටි වඳුරෙක් ව උපන. වඳුරු පියා ඒ පැටි වඳුරාගේ කෝෂය දතින් සපා කඩා උපුටා දැමීය. පැටි වඳුරාගේ ලිඟු පෙදෙස කුණු වීමෙන් බොහෝ දුක් විඳ මිය ගියේය. ඉන් පසු දසන්න රටෙහි ගව යෝනියෙහි උපන. කුඩා අවදියේ ම වසුපැටියාගේ කෝෂ තලා කරඅඹවන ලදී. බොහෝ බර උසුලමින් දුක් විඳින්ට වස්සාට සිදුවිය. ඒ ගව ආත්මයෙන් චුත වූ ඔහු වජ්ජි රටෙහි මිනිස් මව්කුසක උපත ලද නමුත් මනුලොවට පැමිණි විට ගැහැණු පිරිමි නො වන නපුංසකයෙකු ලෙස දිවි ගෙවන්ට සිදු විය. එහිදී බොහෝ අපහාස උපහාස ලද නමුත් සිල්වත් දිවියක් ගෙවා එයින් චුත ව තව්තිසා

දෙව්ලොව උපන. එහි ද ලද්දුයේ ස්ත්‍රී ආත්මයකි. දැන් ඔහු දෙවඟනකි. එයින් චුත ව නැවත මනුලොව උපන් සය වාරයකදී ස්ත්‍රී ආත්මය ම උරුම විය. මේ සයවෙනි ආත්මයේ රැජා කන්‍යාව ලෙස උපන්නාය. එයින් චුත ව තව්තිසාවේ දෙව්කුමරෙකු ලෙස උපත ලබන්ට තරම් පින බලවත් ව තිබුණි.

විධුර ජාතකයෙහි ධනංජය රජ ව සිටියේ අනඳ මහතෙර ය. විධුර මහපඬිතුමා ව සිටියේ අප මහබෝසත් ය. උම්මග්ග ජාතකයෙහි ගිරවා වූයේ අනඳ මහතෙර ය. මහෞෂධ පණ්ඩිත ව සිටියේ අප මහබෝසත් ය. වෙස්සන්තර ජාතකයෙහි වෙසතුරු මහ නිරිඳා අප මහබෝසත් ය. ඒ රජුගේ පිරිසට අයත් ව අනඳ මහතෙර ද සිටියේය.

මෙසේ මේ අනන්ත සසරෙහි නො ගිණිය හැකි තරම් ආත්ම සංඛ්‍යාවක අප මහබෝසතුන් හා එක් ව වසන්ට අනඳ මහතෙරුන්ට අවස්ථාව ලැබුණි. එහෙත් ඒ හැම ආත්මය ම එක ම අයුරකින් නො පැවතුණි. කී වතාවක් නම් ඔහු අතින් බෝසතුන් මැරුම් කරන්ට ආසන්න වූයේ ද? පුදුම සහගත ලෙස එය වැළකුණි. එසේ නමුදු බොහෝ ආත්මයන්හි මහබෝසතුන් හා ආනන්දයන්ගේ සමීප ස්නේහය පැහැදිලිව ම දැක්ක හැකි ය.

කාශ්‍යප නම් වූ භාග්‍යවත් අර්හත් සම්‍යක් සම්බුදුරජුන්ගේ සමයෙහි දිළිඳු බ්‍රාහ්මණයෙකු ලෙස අනඳ මහතෙර දඹදිව බරණැස ඉපිද සිටියේය. හේ දිනක් එක් රහත් තෙරනමකට පාත්‍රා පසුම්බියක් සකසා ගනු පිණිස සිය උතුරු සළුව පිදීය. ඒ ආත්මයෙන් චුත ව

දෙව්ලොව උපන් හේ යළි බරණැස් නුවර රජුගේ පුතෙකු ව මනුලොවට ආයේය. බරණැස් රජු බවට පත් විය. එකල පැවතියේ පසේබුදුවරයන් වහන්සේලාගේ යුගයකි. රජතුමා සිය මඟුල් උයනෙහි පසේබුදුන් වහන්සේලා අටනමක් වඩමවා කුටි සෙනසුන් සකසා උන්වහන්සේලාට වැඩහිඳීම පිණිස සියලු රුවනින් සැරසූ අසුන් පනවා දුනි. වසර දස දහසක් පුරා ඒ පසේබුදුවරුන්ට මැනවින් උපස්ථාන කරගත්තේය. අනතුරු ආත්මයෙහි තුසිත දෙව්ලොව උපන. ඒ සන්තුසිත නම් අප මහබෝසත් රජහුගේ පුත්‍රස්ථානයේ ය.

මහබෝසතාණෝ ගමනාන්තයට පැමිණෙත්

අප මහා බෝසතාණන් මහාමායා දේවිය කුස පිළිසිඳ ගැනීමත් සමග ම අනඳයන් ද තුසිත දෙව්ලොවින් චුත විය. සුද්ධෝදන මහරජහුගේ කණිටු සෝයුරෙකු වන අමිතෝදන ශාක්‍යයාගේ බිසොවගේ කුස පිළිසිඳ ගත්තේය. සියලු නෑයන් ආනන්දයට පත් කරවමින් උපන් හෙයින් කුමරහුට 'ආනන්ද' යන නම තබන ලදී.

අප මහබෝසතාණෝ විසිනවවෙනි වියෙහිදී තමන් දුටු සිව් පෙරනිමිති නුවණින් විමසා, අරුත් වටහා, අබිනික්මන් කොට, සය වසක් දුෂ්කර ක්‍රියා කොට, එහි නිෂ්ඵල බව පසක් කොට අත්හළහ. ඒ ආත්මයේ පෙර නො ඇසූ විරූ ධර්මයක් වන ආර්ය අෂ්ටාංගික මාර්ගය තමා තුළින් ම උපදවා, බෝමැඩදී විදුරසුන් අරා වැඩහිඳ, සකලවිධ අඳමිටු බල බිඳ, සූර්යෝදයට පෙර, දස තථාගත බල, සිව් විශාරද ඤාණ, අෂ්ට විද්‍යා පසළොස් චරණ ධර්ම සහිත ව, අරහං ආදී නව වැදෑරුම්

සම්බුදු ගුණයෙන් සමූපේත වෙමින්, සකල ක්ලේශයන් නසා, දස දහස් ලෝධා කම්පිත කරවමින්, අමා නිවන් සුව පසක් කරගනිමින්, සර්වඥතාඥානයෙන් හෙබි ශ්‍රී සම්බුද්ධත්වයට පත්වී වදාළ සේක.

එතැන් පටන් ලොවට උදා වූයේ ගෞතම සම්බුදුරජුන්ගේ යුගය ය. එකල්හි අප භාග්‍යවතුන් වහන්සේ පළමුව බරණැස ඉසිපතනයට වැඩම කොට පස්වග මහණුන්ට සිය මංගල දම් දෙසුම ලෙස දම්සක් පැවතුම් සූත්‍ර දේශනාව වදාරා දෙව් මිනිස් ලෝසතට බොහෝ වර්ෂ ලක්ෂ ගණනක් පුරා වැසී තිබූ නිවන් මහ දොරටුව විවර කර දුන් සේක. අනාත්ම ලක්ෂණ සූත්‍ර දේශනාවෙන් නිකෙලෙස් රහත් භික්ෂූන්ගේ යුගය උදා විය. සුළු කලක් තුළ සැටනමක් රහත්හු බිහි වූහ. එසඳ භාග්‍යවතුන් වහන්සේ මෙය වදාළහ.

"මහණෙනි, චාරිකායෙහි හැසිරෙව්. ඒ වනාහී බොහෝ ජනයාට හිත පිණිස ය. සුව පිණිස ය. හැම අයුරින් යහපත පිණිස ය. දෙව් මිනිසුන් ගේ හිත සුව පිණිස ය. එක් මගෙකින් දෙදෙනෙක් නො යව්. මහණෙනි, එසේ චාරිකායෙහි ගොස් දහම් දෙසව්. මුල මැද අග කලණ වූ, අරුත් සහිත වූ, සුපැහැදිලි වාක්මාලාවෙන් යුතු වූ, සකලාංගයන්ගෙන් පිරිපුන්, පිරිසිදු වූ නිවන් මග පවසව්."

මේ වනාහී භාග්‍යවතුන් වහන්සේගේ පළමු බුද්ධාඥාව ය. ඒ විධානය අකුරට ම පිළිපැදිණි. භාග්‍යවතුන් වහන්සේත් චාරිකායෙහි වැඩි සේක. එසේ වැඩියේ සොයුරු ජටිලයන් තිදෙනෙකුගේ නායකත්වයෙන් යුතු

දහසක් ජටිලයින් දමනය කරනු වස් උරුවෙල් දනව්වට ය. එසේ යන අතරමග කපු වෙනෙහි වැඩහිඳ තිහක් පමණ භද්‍රවර්ගීය කුමාරවරුන් පැවිදි කොට මගඵලයන්ට පැමිණවූ සේක. භාග්‍යවතුන් වහන්සේගේ උරුවේලා-ගමනය අති සාර්ථක විය. ඒ සියලු දෙන ඒහිභික්ෂු පැවිද්දෙන් පැවිදි ව ගයායෙහි ගයාශීර්ෂයෙහිදී ගින්න උපමා කොට වදාළ දෙසුම අසා අභිඥාලාභී මහරහතුන් බවට පත් වූහ.

අනතුරුව භාග්‍යවතුන් වහන්සේ රජගහ නුවරට වැඩි සේක. එහිදී බිම්බිසාර සමාගමය සිදු විය. බිම්සර නිරිඳුන් ඇතුළු බොහෝ දෙනෙක් සෝවාන් ඵලය පසක් කළහ. රජගහ නුවරදී ම සාරිපුත්ත මොග්ගල්ලාන අග්‍රශ්‍රාවකයන් වහන්සේලාගේ සම්බන්ධය ඇති විය. භාග්‍යවතුන් වහන්සේ රජගහ නුවර වේළුවනයෙහි වැඩසිටියදී සුදොවුන් පිය නිරිඳුන්ට ඒ වග සැලවිය. පියනිරිඳුන් විසින් භාග්‍යවතුන් වහන්සේ වඩමවා ගනු පිණිස බොහෝ දූතයෝ එවන ලද්දාහ. එහෙත් ඔවුහු රජගහ නුවර අවුත් පැවිදි වූහ. යළි නො ගියහ. අවසන තමා ද පැවිදි වීමේ අවසර ගෙන කාළුදායී අමාත්‍යයා සහපිරිවරින් රජගහ නුවරට අවුත් පැවිදි වූහ. අභිඥාලාභී රහත්නමක් බවට පත් වූ කාළුදායී මහතෙර කිඹුල්වත් නුවරට යන මග වර්ණනා කරමින් පියරජහුගේ ඇරයුම දන්වා සිටියහ.

අනඳ මහතෙර ද ගමනාන්තයට එක් වේ

භාග්‍යවතුන් වහන්සේ ගේ කපිලවස්තුපුරාගමනය සිදු වූයේ අබිනික්මනින් සත් වසකට පසුව ය. උන්වහන්සේගේ වැඩමවීම හේතුවෙන් මුළුමහත් ශාක්‍ය වංශය ම අමා දම්

රස දහරින් තෙමී නැහැවී ගියේය. එකල බොහෝ ප්‍රසිද්ධ ශාක්‍ය කුමාරවරු උන්වහන්සේ අනුව පැවිදි වෙන්ට පටන් ගත්හ. බොහෝ ශාක්‍ය රාජකුමාරවරුන්ගේ දිවි ගමන සදහටම වෙනස් ව ගියේය.

සූර්ය වංශයට අයත් ගෞතම ගෝත්‍රයේ උපන් රාජකීය ක්ෂත්‍රිය කුමාරවරු පස් දෙනෙක් මිතුදමින් වෙළී සිටියෝය. ඔවුහු වනාහී භද්දිය ශාක්‍ය රජ ය, අනුරුද්ධ කුමරු ය, ආනන්ද කුමරු ය, භගු කුමරු ය, කිම්බිල කුමරු හා දෙව්දත් කුමර යන පස්දෙනා ය. මේ සියලු දෙන පැවිදි වෙන්ට අදිටන් කළෝය.

එකල භාග්‍යවතුන් වහන්සේ වැඩසිටි සේක් මල්ල රජදරුවන් ගේ අනුපිය නම් නියම්ගම්හි පිහිටි අනුපිය වනෝද්‍යානයෙහි ය. මේ රාජකීය කුමාරවරු මහත් හරසරින් යුතුව සිව්රඟ සෙන් පිරිවරා අභිනික්මනට පිටත් වූහ. ඔවුහු කිඹුල්වත් රාජ්‍ය සීමාව ඉක්මවන විට සිව්රඟ සෙනඟ නවතා දැමූහ. පස්දෙන ම පළන් අබරණ පොදියක් කොට බැඳ, ඔවුන්ගේ කෙස් කළඹ සැරසූ කරණවෑමියා වන උපාලි නම් තරුණයා අත තැබූහ. "සගය උපාලි, තොපගේ ඉදිරි දිවිය සුවසේ ගෙවන්ට මෙය හොඳටම සෑහේ. දැන් පෙරළා යව."

එකල්හි උපාලි මෙය සිතුවේය. 'ශාක්‍යයෝ යනු සැඩ පරුෂ ක්ෂත්‍රියවරු ය. ඔවුන්ගෙන් මා දිවියට අනතුරක් විය හැක්කේය. අහෝ... ඉදින් මෙවන් ශාක්‍ය රාජකුමාරවරුත් ගිහිගෙය අත්හැර අභිනික්මන් කරත් නම් මා වැනියෙකු කුමට නම් ගිහිගෙයි වසම් ද?' යි සිතා මඳ දුරක් ගොස් අබරණ පොදිය ලිහා ගසක එල්ලා "යම් කෙනෙක් මේවා

දකිද්ද, මේවා ඔවුන්ට ය" යි කැගසා කියා යළි ශාක්‍ය කුමාරවරුන් කරා දිව ආයේය.

"අනේ ආර්යපුත්‍රවරුනි, ශාක්‍යයෝ සැඩපරුෂ ක්ෂත්‍රියවරු බව නො දන්නහු ද? කුමාරවරුන්ගේ පැවිද්දට පොළඹවන ලද්දේ මොහු ය කියා මා මරාදමන්ටත් බැරි නැත. අනික මෙබඳු යස ඉසුරින් පිරීගිය, මෙබඳු මනා රූ ඇති මහේශාක්‍ය කුමාරවරුත් ගිහිගෙයින් නික්ම පැවිදි වෙත් නම්, මා වැනියෙකු ගිහිගෙය අත්හැරීම ගැන කිම?"

උපාලිගේ කථාව කුමාරවරුන්ට පිළිගන්ට සිදු විය. ඔවුහු උපාලි ද කැටුව භාග්‍යවතුන් වහන්සේ සොයා අනුපිය වනයට ගියෝය. භාග්‍යවතුන් වහන්සේට වන්දනා කොට එකත්පස් ව හිඳගත්හ. මෙසේත් කීහ. "ස්වාමීනී, භාග්‍යවතුන් වහන්ස, ශාක්‍ය වංශිකයෝ වන අපි වනාහී අධික මාන්නයෙන් යුතු වූවෝ වෙමු. ඒ අප ගේ කුල මාන්නය ලොව්තුරු දහමක සුව ලබන්නට ඇති ලොකු ම බාධාව ය. ස්වාමීනී, මේ උපාලි බොහෝ කලෙක සිට අප ගේ සේවකයෙකි. මොහු පළමුව පැවිදි කරන සේක්වා! එවිට මොහු අපට වැඩිමල් වනු ඇත. එකල්හි අපි මොහු දැක හුනස්නෙන් නැගිටීම, වැඳීම, උපස්ථාන ආදිය කරන්නෙමු. එය අප ගේ ශාක්‍ය මාන්නය බිඳගැනීමට ඒකාන්ත හේතුවක් වනු ඇත."

භාග්‍යවතුන් වහන්සේ ඔවුන්ගේ අදහස අනුමත කළ සේක. පළමුව පැවිදි වූයේ උපාලි ය. පසුව ශාක්‍ය කුමාරවරු පැවිදි වූහ. ඒ පැවිදි වූවන්ගෙන් භද්දිය තෙරණුවෝ ඒ වසර ඇතුළත දී ම ත්‍රිවිද්‍යාලාභී මහරහත් නමක් වූහ. අනුරුද්ධ තෙරණුවෝ ඉක්මනින් ම දිවැස්

නුවණ උපදවන්ට සමත් ව පසුව මහරහත් නමක් වූහ. දෙව්දත්ට මගඵල ලබන්ට බැරි වූ නමුත් ලෞකික ධ්‍යාන උපදවා ඍද්ධිමතෙකු වෙන්ට හැකි විය. උපාලි තෙරණුවෝ ෂඩ් අභිඥාලාභී මහරහත් නමක් ව විනයධර භික්ෂූන් අතර අගතනතුරු ලදහ. භගු තෙරණුවෝ ද මහරහත් නමක් වූහ. කිම්බිල තෙරණුවෝ ද මහරහත් නමක් වූහ.

සැබෑ වන සොඳුරු සිහිනය

භාග්‍යවතුන් වහන්සේගෙන් පැවිදි බව ලද අනඳ මහතෙරුන්ගේ උපාධ්‍යායන් වහන්සේ වූයේ බෙල්ලට්ඨිසීස මහතෙරණුවෝ ය. අනතුරුව මන්තානිපුත්ත පූර්ණ මහරහතන් වහන්සේගේ ඇසුර ලද අනඳ තෙරණුවෝ සෝවාන් ඵලය පසක් කළහ. එසේ ගෞතම බුදු සසුනෙහි මුල් බැසගැනීමත් සමග අනඳ තෙරුන් තුළින් සක්කාය දිට්ඨියත් විචිකිච්ඡාවත් සීලබ්බත පරාමාසත් සදහටම නැති ව ගියේය. භාග්‍යවතුන් වහන්සේ කෙරෙහිත් ධර්මය කෙරෙහිත් සංඝයා කෙරෙහිත් නො සෙල්වෙන පැහැදීම ඇති විය. ආර්යකාන්ත සීලයෙහි ද පිහිටියේය. දැන් අනඳ තෙරණුවෝ කිසිසේත් නො පිරිහෙන භික්ෂුවකි.

භාග්‍යවතුන් වහන්සේ ගේ සම්බුද්ධත්වයෙන් පසු ගෙවී ගිය විසි වසරක කාලය හඳුන්වනුයේ ප්‍රථම බෝධිය යන නමිනි. ඒ විසි වස ඇතුළත බරපතල ලෙස බඹසර උල්ලංඝනයක් කිසි භික්ෂුවකගෙන් සිදු නො වී ය. විසි වස ගෙවුණු කල්හි ශික්ෂාපද පැනවීම ද ඇරඹිණ. ඒ වන විට අප ගේ අනඳ මහතෙරණුවෝ පැවිදි ව දහනව වසරකි. මෙතෙක් කලක් භාග්‍යවතුන් වහන්සේ ඇසුරේ,

භික්ෂු සංඝයා ඇසුරේ, සුවච ව, සුවිනීත ව, සුදාන්ත ව, සුසිල්වත් ව, සුශෝභිත සුවඳ කුසුමක් සේ හැම සඟහුගේ චිත්තප්‍රසාදය වඩවමින් වැඩසිටියහ. එකල භාග්‍යවතුන් වහන්සේ ද තමන් වහන්සේගේ ජන්මයෙන් පනස් පස්වෙනි වස ගෙවමින් සිටි සේක.

මෙතෙක් කලක් මුළුල්ලෙහි භාග්‍යවතුන් වහන්සේගේ පාසිවුරුත් රැගෙන උන්වහන්සේ පසුපසින් නොයෙක් භික්ෂූහු ගමන් කළෝය. වරෙක නාගසමාල තෙරණුවෝ උපස්ථාන කළහ. තවත් වරෙක උපවාන තෙරණුවෝ උපස්ථාන කළහ. තව වරෙක භාග්‍යතුන් වහන්සේට උපස්ථාන කළ සුනක්ඛත්ත නම් භික්ෂුව කෝරක්ඛත්තිය නමැති නිරුවත් තවුසෙකුට රහතෙකැයි රැවටී භාග්‍යවතුන් වහන්සේට ද ගරහා එහි ගොස් ඔහුගේ ගෝලයෙක් විය. තව වරෙක භාග්‍යවතුන් වහන්සේට උපස්ථාන කළේ චුන්ද සමණුද්දේසයන් ය. තවත් වරෙක සාගත නම් භික්ෂුවක් ද උපස්ථාන කළේය. මේඝිය නම් තෙරනමක් ද උපස්ථාන කළේය. මෙපමණ භික්ෂූන් වහන්සේලාගෙන් භාග්‍යවතුන් වහන්සේ උපස්ථාන ලද නමුත් බොහෝවිට භාග්‍යවතුන් වහන්සේගේ සිතැඟි හඳුනා කටයුතු කරන්ට ඒ භික්ෂූන් සමත් වූ වග නො පෙනේ.

භාග්‍යවත් අර්හත් සම්‍යක් සම්බුදු කෙනෙකුගේ සිතැඟි හඳුනාගෙන උපස්ථාන කිරීම යනු සැබැවින් ම ආශ්චර්ය අද්භූත දෙයකි. කෙතරම් දක්ෂ වුව, කෙතරම් ඍද්ධිමත් වුව, සකලවිධ ශ්‍රමණ ගුණයෙන් සමූපේත වූ නමුත්, උපස්ථානයට අදාළ වූ පුණ්‍ය සංස්කාරයන් රැස් නො කළ අයෙකුට එය නො කළ හැක්කකි. දැන් අප භාග්‍යවතුන් වහන්සේ පනස් පස් හැවිරිදි වන සේක.

දිනක් භාග්‍යවතුන් වහන්සේ සැවැත් නුවර ජේතවනයේ ගඳකිළිය ඉදිරිපස ශාලායෙහි පනවන ලද අසුනෙහි වැඩහිඳ භික්ෂු සංඝයා ඇමතූ සේක. "මහණෙනි, දැන් වනාහී මම් මහලු අයෙක් මි. මට උපස්ථානයට පැමිණි ඇතැම් භික්ෂුවක සමග මා යමින් සිටියදී මේ මගින් යමු යි කී විට ඔහු වෙනත් මගකින් යයි. තව භික්ෂුවක් ඔහුගේ ගමනට මා නතු කරගත නොහැකි තැන මගේ පා සිවුරු බිම දමා යයි. එහෙයින් මහණෙනි, මා අසල නිබඳව රැඳී සිට උපස්ථාන කළ හැකි භික්ෂුවක් සිටී නම් දනිව්."

එය ඇසූ භික්ෂු සංඝයා තුළ මහත් ධර්ම සංවේගයක් හටගත්තේය. සැණෙකින් අග්‍රශ්‍රාවක, ධර්මසේනාධිපති, මහාප්‍රාඥ සාරිපුත්තයන් වහන්සේ නැගීසිට වැඳගත් සේක. "ස්වාමීනී, භාග්‍යවතුන් වහන්ස, මම් වනාහී භාග්‍යවතුන් වහන්සේ ශ්‍රීපතුල් පිසදමන පාපිස්නා බිස්සක් සෙයින් හිඳ, මා හිස මත පාධූලි තවරා ගනිමින්, නිබඳ උවටැන් කරන්ට කැමැත්තෙමි." භාග්‍යවතුන් වහන්සේ එය නො අනුදත් සේක.

අනතුරුව දකුණත් ශ්‍රාවක, ඍද්ධිබල විෂයෙහි කූටප්‍රාප්ත වූ, අපමණ තේජෝබල පරාක්‍රමයෙන් හෙබි මහා මොග්ගල්ලානයන් වහන්සේ නිල් රැස් දහරක් නික්මෙන සෙයින් සැණෙකින් නැගිට වැඳගත් සේක. "ස්වාමීනී, භාග්‍යවතුන් වහන්ස, මම් වනාහී භාග්‍යවතුන් වහන්සේ ගේ සිතැඟි මොහොතින් මොහොත දැක භාග්‍යවතුන් වහන්සේට සුව පහසුව සලසන දේ නිමේෂයකින් උපදවමින් නිබඳව උවටැන් කරන්ට කැමැත්තෙමි." භාග්‍යවතුන් වහන්සේ එය ද නො අනුදත් සේක.

මහාශ්‍රාවක රහතන් වහන්සේලා ද පිළිවෙළින් නැගිට උවටැන් කිරීමට අවසර ඉල්ලූ නමුත් භාග්‍යවතුන් වහන්සේ නො අනුදත් සේක. ඒ වන විට සෝවාන් ඵලය පමණක් පසක් කොට සිටි අප ගේ අනඳ මහතෙරණුවෝ ඒ සඟ පිරිස අතර නිහඬ ව බිම බලා වැඩහුන්හ. අනඳ තෙරුන් ඉදිරිපත් නොවීම කාටත් කැපී පෙනුන දෙයකි. කවුරුත් අනඳ තෙරුන් දෙස බැලූහ. තෙරණුවෝ නිහඬව ම බිම බලා සිටිත්. "ඇවැත් අනඳයෙනි, කිම? මෙවන් මොහොතක නිහඬ ව ඉන්නේ මන්ද? භාග්‍යවතුන් වහන්සේ පිළිබඳ තෙපි මහත් ප්‍රීතියෙන් කථා කරන්නාහු නො වෙත් ද? භාග්‍යවතුන් වහන්සේ ගේ ම ගුණ කිය කියා ඉන්නා තෙපි කුමක් හෙයින් නිබඳ බුද්ධෝපස්ථානයට ඉඩහසර නො ඉල්ලන්නෙහි?"

එසඳ බිම බලාගත්වන ම සිටි අනඳ තෙරණුවෝ සිහින් හඬින් මෙසේ තෙපලහ. "ඇවැත්නි, ඉල්ලා ලබාගන්නා දෙයක් කෙබඳු අයුරු වේ දැයි කාට නම් කිව හැකි ද? ඉදින් ශාස්තෘන් වහන්සේ මා වැනියෙකු උපස්ථායකයෙකු සේ නිබඳව රඳවාගන්ට කැමති වන සේක් නම්, භාග්‍යවතුන් වහන්සේ මාහට කියනා සේක."

එකල්හි භාග්‍යවතුන් වහන්සේ මෙය වදාළ සේක. "නැත මහණෙනි, අන්‍යයන් විසින් අනඳයෝ උත්සාහවත් නො කළ යුත්තාහුය. මේ භාරදූර වගකීම තෙමේ ම අවබෝධ කොට මාහට උවටැන් කරන්නේය."

එවිට භික්ෂූහු මෙය කීහ. "ඇවැත් අනඳයෙනි, නැගී සිටුව. භාග්‍යවතුන් වහන්සේගේ උපස්ථායකයෙකු ලෙස නිබඳව වසන්ට කැමති ය කියා අවසර ඉල්ලව." එසැණින්

අප ගේ අනඳ මහතෙරණුවෝ නැගී සිටියහ. "ස්වාමීනී, භාග්‍යවතුන් වහන්ස, ඉදින් භාග්‍යවතුන් වහන්සේ මාහට වර අටක් ලබාදෙන සේක් නම්, මම් භාග්‍යවතුන් වහන්සේට දිවි හිමියෙන් උපස්ථාන කරමි."

"අනඳයෙනි, තථාගතවරු වනාහී වර ඉක්මවූවෝ ය. එහෙත් තොපගේ ඒ වර කිමෙක් දැයි පවසව."

"ස්වාමීනී, ඉදින් භාග්‍යවතුන් වහන්සේට ලැබෙන උතුම් සිවුරු මාහට නො දෙන සේක් නම්, භාග්‍යවතුන් වහන්සේට ලැබෙන ප්‍රණීත ඛාද්‍යභෝජ්‍යයෙන් යුතු පිණ්ඩපාතය මාහට නො දෙන සේක් නම්, භාග්‍යවතුන් වහන්සේ වසන ගඳකිළියෙහි වෙන ම අසුනක් පනවා මා වාසය නො කරවන සේක් නම්, භාග්‍යවතුන් වහන්සේ වෙත ලැබෙන ඇරයුමකදී මා නො කැඳවාගෙන යන සේක් නම්,

එසේ ම, මා විසින් භාග්‍යවතුන් වහන්සේ වෙනුවෙන් ගන්නා ලද ඇරයුමකදී භාග්‍යවතුන් වහන්සේ වඩනා සේක් නම්,

එසේ ම, ඈත දුරු රටින්, දුරු දනව්වෙන් බොහෝ වෙහෙසී භාග්‍යවතුන් වහන්සේ බැහැදකින්ට පැමිණෙන ජනී ජනයාට පැමිණි කෙණෙහි ම ඔවුන් මුණගස්වන්ට අවසර දෙන සේක් නම්,

එසේ ම, ඉදින් යම් කරුණක් අරභයා මවිසින් සැක රහිත නිශ්චයකට පැමිණිය යුතු නම්, එබඳු කවර හෝ අවස්ථාවක භාග්‍යවතුන් වහන්සේ වෙත එළඹෙන්ට අවසර දෙන සේක් නම්,

එසේ ම, ඉදින් අන්‍යයන්ට පවසන ලද ධර්මකථාව නැවත වැඩම කළ කල්හි භාග්‍යවතුන් වහන්සේ යළිත් එය මාහට වදාරන සේක් නම්, නිබඳව ම දිවි හිමියෙන් භාග්‍යවතුන් වහන්සේට උපස්ථාන කරන්ට මම් සැදී පැහැදී සිටිමි.”

අනඳ තෙරුන් කවුදැයි භාග්‍යවතුන් වහන්සේ මැනවින් දන්නා සේක. මින් කල්ප ලක්ෂයකට පෙර පියුමතුරා බුදුරදුන් වෙතින් නියත විවරණ ලැබ, සම්බුදු සසුන් දාහතරක් පසුකොට කෙළ ලක්ෂ ගණන් ආත්මයන්හි තමා හා එකට පැමිණි ගමනේ සිය චිත්තාභ්‍යන්තරයේ මුල් බැස තිබූ ‘සම්බුදු කෙනෙකුගේ අග්‍ර උපස්ථායක වීමේ එක ම එක සොඳුරු සිහිනය සැබෑ වන මොහොත බව’ මැනවින් දන්නා සේක. භාග්‍යවතුන් වහන්සේ ඒ වර අට ම දුන් සේක. මෙසේ අප අනඳ මහතෙරණුවෝ භාග්‍යවතුන් වහන්සේගේ නිබඳ උපස්ථානයට පත්වූවාහු වර අටක දායාදයකින් යුතුව ය.

එසේ ම, අනඳ මහා තෙරුන් තුළ විශේෂ සම්පත් සතක් මැනවින් පිහිටා තිබුණි. එනම්,

1. **ආගම සම්පදා** හෙවත් ආගම සම්පත්තිය :- සකලවිධ උතුම් බුද්ධ වචනය දරාගැනීමේ සම්පත

2. **අධිගම සම්පදා** හෙවත් මගඵල නිවන් ධ්‍යාන අභිඥා සමාපත්ති පසක් කරගැනීමේ සම්පත

3. **පුබ්බහේතු සම්පදා** හෙවත් පෙර ආත්මයන්හි අප මහබෝසතුන් හට බොහෝ ආදර ගෞරව ඇතිව නිබඳව හැසිරෙමින් උවටැන් කිරීමෙන් ලද හේතු සම්පත

4. **අත්තත්ථ පටිපුච්ඡ සම්පදා** හෙවත් නුවණින් යුක්තව අරුත් විසඳා පසිඳලීමේ සම්පත

5. **තිත්ථවාස සම්පදා** හෙවත් සසරේ බොහෝ ගුණධර්මයන් පුරුදු කිරීමෙන් ලත් ගුණ සම්පත

6. **යෝනිසෝ මනසිකාර සම්පදා** හෙවත් සෝවාන් ඵලයට පත් වූ දා සිට රාගයකින් හෝ ද්වේෂ මානාදී ක්ලේශයකින් හෝ සිත නොකිලිටි ව තබාගැනීම පිණිස මනාව පිහිටි යෝනිසෝ මනසිකාර සම්පත.

7. **බුද්ධූපනිස්සය සම්පදා** හෙවත් සම්බුදුවරයන් වහන්සේ නමකගේ සිතැඟි හඳුනාගෙන උන්වහන්සේට සුව පහසුව සැලසිය හැකි පරිදි උපස්ථාන කිරීමේ සම්පත.

මෙකී පුණ්‍ය වාසනාවන්ගෙන් යුතු අප අනඳ මහතෙරණුවෝ ගෞතම බුදුසසුන් ගගන තෙළෙහි දිලෙන පුන් සඳමඬලක් සෙයින් ප්‍රකට ව ගියහ.

අසිරිමත් යැ අනඳ තෙරහුගේ සම්බුදු උවටැන

අප භාග්‍යවතුන් වහන්සේගෙන් දහම් අසනු පිණිස නිතර ම පාහේ භික්ෂු, භික්ෂුණී, උපාසක, උපාසිකා යන සිව්වණක් පිරිස ම රැස්වෙති. එහෙත් ඒ පිරිස අතර ප්‍රමුඛ ව වැඩසිටියේ භික්ෂු මහා සංඝයා ය. බුදුසසුනෙහි අනාගත පැවැත්ම පිණිස ඍජුව ම උපස්ථම්භක වන්නේ භික්ෂු සංඝයා බව භාග්‍යවතුන් වහන්සේ මැනවින් දන්නා සේක. එහෙයින් උන්වහන්සේ ධර්මය වදාරන්ට පෙර නිතර ම අමතනු ලබනුයේ 'භික්ඛවේ' යන වචනයෙනි. එනම් 'මහණෙනි' කියා ය.

භාග්‍යවතුන් වහන්සේ පිරිනිවන් පා වදාළ මොහොතේ පටන් බුදු සසුන පිළිබඳ සකලවිධ උත්තුංග කාර්යභාරයන් සිදුවූයේ භික්ෂු සංඝයාගේ මූලිකත්වයෙනි. ප්‍රථම මහා සංගීතිය සිදුවූයේ මහාකස්සප මහතෙරණුවන්ගේ මූලිකත්වයෙන් පන්සියයක් භික්ෂු සංඝයාගේ සහභාගීත්වයෙනි.

එසේ ම, දෙවන ධර්ම සංගීතිය කෙරුණේ ද සබ්බකාමී - යස යන මහතෙරවරුන්ගේ මූලිකත්වයෙන් සත්සියයක් භික්ෂු සංඝයාගේ සහභාගීත්වයෙනි. තෙවැනි ධර්ම සංගීතිය සිදුවූයේ ද මොග්ගලීපුත්ත තිස්ස මහතෙරණුවන්ගේ මූලිකත්වයෙන් දහසක් භික්ෂු සංඝයාගේ සහභාගීත්වයෙනි. මෙ ලක්දිවට ධර්ම දායාදය හිමි වූයේ ද භාග්‍යවතුන් වහන්සේගේ භික්ෂු සංඝයාගේ උපකාරයෙන් ම ය. මෙසේ බුදු සසුන පවතිනු පිණිස භික්ෂු සංඝයා ගේ නිරාකුල, පවිත්‍ර, නොකැළැල් පැවැත්ම භාග්‍යවතුන් වහන්සේ නිරතුරුව සොයා බැලූ සේක. 'භික්ඛවේ' යනුවෙන් බොහෝ සූත්‍ර දේශනාවන්හි භික්ෂු සංඝයා ම අමතා වදාළේ එනිසා ය. බුදුමුවින් වැඩි ම වාර ගණනක් නිකුත් වූ වචනය ද 'භික්ඛවේ' යන්න ය.

දෙවනුව බුදුමුවින් වැඩි ම වාර ගණනක් නිකුත් වූ වචනය නම් 'ආනන්ද' යන්න ය. ආනන්ද යන වදන දස දහස් ලක්ෂ වර බුදුමුවින් නිකුත් විය. භාග්‍යවතුන් වහන්සේ ගේ මුවින් මධුමදමුදිත මනෝහර කුරවීක නදින් යුතු බඹගොස් පැතිරෙන සරින් 'ආනන්ද' යන වචනය පිට ව අප ගේ අනඳයන් වහන්සේ අමතන කල්හි අනඳ තෙරුන් තුළ කවර නම් ආනන්දයක් ඇතිවන්ට ඇද්ද!

අනඳ මහතෙරුන්ගේ නෙත්සඟලට නිතර දිස්වූයේ දෙතිස් මහාපුරිස් ලකුණින් වොරඳනා රන් පැහැ සිරුරක් ඇති භාග්‍යවතුන් වහන්සේ ය. දෙසවනට නිතර ඇසුණේ 'ආනන්ද' යන සුමිහිරි ඇමතුම ය. සිය දෑතට නිතර දැනුණේ භාග්‍යවතුන් වහන්සේ ගේ පා පිරිමැදීමේ පහස ය. පිට පිරිමැදීමේ පහස ය. එසේ ම, භාග්‍යවතුන් වහන්සේ ගේ සිවුරු සේදීම, ගඳකිළිය ඇමදීම, පරිහරණය කළ වැසිකිළිය පිරිසිදු කිරීම, දැහැටි දඬු, උණු පැන්, සිහිල් පැන් පිළියෙල කිරීම ආදී සියලු වත් කෙරුණේ අනඳයන් වහන්සේ ගේ අතිනි. එසේ උවටැන් කෙරෙන අතරේ සිතෙහි රැව් පිළිරැව් දුන්නේ ඒ ඒ තන්හි භාග්‍යවතුන් වහන්සේ විසින් වදාරන ලද අමතිවන් සුවයේ මිහිර රැඳි උතුම් බුදු වදන් ය. අනඳ මහා තෙරුන් ගේ ජීවිතය තුළ වෙනත් ලෝකයක් නො වී ය. අනඳයන් වහන්සේ ගේ ඒ එක ම ලෝකය තමන්ගේ ම ඤාති සෝවුරු, ගෞතම නම් භාග්‍යවත් අර්හත් සම්‍යක් සම්බුදුන් නමැති මහා ප්‍රභාෂ්වර ආලෝකයෙන් පිරී ඉතිරී ගොස් තිබිණ.

දහවල් දවස පුරා අනඳයන් වහන්සේ ගේ මුළු අවධානය යොමු ව තිබුණේ භාග්‍යවතුන් වහන්සේ ගේ සිතැඟි දැන කළයුතු වත පිළිවෙත කෙරෙහි ය. දහවල ගෙවී රැය උදාවේ. එකල්හි භාග්‍යවතුන් වහන්සේ කවර කරුණක් අරභයා හෝ තමා අමතන සේකැයි සිතා කුටියේ ස්වල්ප වේලාවක් සැතපී අවදි වෙති. දඬුවැට පහනක් ගෙන ගඳකිළිය වටා පැදකුණු කරත්. යළි කුටියට යත්. මොහොතක් සැතපෙත්. නැවත අවදි ව දඬුවැට පහන ගෙන ගඳකිළිය වටා තව වරක් පැදකුණු කරත්. මෙසේ අනඳ මහතෙරුන් රැය එළිවෙන කල්හි දඬුවැට පහන ගෙන නව වාරයක් ගඳකිළිය පැදකුණු කොට අවසන් ය.

මෛත්‍රී කාය කර්මයකින් තොර ව, මෛත්‍රී වාක් කර්මයකින් තොර ව, මෛත්‍රී මනඃ කර්මයකින් තොර ව මෙවන් අද්භූත උපස්ථානයක් නම් ලොව කිසිවෙකුට නො කළ හැක්කකි. භාග්‍යවතුන් වහන්සේ කෙරෙහි අනඳයන් තුළ පැවති සදාදරණීය මෙත් සිත භාග්‍යවතුන් වහන්සේට පමණක් නොව සිව්වණක් පිරිසට ම සහනයක් ගෙන දුනි.

භාග්‍යවතුන් වහන්සේ නමකගේ අද්භූත චර්යාව, එබඳු උතුමෙකු සමග කථා කළයුතු සීමාව, ඒ සඳහා ඉඩ ප්‍රස්ථා සලසා ගැනීම, උන්වහන්සේගෙන් ප්‍රශ්න විචාළ යුතු ආකාරය, උන්වහන්සේ වෙනුවෙන් ඒ ඒ අවස්ථාවන්හි කුමක් කළයුතු ද යනාදී සියල්ල සුළු කලෙකින් පිරිපුන් ව වටහාගන්ට අප ගේ අනඳ මහතෙරණුවෝ අත්‍යන්තයෙන් ම සමත් වූහ.

ප්‍රශ්න විචාරන අයුරු අනඳ තෙරණුවෝ ම දනිත්

බුද්ධ කාලයේ වුසූ ඇතැම් පරිව්‍රාජක, බ්‍රාහ්මණ ආදීහු කිසියම් ඒකාකාරී ප්‍රශ්න සමූහයක පැටලී එය ම තමුන්ගේ ඇදහිලි කොට සිටියෝ ය. ඔවුන්ගේ ප්‍රශ්නවලට විසඳුම් දෙන්ට ගියහොත් ඒ තුළින් සිදුවනුයේ තව තවත් ප්‍රශ්න හා වාද විවාදයන් පැන නැගීම ය. එවන් ප්‍රශ්නවලට පිළිතුරු සපයා ජීවිතාවබෝධය පිණිස කිසිවක් ම අත්පත් කරගත නො හැකි ය. භාග්‍යවතුන් වහන්සේ මෙය මනා ව දුටු හෙයින් එබඳු ඵල රහිත ප්‍රශ්නවලට පිළිතුරු දීමෙන් මුල සිට ම වැළකී සිටි සේක. එසේ වැළකී සිටීම ම එබඳු බොහෝ දෙනෙකුට සාර්ථක විසඳුමක් විය. ලෝකචින්තාවන් ද, බුද්ධ විෂය ද, ධ්‍යාන විෂය ද, කර්ම

විපාකයන්ට අයත් පරාසය පිළිබඳව ද නො සිතිය යුතු යැයි භාග්‍යවතුන් වහන්සේ විසින් වදාරන ලද්දේ එය ද සර්වඥතාඥානයට පමණක් ගෝචර වන හෙයිනි.

භාග්‍යවතුන් වහන්සේ හැමවිට ම සැලකිලිමත් වූයේ තමා වෙත එන කවරෙකුගේ හෝ සාංසාරික දුකට ස්ථිරසාර විසඳුමක් ලබාදෙන පිළිවෙළේ පිළිතුරු සැපයීමට ය. ඇතැමුනට එය නොරිසි වුව කළ හැකි හා කළ යුතු දෙය වූයේ ද එය ම ය.

ඔවුන් තුළ පැන නැගි ගැටලු අතර මේවා ප්‍රධාන ය. එනම්, 'ලෝකය යනු සදා පවතින්නකි. සත්‍යය එය පමණි. අන් සියලු මත බොරු ය. එසේ නැතහොත් ලෝකය සදාතනික නැත. සත්‍යය එය ම ය. අන් හැම මත බොරු ය. එසේත් නැතහොත් ලෝකය අන්තවත් ය.... ජීවාත්මයත් සිරුරත් එකකි... ජීවාත්මය අනිකකි, සිරුර අනිකකි...' යනාදී අවුල් සහගත ප්‍රශ්නයන් ය.

දිනක් උත්තිය නමැති පරිව්‍රාජකයෙක් පැමිණ භාග්‍යවතුන් වහන්සේගෙන් මෙකී සියලු ප්‍රශ්න අසා සිටියේය. ඒ සියල්ලට ම උන්වහන්සේගේ පිළිතුර වූයේ මෙවන් ප්‍රශ්නවලට පිළිතුරු නො දෙන බව යි. ඔහුට එය මහා ගැටලුවක් විය. ඔහුගේ සීමාව ඉක්ම ගියේය. "මෙතරම් බරපතල ගැටලුවලට පිළිතුරු නො දේ නම් ශ්‍රමණ ගෞතම තෙමේ හැසිරෙනුයේ කුමක් කියමින් ද?" යි චෝදනා මුඛයෙන් ඇසීය.

උත්තම දමිත සමිත ගුණයෙන් සුශෝභිත අප භාග්‍යවතුන් වහන්සේ මෙසේ පිළිතුරු දුන් සේක. "උත්තිය, කිසිවෙකින් නො වැසුණු අවබෝධ ඥාණයෙන්

යුතු මවිසින් ශ්‍රාවකයනට දම් දෙසනුයේ එක් කරුණක් අරහයා ය. එනම් මේ බිහිසුණු සසර දුකෙහි පැටලී යාමෙන් අපවිත්‍ර වූ සත්වයන්ගේ සිත කය වදන පවිත්‍ර කරගනු පිණිස ය. සෝ දුක් පීඩා ඉක්ම යනු පිණිස ය. දුක් දොම්නසින් නිදහස් වනු පිණිස ය. සත්‍යාවබෝධය පිණිස ය. නිවන පසක් කරනු පිණිස ය.”

උත්තිය පිරිවැජියාගේ කටමැත දෙඩීම එතැනින් නො අවසන් විය. හේ යළිත් ප්‍රශ්න කළේය. “හරි... භවත් ගෞතමයෙනි, කිසිවෙකින් නො වැසුණු අවබෝධ ඤාණයෙන් ලත් නුවණින් යුතු ව, සත්වයන්ගේ පවිත්‍රත්වය උදෙසාත්, සෝ තැවුල් නසනු උදෙසාත්, දුක් දොම්නස් ඉක්ම යනු උදෙසාත්, නුවණ ලබනු උදෙසාත්, නිවන පසක් කරනු උදෙසාත් තොප විසින් සව්වනට දහම් දෙසනු ලබයි නම්, කිම? එකල්හි සකල ලෝකයා හෝ ලෝසතගෙන් අඩක් හෝ ලෝසතගෙන් තුන් පංගුවක් හෝ නිවන කරා පමුණුවනු ලැබේ ද?”

එසඳ භාග්‍යවතුන් වහන්සේගෙන් ඔහු ලද පිළිතුර වූයේ නිශ්ශබ්ද ව සිටීම පමණි. මෙදෙස බලා සිටි අනඳයන් වහන්සේට මෙය සිතුණි. ‘අහෝ... උත්තිය පිරිවැජියා බිහිසුණු මිසදිටු ගත්තෙකි. ‘චතුරාර්ය සත්‍යය කරා සියලු සත්වයන් ගෙන යා හැකි නොවේ දැයි ඇසූ ප්‍රශ්නය ශ්‍රමණ ගෞතමයෝ වසා දමත්, නො විසඳත්. ඒ ප්‍රශ්නය අසනු නො ඉවසත්’ යි සිතුවහොත් මොහුට එය මේ දිගු සසරේ බොහෝ දුක් උපදවන බරපතල කරුණෙක් විය හැක්කේය. එයින් මොහු මුදවාගත මනා ය.’ යි වහා අනඳ තෙරණුවෝ මැදිහත් වූහ.

"ඇවැත් උත්තිය, මම් තොපට උපමාවෙක් කියමි. නැණැතියෝ උපමාවෙනුදු කරුණු වටහා ගන්ට සමත් නොවැ.

උත්තිය, එක් රජක්හුගේ දුර ඈත නගරයෙක් ඇත්තේය. එහි පවුරු පදනම් ඉතා සවිමත් ය. එක ම වාසල් දොරකි ඇත්තේ. එහි මනා නුවණැති දොරටුපල්ලෙක් සිටී. දන්නවුනට පමණක් නුවරට පිවිසෙන්ට ඉඩ දෙන, නො දන්නවුනට ඉඩ නො දෙන හේ දිනක් මුළු නුවර පවුරු වළල්ල වටා ඇවිද ගොස් අඩු ගණනේ බළලෙකුට හෝ රිංගිය හැකි සිදුරක් ඇත්තේ දැයි මනාව විමසා බැලීය. එබඳු සිදුරක් හෝ ඔහුට දකින්ට නො ලැබුණි. එකල්හි ඔහුට මෙය සිතුණි. 'යම්තාක් සත්ව කෙනෙක් නුවරට පිවිසෙත් නම්, නික්මෙත් නම්, එසේ කළ හැක්කේ මේ දොරටුවෙන් පමණි' කියා ය.

එසේ ම උත්තිය, තථාගත සම්මා සම්බුදුරදුනට ද සිතෙනුයේ ඒ අයුරින් මිස, උන්වහන්සේ විසින් කිසිවකින් නො වැසුණු අවබෝධයෙන් ලත් නුවණින් දහම් දෙසන සඳ, මුළු ලෝසත හෝ එයින් අඩක් හෝ එයින් තුන් පංගුවක් හෝ නිවනට පැමිණේ ය වශයෙන් තොප සිතන අයුරින් ගණන් හිලව් බලා නො වේ.

උත්තිය, මෙය අසව. මේ ලෝකයේ යම් මැ කෙනෙක් හෝ වෙත්වා ඔවුහු සාංසාරික බන්ධනයෙන් බැඳුණු ලෝකයෙන් අතීතයේ නිදහස් ව ගියාහු නම්, අනාගතයේත් නිදහස් වන්නාහු නම්, වත්මනෙහිදු නිදහස් වෙත් නම්, ඒ හැම කෙනෙක් ම එක් මැ දොරටුවකින් නිදහස ලබත්. එනම් සත්වයන්ගේ නැණස දුබල කරන,

සිත් කෙලෙසන, පස් වැදෑරුම් නීවරණ දුරුකොට, සතර සතිපට්ඨානයෙහි මනාව සිහි පිහිටුවා, සප්ත බෝධ්‍යංග-යන් ඒ අයුරින් ම දියුණු කොට මිස අන් කිසිදු ක්‍රමයෙකින් නො වේ.

උත්තිය, තොප ඇසිය යුතු ව තිබුණේ මේ ලෝකයේ යම් මැ කෙනෙක් ලොවින් නිදහස් වෙත් නම්, එසේ නිදහස් වනුයේ කෙසේ ද කියා මිස ගණන් හිලව් පටලවාගෙන නො වේ. මේ වනාහී තොප පැනය ඇසූ පිළිවෙළෙහි දොස ය. භාග්‍යවතුන් වහන්සේ පිළිතුරු නො දුන් සේක් එනිසා ය."

අනඳ තෙරුන් ඇසූ නිවනට යන මග

තවත් දිනෙක භාග්‍යවතුන් වහන්සේ අනඳ තෙරුන් අමතා මෙය වදාළ සේක. "අනඳයෙනි, මාගේ සසුනෙහි භික්ෂුවකට ආධ්‍යාත්මික සමෘද්ධියක් අත්පත් කරගත හැක්කේ දස කරුණෙකින් සමන්වාගත වීමෙනි.

1. අනඳයෙනි, භික්ෂුව තුළ තථාගතයන් ගේ අවබෝධය පිළිබඳ කරුණු සහිත වූ නො වෙනස් පැහැදීමක් තිබ්බ යුතු ම ය.

2. අනඳයෙනි, භික්ෂුව වනාහී ප්‍රාතිමෝක්ෂ සංවරයෙන් යුතු ව, ඉන්ද්‍රිය සංවරයෙන් යුතු ව, පිරිසිදු දිවි පැවතුම් ඇති, සිල්වතෙක් විය යුතු ම ය.

3. අනඳයෙනි, භික්ෂුව තථාගතයන් විසින් දෙසන ලද ධර්ම විනයෙහි බහුශ්‍රැත ව, එ දහම සිය සිත්හි මැනවින් දරාගත යුතු ම ය.

4. අනඳයෙනි, භික්ෂුව ශික්ෂාකාමී වැඩිහිටි සංඝයා වහන්සේගේ ඔවදනට සුවච ව, අවනත ව, යටහත් ව විසිය යුතු ම ය.

5. අනඳයෙනි, භික්ෂුව ධර්ම විනයෙහි යොදවන, කුසල් දහම්හි සමාදන් කරවන, නිරවුල් දැක්මෙන් යුතු කලණ මිතුරු භික්ෂූන්ගේ ඇසුර ලද යුතු ම ය.

6. අනඳයෙනි, නූපන් අකුසල් නූපදවා ගැනීමටත්, උපන් අකුසල් දුරු කිරීමටත්, නූපන් කුසල් ඉපිදවීමටත්, උපන් කුසල් රැකගෙන දියුණු කරගැනීමටත් නිතර සූදානම් ව පවත්නා වීර්යයක් භික්ෂුවකට තිබිබ යුතු ම ය.

7. අනඳයෙනි, භික්ෂුව සතර සතිපට්ඨානයෙහි මනාව පිහිටුවා ගත් සිහි ඇතියෙක් විය යුතු ම ය.

8. අනඳයෙනි, භික්ෂුව ලද දෙයකින් සතුටු වනු හැකියෙක් විය යුතු ම ය.

9. අනඳයෙනි, භික්ෂුව අල්ප වූ ආශා ඇති, ලාභ සත්කාර කිත් පැසසුම්හි ගිජු නො වූ කෙනෙකු විය යුතු ම ය.

10. අනඳයෙනි, භික්ෂුවගේ ජීවිත දැක්ම නිරාකූල, නිරවද්‍ය, හේතු ප්‍රත්‍ය ධර්මයන්ගේ හටගැනීමත් නැසීමත් දක්නා, සත්‍යාවබෝධයට උපකාරී වන සම්‍යක් දෘෂ්ටිය ඇත්තෙක් විය යුතු ම ය.

මෙවන් උපදෙස් අනඳ මහතෙරුන්හට ලැබෙන විට, අනඳයන් හට කුමක් වදාරන ලද්දේ ද යන්න පිළිබඳව කුතුහලයෙන් සිටින බොහෝ නවක භික්ෂූන්හට අනඳ

තෙරුන් වෙතින් ලැබෙනුයේ භාග්‍යවතුන් වහන්සේ විසින් වදාරන ලද මෙවැනි අනුශාසනාවන් ය.

තවත් දිනෙක අපගේ අනඳ මහතෙරණුවෝ භාග්‍යවතුන් වහන්සේ වෙත ගොස් වන්දනා කොට ප්‍රශ්න වැලක් අසන්ට පටන් ගත්හ. අනඳ තෙරුන් සොඳුරු සිතිවිලි දමක පැටලී සිටියේ සිල්වතෙකු වීමේ අනුසස් පිළිබඳව ය. තෙරණුවෝ භාග්‍යවතුන් වහන්සේ වෙත අවුත් වන්දනා කොට එකත්පස් ව හිඳ මෙය ඇසූහ.

"ස්වාමීනී, භාග්‍යවතුන් වහන්ස, කුසල් සිල් පවතිනුයේ කවර ඵල ප්‍රයෝජනයක් පිණිස ද?"

"අනඳයෙනි, කුසල් සිල්හි පවත්නා ඵල ප්‍රයෝජනය නම් විපිළිසර නො වී විසිය හැකි බව ය."

"ස්වාමීනී, විපිළිසර නො වී සිටීමෙන් ලැබෙනුයේ කවර ඵල ප්‍රයෝජනයක් ද?"

"අනඳයෙනි, විපිළිසර නො වී සිටින්නා ලබන ඵල ප්‍රයෝජනය වනාහී ප්‍රමුදිත බව උපදවා ගැනීම යි."

"ස්වාමීනී, ප්‍රමුදිත බවෙන් ඇතිකරනු ලබන්නේ කවර ඵල ප්‍රයෝජනයක් ද?"

"අනඳයෙනි, ප්‍රමුදිත ව වසන්නා හට යම් ප්‍රීති සිතක් ඇති වේ ද, ඔහු ලබන ඵල ප්‍රයෝජනය යනු එය යි."

"ස්වාමීනී, ප්‍රීති සිතින් වසන්නා කවර ඵල ප්‍රයෝජනයක් ලබයි ද?"

"අනඳයෙනි, සැහැල්ලුවෙන් සිටීම යනු ප්‍රීති සිත් ඇත්තහු විසින් අත්විඳින ඵල ප්‍රයෝජනය යි."

"ස්වාමීනී, සැහැල්ලු සිත් ඇත්තා එයින් ලබනුයේ කවර ඵල ප්‍රයෝජනයක් ද?"

"අනඳයෙනි, සැහැල්ලු සිත් ඇත්තෙකුට ඉතා සැපවත් ව විසිය හැකි ය. ඔහු ලබන ඵල ප්‍රයෝජනය නම් ඒ සැපය ය."

"ස්වාමීනී, සැපවත් සිතක් යමෙකුට ඇත් නම්, එය කුමක් ඵල ප්‍රයෝජනය කොට ඇත්තේ ද?"

"අනඳයෙනි, සැපවත් සිත් ඇත්තහු විසින් ලබන ඵල ප්‍රයෝජනය නම් සමාධිමත් සිතක් ඇති කරගැනීම යි."

"ස්වාමීනී, සමාධියකින් ලැබදෙනුයේ කවර නම් ඵල ප්‍රයෝජනයක් ද?"

"අනඳයෙනි, සමාධියකින් ලැබෙන ඵල ප්‍රයෝජනය නම් යම් දෙයක පවත්නා සත්‍ය ස්වභාවය ඒ අයුරින් ම අවබෝධ කරවීම පිණිස නුවණට උපකාරී වීම යි."

"ස්වාමීනී, යම් දෙයක පවත්නා සත්‍ය ස්වභාවය ඒ අයුරින් ම අවබෝධ වීමේ නුවණකින් ලද හැක්කේ කවර ඵල ප්‍රයෝජනයක් ද?"

"අනඳයෙනි, එවන් නුවණක් උපදවාගත් තැනැත්තෙකුට ලද හැකි ඵල ප්‍රයෝජනය නම් දුකට අයත් සියලු දේ පිළිබඳ අවබෝධයෙන් ම නොඇල්ම ඇතිවීම යි."

"ස්වාමීනී, දුකට අයත් සියල්ල පිළිබඳව අවබෝධයෙන් ම නොඇල්ම ඇතිවුවහොත් එය කවර ඵල ප්‍රයෝජනයක් ලබා දේ ද?"

"අනඳයෙනි, එවන් අවබෝධයකින් නොඇල්මක් ඇතිවුවහොත් එය එක ම ඵල ප්‍රයෝජනයක් පිණිස පවතී. එනම් සිය සිත සියලු කෙලෙසුන්ගෙන් නිදහස් වී විමුක්තියට පත් වූ බව දක්නා නුවණ පහළ වීම යි."

භාග්‍යවතුන් වහන්සේ මෙසේ අනඳ තෙරුන්ට වදාරන ලද්දේ බොහෝ හේතු කාරණා මත ය. එනම්, නිතර නිතර භික්ෂූන් අවුත් මුණගැසෙනුයේ අප ගේ අනඳ තෙරුන් ය. එසේ ම, ඒ භික්ෂූන් හා නිතර ම කතාබස් කිරීමේ ඉඩකඩ ද අනඳ තෙරුන්ට ලැබේ. බොහෝ භික්ෂූන් එකල අනඳ තෙරුන් දෙස නෙත් දල්වා බලා සිටියේ භාග්‍යවතුන් වහන්සේ විසින් වදාරන ලද කවර නම් දහම් කරුණක් අසා දැනගත්තාහු දැයි දැන ගනු පිණිස ය. මෙවන් දෙසුම් ධර්මයෙහි කොතෙකුත් සඳහන් ව ඇත්තේය. මේ හැම දෙසුමක් ම භික්ෂුවක විසින් කළ යුතු කරුණු පිළිබඳව ඉතාමත් ම ඉලක්කගත ව යොමු කොට ඇති ඉතා අනගි උපදෙස් ය.

අනඳ තෙරහු ආශා කළ රහත්වල සමවත

සෝවාන් ඵලය පමණක් ලැබ සිටි අප ගේ අනඳ මහතෙරුන් භාග්‍යවතුන් වහන්සේ ගේ උපස්ථාන කටයුතුවල නියැලී සිටින සඳ, බුදු සසුන බැබළවූ මහාශ්‍රාවක රහතන් වහන්සේලාගේ ද නොමඳ ඇසුර ලැබුණි. භාග්‍යවතුන් වහන්සේට උපස්ථාන කළ විසිපස් වසරක දිගු කාලය තුළ අනඳ මහතෙරුන් සියදහස් ගණන් නිකෙලෙස් භික්ෂූන් කෙතරම් නම් දැක ඇද්ද! සාරිපුත්තයන් වහන්සේ ගේ ඤාණගර්ජනා, මහාමොග්ගල්ලානයන් වහන්සේ ගේ ඍද්ධි ප්‍රාතිහාර්ය

ලීලා, මහාකස්සපයන් වහන්සේ ගේ පරම වෛරාග්‍යය, වංගීසයන් වහන්සේ ගේ නිකෙලෙස් මුවින් මතුවෙන ප්‍රතිභාපූර්ණ සොඳුරු ගාථා, ලකුණ්ටක භද්දියයන් වහන්සේ ගේ කර්ණරසායන මධුර මනෝහර දහම් ඝෝෂා, අනුරුද්ධයන් වහන්සේ ගේ දිවැස් නුවණින් දැනගත් විචිත්‍රවත් දෙව්ලෝ ආදී මෙකී නොකී අනේක වූ විසිතුරු ලොව්තුරු ගුණ පරාක්‍රමයෙන් තිපත්, අනේක වූ සාංසාරික වාසනා කුසලතා ඇති සංඝයා ඇසුරු කරමින් බුද්ධෝපස්ථානයට ම මුල් තැන දුන් අනඳයන් තුළ මහා කුතුහලයක් පැන නැංගේය. ඒ රහතන් වහන්සේ නමක් සමවැදී සිටිනා රහත්ඵල සමාධිය යනු කුමක් දැයි දැන-ගැනීමේ ආශාව ය.

වරක් අනඳ තෙරණුවෝ එය භාග්‍යවතුන් වහන්සේ-ගෙන් විචාළහ. එහෙත් එය තවදුරටත් පහදා ගැනීමට ය ආශාව. එය ඇසීමට සුදුසු ම තෙරණුවෝ සැවැත් නුවර දෙව්රම් වෙහෙරට වැඩියහ. එකල්හි අනඳ තෙරණුවෝ උන්වහන්සේ වෙත අවුත් අසලින් ම හිඳ පිළිසඳර බස් දොඩා මෙය ඇසූහ.

"ඇවැත් සාරිපුත්තයන් වහන්ස, භික්ෂුව මෙබඳු වූ රහත්ඵල සමාධියකට සමවදියි ද! එනම්, භික්ෂුව කිසියම් සමාධියකට සමවැදී සිටී. ඒ සමාධිය තුළ ඔහුට පඨවි ධාතුව පිළිබඳ සංඥාවක් නැත්තේය. ආපෝ ධාතුව පිළිබඳව සංඥාවක් ද නැත්තේය. තේජෝ ධාතුව පිළිබඳව සංඥාවක් ද නැත්තේය. වායෝ ධාතුව පිළිබඳව සංඥාවක් ද නැත්තේය. එසේ ම, ආකාසානඤ්චායතන අරූප සමාධිය පිළිබඳව සංඥාවක් ද නැත්තේය. විඤ්ඤාණඤ්චායතන අරූප සමාධිය... ආකිඤ්චඤ්ඤායතන අරූප සමාධිය...

නේවසඤ්ඤානාසඤ්ඤායතන අරූප සමාධිය පිළිබඳව සංඥාවක් ද නැත්තේය. එසේ ම, මෙලොව පිළිබඳ කිසිදු හැඟුමක් නැත්තේය. පරලොවක් පිළිබඳව ද කිසිදු හැඟුමක් නැත්තේය. එහෙත් ඇවැත් සාරිපුත්තයන් වහන්ස, රහත්ඵල සමවතෙහි සමවැද සිටිනා භික්ෂුවකට අන් කිසියම් හැඟීමක් වේ ද?"

"එසේ ය ඇවැත් අනඳයෙනි, මම් දිනක් මේ සැවැත් නුවර ම අන්ධවනයේ විසුවෙමි. එහිදී මා සමවැදී සිටියේ තොප විසින් දැන් කියූ සමවතට ය."

අනඳ තෙරුන්ට කාරණය තව තවත් පැහැදිලි කරගන්ට ඕනෑ විය. "ඉතින් ඇවැත් සාරිපුත්තයන් වහන්ස, ඒ සමවතෙහි හුන් අවස්ථාවෙහි නුඹවහන්සේ තුළ පැවති හැඟීම හඳුනාගත හැකි ව තිබුණේ ද?"

"එසේ ය ඇවැත් අනඳයෙනි, එය නම් ඉතා අසිරිමත් සමවතෙකි. එකල්හි මා තුළ තිබුණේ **භව නිරෝධෝ නිබ්බාණං** 'කාම භව, රූප භව, අරූප භව යන භවයන් නිරුද්ධ වීම නිවන ය' යන හැඟීම ය. අනඳයෙනි, ඒ හැඟීම එක් වරක් උපදී. එය නැති ව යයි. යළිත් ඒ හැඟීම ම උපදී. යළිත් නැති ව යයි. මේ සංඥාව ය ඒ සමවතෙහි තිබුණේ.

ඇවැත් අනඳයෙනි, මම් තොපට උපමාවෙක් කියමි. ලීදඬු ආදිය ගිනි ගන්නාවිට එක් ගිනිදල්ලක් උපදී. එය නැතිවන විට තව ගිනි දල්ලක් උපදී. එය නැතිවන විට තවත් ගිනිදල්ලක් උපදී. මේ සමාධිසංඥාවත් එබඳු ම ය. භව නිරෝධය නිවන යි සංඥාව උපදී. එය නැතිවන විට යළිත් භව නිරෝධය නිවන යි වෙනත් සංඥාවක් උපදී."

සියලු කෙලෙසුන් දුරු කරන ලද, සකලවිධ බන්ධනයන්ගෙන් නිදහස් ව නිවන පසක් කොට, එයට සමවැදී සිටිනා මේ අද්භූතජනක සමාපත්තිය පිළිබඳව දෙවියෝ පවා මහත් ස්තුති ප්‍රශංසාවෙකින් යුතුව කථා කළහ.

"භාවනාවෙන් වසන රහත් භික්ෂුව සමවැදී සිටිනුයේ යම් සමවතකට ද එකල්හි ඒ භික්ෂුව සිතනුයේ කුමක් ද කියා මේ ලොවෙහි කිසි දෙවියෙකුට හෝ බඹෙකුට හෝ කිසිවෙකුට හෝ දැකගත නො හැකි යැ" යි බොහෝ ප්‍රශංසා කළහ.

බුදු උවටන හිස මත තබා

එක් කලෙක භාග්‍යවතුන් වහන්සේ දිගු චාරිකාවකට පිළිපන් සේක. වස් කාලය එළැඹී ඇසළ සඳ මෝරා යද්දී අහස ද කෙමෙන් කළු වළායෙන් බර විය. අද පවා ඉන්දියාවේ වර්ෂා ඍතුව ඇරඹෙනුයේ ඇසළ පෝයෙනි.

භික්ෂු සංඝයා පිරිවරාගත් භාග්‍යවතුන් වහන්සේ එසඳ වේරංජ නමැති ගමට වැඩම කළ සේක. එහි ප්‍රධාන ගම්පති ව සිටියේ වේරංජ බ්‍රාහ්මණයා ය. හේ භාග්‍යවතුන් වහන්සේ පිළිබඳ බමුණු සමාජය තුළ පැවති අවිචාරවත් අභූත චෝදනා පිළිගෙන සිටි අයෙකි. එහෙත් භාග්‍යවතුන් වහන්සේ වැනි අතිසම්භාව්‍ය ශාක්‍ය වංශයෙහි රාජපුත්‍ර ශ්‍රමණයෙකු සිය ගමට වැඩම කිරීම ඔහුට සතුටක් විය. ඔහු ද භාග්‍යවතුන් වහන්සේ බැහැදැකුමට ගියේ තමා වැනි වයෝවෘද්ධ බ්‍රාහ්මණයෙකු දුටුවිට භාග්‍යවතුන් වහන්සේ ඔහුට වඩා බාල හෙයින් දුටු

පමණින් හුනස්නෙන් නැගිට, වැඳ, අසුනක් පවරා දේ ය යන අදහසිනි. එහෙත් එවන්නක් ඔහුට නො ලැබුණි. ඔහු ඍජුව ම සිය අප්‍රසාදය පළ කළේය.

ඉතා සන්සුන් මනසින් හෙබි භාග්‍යවතුන් වහන්සේ ඔහු කෙරෙහි අනුකම්පාව උපදවා තථාගත බුදුවරයෙක් යනු දෙවියන්, මරුන්, බඹුන් සහිත, ශ්‍රමණ බ්‍රාහ්මණයන් සහිත ලෝකයේ පහළ වන ආශ්චර්යවත් මිනිසෙකු බවත්, එවන් අයෙකුගෙන් වැඳුම් පිදුම් බලාපොරොත්තු වීම ප්‍රඥාගෝචර නොවන බවත් පහදා දුන්විට එය ඔහු පිළිගත් නමුත් බමුණු සමාජයේ පැතිර තිබූ චෝදනා එකිනෙක ඉදිරිපත් කරන්ට පටන් ගති. සියලු පැනයන්ට පිළිතුරු ලද පසු වේරංජ බ්‍රාහ්මණයා සෑහීමකට පත් විය. ඉන් පසු තථාගතයන් වහන්සේ යනු කවරහු දැයි ඔහුට උපමාවෙකින් පහදා දුන් සේක.

"බ්‍රාහ්මණය, ලොව පහළ වන තථාගත අර්හත් සම්‍යක් සම්බුදුවරයෙකු යනු කෙබඳු අයෙක් දැයි මම් තොපට උපමාවෙකින් කියමි. කිකිළියකගේ බිත්තර අටක් හෝ දහයක් හෝ දොළසක් තිබුණි. ඇය ඒවා මැනවින් රැක මනා ව උණුසුම් කරයි. මනා ව කුකුළගඳ ගස්සවයි. ක්‍රමයෙන් ඒ බිත්තර මෝරා යයි. නිසි කල් එළඹි විට ඒ බිත්තර අතුරින් යම් කුකුළු පැටවෙක් හැමට පළමු පා නියසිලෙන් හෝ තුඩින් හෝ සිය බිත්තර කටුව පළාගෙන සුවසේ පිටත නික්මේ නම්, ඔහුට කිව යුත්තේ වැඩිමලා කියා ද නැතහොත් බාලයා කියා ද?"

"භවත් ගෞතමයෙනි, සත්තකින් ම ඔහු යැ වැඩිමලා. ඒ සියලු කුකුළු පැටවුන් අතර ඔහු වැඩිමහල් ය."

"එසෙයින් ම බ්‍රාහ්මණය, අවිද්‍යාව නමැති කටුවෙන් වැසී ගිය, එයින් ම හාත්පස වටකොට ගත් බිත්තරයක සිරවී සිටීම බඳු ලෝසත අතරින් ඒ අවිද්‍යා කටුව පළාගෙන ලොවින් පිටතට පැනගත් පළමුවැනියා මම් ය. එහෙයින් මම් යැ ලොව වැඩිමල්. ශ්‍රේෂ්ඨ." යි පවසා තමන් වහන්සේ ලද ත්‍රිවිද්‍යා පිළිබඳව ඔහුට කියා දුන් සේක. වේරංජ බ්‍රාහ්මණයාගේ සිත බොහෝ සේ පහන් විය. හේ තෙරුවන් සරණ ගියේය. භාග්‍යවතුන් වහන්සේටත් සංඝයාටත් වස් කාලයෙහි එහි වැඩසිටින ලෙස ඇරයුම් කොට උපස්ථාන කරන්ටත් පොරොන්දු විය.

එක්වර ම ඒ වේරංජ ප්‍රදේශයට තදබල දුර්භික්ෂයක් ඇති විය. වේරංජ බමුණහුගේ සිත කිසියම් නො පෙනෙන පව්ටු බලවේගයකින් වැසී ගියේය. භාග්‍යවතුන් වහන්සේට වස් වසන්ට ඇරයුම් කළ වග වත් වේරංජ බ්‍රාහ්මණයාට මුළුමනින් ම අමතක ව ගියේය. දන් නො ලබන භික්ෂූන්ට පිඬුසිඟා යාමෙන් ද කිසිවක් නො ලැබුණි. හදිසියේ ම උතුරු ගැල්මගෙකින් ආ පන්සියයක් අස්වෙළෙන්දෝත් වර්ෂාව හේතුවෙන් එහි ම නැවතුණහ. ඔවුනට ද කන්ට යමක් ලෙස ඉතුරු වූයේ යවසහල් ය. භික්ෂූන්ට ද ඔවුන්ගෙන් ඒවා ලැබුණි.

අප අනඳ මහතෙරණුවෝ භාග්‍යවතුන් වහන්සේ වෙනුවෙන් ලද යවසහල් පතක් දියෙහි පොඟවා, ගලෙහි ලා අඹරා ගුලි කොට භාග්‍යවතුන් වහන්සේට පිළිගන්වත්. භාග්‍යවතුන් වහන්සේ ඉතා සතුටින් නො වෙනස් සිතින් එය වැළඳූ සේක. අතිශයින් ම ළෙන්ගතු ව උවටැන් කරන අනඳයන් වහන්සේට අටලෝදමින් අකම්පිත ව

වැඩසිටින සිය ශාස්තෘන් වහන්සේ මුහුණ දෙන මෙබඳු සජීවී අත්දැකීම් දුටු කල්හි කුමක් නම් සිතෙන්ට ඇද්ද!

අනඳ තෙරණුවෝ භාග්‍යවතුන් වහන්සේට දිවි පුදත්

අප ගේ අනඳ තෙරුන් හා එකට පැවිදි වූ සිය ඥාති සෝවුරෙකු වන දෙව්දත් ඉතා වෙහෙසී ලෞකික ධ්‍යාන අභිඥා උපදවා ගත්තේය. දෙව්දත්ට ද ධර්මයත් හොඳින් මතක තබාගත හැකිය. කීමෙහි බිණීමෙහි ද රුසියෙකි. මනහර රූ ද ඇත්තේය. දුටුවන් පහදින පෙනුමක් ද ඇත්තේය. හේ සුළු කලෙකින් මහා ධර්මකථිකයෙක් විය. වරක් අග්‍රශ්‍රාවක සාරිපුත්තයන් වහන්සේගෙනුත් මහජනයා මැද ඔහුට පැසසුම් ලැබිණ. ඔහුගේ හැකියාවත්, ඔහු ලද කීර්ති ප්‍රශංසාදියත් තුළින් මුළුමනින් ම තෘප්තියට පත් විය. එපමණකින් ම ඔහු සියලු ශ්‍රමණවල මුදුන්පත් කරගත් පුද්ගලයෙකි යි සිතුවේය. කෙමෙන් කෙමෙන් ප්‍රධානියෙකු වීමේ ආශාව ඔහු තුළ වැඩී ගියේය. සිය ආධිපත්‍යය පතුරුවනු වස් කුමක් කළයුතු දැයි දහඅතේ සිතමින් සිටි ඔහු සිතට නැගුණේ මගධ රාජ්‍යයේ අනාගත රජු වන අජාසත් කුමරු පහදවා ගැනීමේ ලාභ ප්‍රයෝජන ගැන ය.

දෙව්දත් විසින් ඍද්ධි ප්‍රාතිහාර්යයක් පෙන්වා අජාසත් කුමරා වසඟ කරගන්නා ලදී. ඔහු හොඳටම පැහැදුණි. ඔහු ම දෙව්දත්ගේ කුලුපග දායකයාත් හිතවතාත් විය. සිය ඉලක්කය වෙත තමා ගෙන යා හැකි එක ම උදව්කරු බවට පත් වූයේ ද අජාසත් කුමරු ය. මගධ රාජ්‍යයෙහි අගනුවර වන රජගහ නුවර ඇසුරු කොට වසන්ටත් ඊට නුදුරින් පිහිටි ගයාශීර්ෂයෙහි සුවිසල් විහාරයක්

ගොඩනංවන්නටත් දෙව්දත්ට හැකි විය. එය දෙව්දත්ගේ ගොදුරුබිම විය.

සියල්ල සකසා ගත් පසු භාග්‍යවතුන් වහන්සේ වෙත ආ දෙව්දත් සිය අදහස දන්වා සිටියේය. එනම්, සංඝයාගේ පාලනය තමන්ට භාරදෙන ලෙස ය. "සාරිපුත්ත, මොග්ගල්ලාන දෑගසව්වන් හටවත් නො පැවරූ සංඝයාගේ ආධිපත්‍යය තොප වැනි හිස් පුරුෂයෙකුට කෙසේ නම් දෙම් දැ" යි කී භාග්‍යවතුන් වහන්සේ එය ප්‍රතික්ෂේප කළ සේක. එපමණකින් ම දෙව්දත් භාග්‍යවතුන් වහන්සේ කෙරෙහි වෛර බැඳගති. සංඝයාගේ පාලනය සිය අතට ගන්නෙමි යි සිතූ මොහොතේ දෙව්දත් තුළ තිබූ සියලු ධ්‍යාන අභිඥා අතුරුදන් ව ගියේය.

වෙනත් ක්‍රමයකින් සංඝයාගේ ආධිපත්‍යය ගන්ට මාන බැලූ ඔහු රූක්ෂ ප්‍රතිපදාවකට බර වූ, නිවන් අවබෝධයට වේගවත් උපකාරයක් ඇති බව පවසා භාග්‍යවතුන් වහන්සේ ලවා අනුමත කරවා ගැනීමට පංච ප්‍රතිපත්තියක් ඉදිරිපත් කළේය. භාග්‍යවතුන් වහන්සේ එය ද නො අනුදත් සේක. එහෙත් සිය නව ප්‍රතිපත්තිය පෙන්වා සාරිපුත්තයන් වහන්සේ ගේ අතවැසි පන්සියයක් භික්ෂූන් තමා වෙත පොළඹවා ගන්ට ඔහු සමත් විය. මෙසේ සංඝභේදය කොට ඒ භික්ෂූන් ද රැගෙන ගයාශීර්ෂ විහාරයට ගොස් නැවතුණි.

දෙව්දත්ගේ ප්‍රථම ඉලක්කය වූයේ සංඝයාගේ ආධිපත්‍යය ගැනීමට නම් සංඝ නායකත්වය හොබවන භාග්‍යවතුන් වහන්සේ ඝාතනය කිරීම ය. එය කිරීමට පෙර පියා මරා රජකම ගන්නා ලෙස අජාසත්ට උපදෙස් දුනි.

හේ එය අකුරට ම පිළිපැද මගධේශ්වර අජාසත් මහරජු ලෙස ඔටුණු පළඳින්ට සමත් විය. රජගහ නුවර පූර්ණ රාජානුග්‍රහය ලැබුණේ දෙව්දත්ට ය. එය සිය මනදොළ සපුරා ගන්ට ඔහු ලද කදිම තෝතැන්නක් විය.

හේ කිහිප විටක් භාග්‍යවතුන් වහන්සේ ඝාතනය කරනු පිණිස දුනුවායන් මෙහෙයවීය. එය ද අසාර්ථක විය. අජාසත් රජුට අයත් එක් ප්‍රචණ්ඩ හස්තිරාජයෙක් රජගහ නුවර සිටියේය. දිනක් දෙව්දත්ගේ මෙහෙයවීමෙන් නාලාගිරි නමැති ඒ ඇත්රජුට සොළොසක් රා කළ පොවා, මත් කරවා, හෙණ්ඩුවෙන් ඇන කුපිත කරවා රජගහ නුවර රාජවීදියෙහි භික්ෂු සංඝයා පිරිවරා භාග්‍යවතුන් වහන්සේ වඩනා මගට මුදාහළේය. වියරු වැටී ගිය නාලාගිරි ඇත්රජ යක්ෂාවේශ වූවෙකු සෙයින් දුටු දුටු දෑ වනසමින් මිනිසුන් මරමින් පෙරට ඒ. මුළු රජගහ නුවර ම කැළඹුණි. හිස් ලූ ලූ අත මිනිස්සු පලා-ගියෝය. කිසිලෙසකිනුත් බිය නැති, මරණ බිය යනු කුමක් දැයි නො දන්නා භාග්‍යවතුන් වහන්සේ දෙසට නාලාගිරි හස්තියා සොඬවැල උඩට ඔසොවා, රතුවන් දෑස් විදහා මහත් සේ නාද කරමින් දිව ඒ.

භාග්‍යවතුන් වහන්සේ අසල සිටි අනඳ මහතෙරුනට එය තවදුරටත් බලා නො සිටිය හැකි ය. හස්තියා භාග්‍යවතුන් වහන්සේට ළං වෙත්ම ළං වෙත්ම අනඳ තෙරුන්ගේ සිත ද මහත් සේ තැතිගැනීමටත් කලබලයටත් පත් විය. හස්තියා වඩාත් ආසන්න වෙමින් සිටී. 'මේ හස්තියා පළමුව මා මරාවා! භාග්‍යවතුන් වහන්සේට අනතුරක් වනු දැක ජීවත් වෙන්ට මට ඕනෑ නැතැ' යි සිතා වහා ඇතු ඉදිරියට පැන්නාහ.

"අනඳයෙනි, ඉවත් වෙව. මා ඉදිරියෙහි නොසිට යා!" යි භාග්‍යවතුන් වහන්සේ වදාළ සේක.

අනඳයන් වහන්සේට එය නෑසේ. භාග්‍යවතුන් වහන්සේට අනතුරක් නො වේවා! යන සිතුවිල්ල හැර අන් සිතක් තෙරුන් තුළ නො වී ය. භාග්‍යවතුන් වහන්සේ තුන් වරක් ම කී නමුත් අනඳ තෙරුනට ඒ කිසිවක් නො ඇසුණේය. ඉක්බිති භාග්‍යවතුන් වහන්සේ නිමේෂයකින් ලත් ඍද්ධි බලයෙන් අනඳ තෙරුන් සංඝයා අතරට වැද්දගත් සේක. යළි භාග්‍යවතුන් වහන්සේ මධුර මනෝහර කුරවීක නදින් යුතු බඹගොස පතුරා වදාළ එක් ම ගාථාවෙකින් ඇත්රජා කුඩා දරුවෙකු සෙයින් සදහටම දමනය විය.

මේ සිදුවීම මුළුමහත් රජගහ නුවර ම අමුතු ම හැඟීමකින් සලිත කරවන්ට සමත් විය. සියල්ලෝ අන්දමන්ද වූහ. භාග්‍යවතුන් වහන්සේ ගේ අද්භූත ආශ්චර්යය පිළිබඳව සියල්ලන්ගේ ඇඟ කිලිපොළා ගියේය. එසේ ම, භාග්‍යවතුන් වහන්සේ රැකගනු වස් අනඳ මහතෙරුන් දිවි පුදන්ට ගත් වෑයම සංඝයා අතර මහත් කතාබහක් ඇතිකරන්ට සමත් විය. දම්සභා මණ්ඩපයේ ද කථා කළේ ඒ ගැන ය. එකල්හි භාග්‍යවතුන් වහන්සේ වදාළේ පෙර භවයන්හි පවා අනඳයන් මහබෝධිසත්වයන් උදෙසා බොහෝ වාර ගණන් දිවි පුදා රැකගත් බව යි.

දෙව්දත් ගේ අවසන් නිගමනය වූයේ අනුන් ලවා නොව සියතින් ම ශාස්තෲන් වහන්සේ ව ඝාතනය කිරීම යි. දිනක් භාග්‍යවතුන් වහන්සේ රජගහ නුවර ගිජුකුළු පව්ව පාමුල සක්මන් කරමින් සිටි සේක. රහසේ ම කඳු මුදුනට

නැගගත් දෙව්දත් භාග්‍යවතුන් වහන්සේ ගේ හිස මතට මහගලක් පෙරළීය. මහත් මැ අසිරියෙකි! පර්වතයෙන් වෙනත් ගලක් මතු ව ඒ මහා ගල එතැනින් පිටතට විසි විය. එහි දී ගැලවී ගිය ගල්පතුරක් වැදී භාග්‍යවතුන් වහන්සේ ගේ ශ්‍රීපාදයෙහි මහපට ඇඟිල්ල තුවාල වී ලේ වැගිරුණි. උන්වහන්සේ පල්ලැක්කියකින් වහා පහළට වැඩමවන ලද්දාහ. තුවාලයට බේත් කරන ලද්දේ ජීවක වෛද්‍යවරයා විසිනි. අනඳ තෙරණුවෝ සෙවණැල්ලක් සේ සිට උපස්ථාන කළහ.

දිනක් භාග්‍යවතුන් වහන්සේට විරේක කිරීමේ අවශ්‍යතාවක් ඇති විය. අනඳ තෙරුන් මෙය ජීවක වෛද්‍යවරයාට දන්වන ලදී. ඖෂධය ලෙස ලැබුණේ නිල් මහනෙල් මල් මිටි තුනක් තුන් වරකට සිඹීම පමණි. එසේ එක් මල් මිටක් සිඹින විට දස වරක් විරේක වේ. දෙවන හා තෙවන මල් මිටි ද සිප ගත් කල්හි දස වර බැගින් විරේක වේ. ඉන් පසු ස්නානය කළ යුතු ය. එවිට එක් වරක් විරේක වීමෙන් වෙදකම සම්පූර්ණ වේ.

භාග්‍යවතුන් වහන්සේට විසි නව වරක් විරේක වූ පසු අනඳ තෙරුන් ලවා උණු පැන් පිළියෙල කරවා ස්නානය කළ සේක. යළිත් තව වරක් විරේක විය. අනඳ තෙරුන්ගේ ගිලානෝපස්ථානයෙන් භාග්‍යවතුන් වහන්සේ ඉක්මන් සුවය ලද සේක.

අනඳයන් ගේ ආශාව ඉටු කළ භාග්‍යවතුන් වහන්සේ

භාග්‍යවතුන් වහන්සේ හැරුණු කොට සංඝයා අතරත් මිනිසුන් අතරත් වඩාත් ප්‍රසාදජනක චරිතය බවට පත් වූයේ අප ගේ අනඳ මහතෙරුන් ය. භාග්‍යවතුන්

වහන්සේ වෙත වසමින් සියල්ලන් ගේ ගැටලුවලට සවන් දී, සියල්ලන් කෙරෙහි සම දයාවෙන් යුතු ව, අන්‍යයන්ගේ දුබලතා උපේක්ෂා සිතින් බලන අප ගේ අනඳ මහතෙරුන් පිළිබඳ යශෝරාවය කෙතරම් පැතිරුණේ ද යත්, කොසොල් රජමැඳුරේ අන්තඃපුර ස්ත්‍රීන්ට ධර්මය ඉගැන්වීම පවා පැවරුණේ අප ගේ අනඳ මහතෙරුන්ට ය. තමන් වහන්සේ වෙත පැවරෙන ඕනෑ ම වගකීමක් නිහඬ ව පිළිගෙන ඉටු කරදීම උන්වහන්සේගේ සිරිත ය. අනඳ මහතෙරුන්ගේ අනුකම්පාව හේතුවෙන් බොහෝ දෙනෙකුට භාග්‍යවතුන් වහන්සේගෙන් ධර්මය ඇසීමට මහා භාග්‍යය උදා විය.

එක් කලෙක භාග්‍යවතුන් වහන්සේ එක්දහස් දෙසිය පනසක භික්ෂු සංඝයා පිරිවරා චාරිකායෙහි වඩනා සේක් කුසිනාරාවට වැඩි සේක. එකල මල්ල රජදරුවන් කුසිනාරා වැසියනට නීතියක් පනවන ලදී. එනම්, භාග්‍යවතුන් වහන්සේ පිළිගැනීමට පෙරගමන් නො කරන අයගෙන් කහවණු පන්සියයක දඩයක් ගසන බව ය.

මේ හේතුවෙන් භාග්‍යවතුන් වහන්සේ පිළිගැනීමට මහා ජනකායක් පැමිණ සිටියෝය. එහි උන් බොහෝ දෙනෙකු භාග්‍යවතුන් වහන්සේට මල් පුදා වන්දනා කළ නමුත් රෝජමල්ල නමැති එක්තරා හැඩිදැඩි පුද්ගලයෙක් උන්වහන්සේට නො වැඳ අත් බැඳ බලා සිටියේය. ඔහු අනඳ මහතෙරුන්ගේ මිතුරෙකි. සිය මිතුරු බව නිසාවෙන් අනඳ තෙරුන් සමීපයට ආයේය. දඩ පිළිබඳ කිසිවක් නොදත් තෙරණුවෝ "රෝජයෙනි, තොප ද භාග්‍යවතුන් වහන්සේට පෙරගමන් කිරීම ඉතා යෙහෙකි. තොප ලදුයේ මහත් ලාභයෙකි."

"නැත ස්වාමීනී, මා තුළ භාග්‍යවතුන් වහන්සේ කෙරෙහි හෝ ධර්මය කෙරෙහි හෝ සංඝයා කෙරෙහි හෝ අමුතු පැහැදීමෙක් නැත්තේය. මා මෙහි ආයේ නාවොත් පන්සියයක් දඩ ගෙවන්ට සිදුවන නිසා ය."

අනඳ මහතෙරුන් සිතෙහි මහත් සංවේගයක් උපන. එදා අනඳ තෙරුන් ගේ සිතෙහි පැවතියේ අපැහැදී සිටින රෝජමල්ලයන්ට කෙසේ හෝ උපකාරයක් කළයුතු බව යි. මින් පෙර අවස්ථාවකදීත් රෝජමල්ල එක් වැරදි වැඩක් කළේය. අනඳ තෙරණුවෝ දානයක් පිණිස නිවසට වැඩමවා ගන්නා ලද්දාහ. ප්‍රණීත දානයකින් සංග්‍රහ කළ ඔහු කියා සිටියේ සිවුරු හැර තමා වෙත එන ලෙසත් තමාගේ සම්පත්වලින් අඩක් අනඳ තෙරුන් වෙත පැවරීමට සූදානම් ව ඇති බව ත් ය. මොහු කල්පනා කරන ආකාරය පිළිබඳව මහත් අනුකම්පා උපන් තෙරණුවෝ ඔහුට ගිහි දිවියක පවත්නා අනේක දුක් කම්කටොලු පහදා දුන්හ. හේ යළි එබඳු යෝජනා නම් නො කළේය. එහෙත් කැමැත්තෙන් මිතුදම් පැවැත්වීය.

මෙබඳු මිනිසෙකු කෙරෙහි ද අනුකම්පා කළ අනඳ තෙරණුවෝ මල්ල රජදරුවන් විසින් භාග්‍යවතුන් වහන්සේ පිළිගැනීම පිණිස පන්සියයක් දඩගසා මිනිසුන් රැස්කළ පුවතත් පවසා, සිය මිත්‍ර රෝජමල්ලයන්ට ධර්ම ලාභය ලබාදෙන ලෙස ඉල්ලා සිටියහ. එය පිළිගත් භාග්‍යවතුන් වහන්සේ රෝජමල්ලයන් අරමුණු කොට මෙත් සිත පතුරා කුටියට වැඩම කළ සේක.

මොහොතකින් රෝජමල්ල වෙනස් විය. මව් වැස්සියගෙන් මගහැරී ගිය වසුපැටවෙක් මව්දෙන සොයා

කෑගසමින් ඔබමොබ දිවයනුයේ යම් සේ ද, එසේ ම, රෝජමල්ල ද 'මාගේ භාග්‍යවතුන් වහන්සේ කොහි ද!' යි කෑගසමින් මහත් හදිසියකින් භාග්‍යවතුන් වහන්සේ සොයන්ට පටන් ගති. සංඝයාගේ මගපෙන්වීමෙන් රෝජමල්ලට භාග්‍යවතුන් වහන්සේ දැකගන්ට ලැබුණි. හේ වහා අවුත් භාග්‍යවතුන් වහන්සේ ගේ සිරිපා අසල වැඳ වැටුණි. භාග්‍යවතුන් වහන්සේ දහම් දෙසූ සේක. ඔහු එතැනින් නැගිට්ටේ සෝවාන් ඵලයට පත් ගිහි සව්වෙකු ලෙස ය. අනඳ තෙරුන් ගත් වෑයම මුළුමනින් ම සාර්ථක විය.

අනඳ තෙරණුවෝ අගතනතුරු ලබත්

අනඳ මහතෙරුන්ගේ මතක ශක්තිය අතිශය විස්මයජනක ය. තෙරණුවෝ ඒකශ්‍රැතිධරයහ. වරක් ඇසූ පමණින් මතකයෙහි රඳින අයෙකි. විවේකී අවස්ථාවන්හි දී භාග්‍යවතුන් වහන්සේ අසල බිම හිඳ, කන් යොමා, සිත් යොමා අසා සිටින අනඳයන් හට ඒ ඒ තන්හිදී ඒ ඒ පුද්ගලයන් උදෙසාත්, දෙවියන් බඹුන් ආදී නොමිනිසුන් උදෙසාත් වදාරන ලද උතුම් ධර්මයන් භාග්‍යවතුන් වහන්සේ කියා දෙන කල්හි අනඳයන්ගේ සිත් ගබඩායෙහි ඒ සියල්ල රැඳුණේ රන් බඳුනෙක පිරෙන සිංහතෙල් ලෙසිනි. මෙසේ අනඳ මහතෙරණුවෝ කෙමෙන් කෙමෙන් බුදු සසුනේ වැඩහුන් වඩාත් ම ඇසූ පිරූ ධර්මය ඇති මහා බහුශ්‍රැතයාණන් බවට පත් වී ගියහ.

එසේ ම, බොහෝ පෙර කරන ලද, කියන ලද දේ ත්, චාරිකායෙහි වඩිද්දී නවාතැන් ගත් තැන්, හමු වූ මිනිසුන්, කළ කතාබහ, මූණදුන් සිදුවීම්, පසුකොට ගිය

ගම් දනව් නගර ආදිය පමණක් නොව ඒ ඒ අවස්ථාවන්හි දී භාග්‍යවතුන් වහන්සේ විසින් වදාරන ලද ධර්මයන්ට අයත් සියලු දේ ද සැණෙකින් සිහිකොට කීමට තරම් විස්මයාවහ සිහි නුවණක් ද අනඳයන් වහන්සේට තිබුණි.

එසේ ම, ඕනෑම පුරුෂයෙකුගේ කවර හෝ අවශ්‍යතාවක් වහා වටහාගත හැකි වේගවත් ප්‍රඥාවක් ද අනඳයන්ට තිබුණි. ඕනෑම කාරණයක්, ඕනෑම අවස්ථාවක්, ඕනෑම තීරණයක් ගත යුතු නිසි වෙලාවෙහි ගත හැකි අවස්ථාවෝචිත ව වහා වැටහෙන නුවණකින් සමන්විත ප්‍රඥා ගතියකින් ද යුතු ව සිටියහ.

එසේ ම, අනඳයන් වහන්සේ තුළ පැවති කායික මානසික චිත්ත ධෛර්යය ද, වගකීම් දරා සිටීමේ ආත්ම බලය ද පුදුමාකාර ය. කිසියම් කටයුත්තක දී වෙහෙසී පීඩාවට පත් ව එය ඉක්මනින් නිමවා විවේක ගැනීමේ හදිසියක් හෝ වැඩ වැඩිය කියා කෙඳිරි ගෑමක් හෝ උදව්වට කිසිවෙක් නැත කියා සංවේග වීමක් හෝ අනඳයන් තුළ කිසිදා දකින්ට නො ලැබුණි.

අතිශය රූප ශෝභා සම්පන්න දේහධාරී අනඳ මහතෙරණුවෝ සිය දිලිසෙන නිල්වන් නෙත් සඟල විදහා අන්‍යයන් දෙස බලන කාරුණික බැල්ම හැමවිට ම නො වෙනස් විය. මුවමඬලෙහි නිතර රැඳුණු මඳ සිනහව, කතාබස් කරන විට සිනා රැඳි පියකරු මුවින් මිහිරි තෙපුල් දෙඩීම, ඉවසිලිමත් ව කථා කිරීම, ඉතා ශාන්ත ඇවතුම් පැවතුම්වලින් යුතු වීම, ඉතාමත් පිළිවෙළකට සිවුරු හැඳ පෙරවීම, මනා සංවරයකින් අත් පා හැසිරවීම ආදී ශ්‍රමණ ගුණයන්ගෙන් සමූපේත වූ අනඳයන්ගේ නුවණින් ම

වැඩීගිය ධෛර්යය හෙවත් ධෘතිමත් බව හැම කල්හි කැපී පෙනුණි.

එනිසා ම, අනඳ තෙරුන් දුටු පමණින් භික්ෂු, භික්ෂුණී, උවසු, උවැසියන්ගේ නෙත් සිත් පහන් කළේය. උන්වහන්සේ දෙස කොපමණ කලක් වුව බලා සිටිය ද ඇති වීමක් නො වේ. අනඳයන් ගේ මුවින් පිටවෙන දහම් පද කෙතරම් කල් අසා සිටිය ද ඇති වීමක් නො වේ. කිසි වෙහෙසක් ද නො දැනේ.

අනඳ තෙරුන් විසින් කරන ලද බුද්ධෝපස්ථානය ද ඒ සිය දහස් ලක්ෂ ගණන් භික්ෂු සංඝයා අතර කිසිවෙකුටත් නො කළ හැකි දෙයක් විය. මෙසේ අනඳ මහතෙරුන් තුළ තිබූ අද්භූත අසාමාන්‍ය කුසලතා හේතුවෙන් භාග්‍යවතුන් වහන්සේ ගේ සමස්ත ශ්‍රාවක සංඝයා නමැති මහා සසුන් රැකෙහි සුරභිසුගන්ධයෙන් යුතු සුනිමල පුෂ්පයක් සුවඳ විහිදුවනා සේ හැම අතින් ම කැපී පෙනුණි.

මෙකරුණු හේතුවෙන් දිනක් භාග්‍යවතුන් වහන්සේ මහා සංඝයා මැද අනඳ මහතෙරුන් අග්‍ර ස්ථානාන්තර පසක පිහිටුවා වදාළ සේක.

"ඒතදග්ගං භික්ඛවේ, මම සාවකානං භික්ඛූනං බහුස්සුතානං යදිදං ආනන්දෝ.

මහණෙනි, යම් ආනන්ද නමැති මේ භික්ෂුවක් වේ ද, මාගේ ශ්‍රාවක වූ බහුශ්‍රැත භික්ෂූන් අතුරෙහි, මෙතෙමේ අග්‍ර වේ.

ඒතදග්ගං භික්ඛවේ, මම සාවකානං භික්ඛූනං සතිමන්තානං යදිදං ආනන්දෝ.

මහණෙනි, යම් ආනන්ද නමැති මේ භික්ෂුවක් වේ ද, මාගේ ශ්‍රාවක වූ මනා සිහි ඇති භික්ෂූන් අතුරෙහි, මෙතෙමේ අග්‍ර වේ.

ඒතදග්ගං භික්ඛවේ, මම සාවකානං භික්ඛූනං ගතිමන්තානං යදිදං ආනන්දෝ.

මහණෙනි, යම් ආනන්ද නමැති මේ භික්ෂුවක් වේ ද, මාගේ ශ්‍රාවක වූ වේගවත් ප්‍රඥා ගති ඇති භික්ෂූන් අතුරෙහි, මෙතෙමේ අග්‍ර වේ.

ඒතදග්ගං භික්ඛවේ, මම සාවකානං භික්ඛූනං ධිතිමන්තානං යදිදං ආනන්දෝ.

මහණෙනි, යම් ආනන්ද නමැති මේ භික්ෂුවක් වේ ද, මාගේ ශ්‍රාවක වූ ප්‍රඥාවෙන් ව්‍යක්ත ව ධෛර්යවත් භික්ෂූන් අතුරෙහි, මෙතෙමේ අග්‍ර වේ.

ඒතදග්ගං භික්ඛවේ, මම සාවකානං භික්ඛූනං උපට්ඨාකානං යදිදං ආනන්දෝ.

මහණෙනි, යම් ආනන්ද නමැති මේ භික්ෂුවක් වේ ද, තථාගතයන් හට උපස්ථාන කළ මාගේ ශ්‍රාවක වූ භික්ෂූන් අතුරෙහි, මෙතෙමේ අග්‍ර වේ."

වරක් භාග්‍යවතුන් වහන්සේ ආශ්චර්ය අද්භූත ධර්මයන් වදාරන තැනකදී අප ගේ අනඳ මහතෙරුන් කෙරෙහි පවත්නා එබඳු ධර්මයන් සතරක් පිළිබඳව මෙසේ වදාළහ.

"මහණෙනි, අනඳයන් කෙරෙහි පවත්නා මේ ආශ්චර්ය අද්භූත ධර්ම සතරෙකි.

1. ඉදින් මහණෙනි, භික්ෂු සංඝයා අනඳයන් දක්නට ඒ ද, අනඳයන්ගේ දැක්මෙන් ම ඔවුහු සතුටු වෙත්. ඉදින් අනඳයෝ ඔවුන් හා මියුරු දහම් කථායෙහි යෙදෙත් ද, ඒ මියුරු තෙපුල් අසා ඔවුහු සතුටු වෙත්. වැලිදු භික්ෂු සංඝයා අතෘප්තිමත් ව ම සිටී. එසඳ අනඳයෝ නිහඬ වෙත්.

2. ඉදින් මහණෙනි, භික්ෂුණී සංඝයා අනඳයන් දක්නට ඒ ද, අනඳයන්ගේ දැක්මෙන් ම ඔවුහු සතුටු වෙත්. ඉදින් අනඳයෝ ඔවුන් හා මියුරු දහම් කථායෙහි යෙදෙත් ද, ඒ මියුරු තෙපුල් අසා ඔවුහු සතුටු වෙත්. වැලිදු භික්ෂුණී සංඝයා අතෘප්තිමත් ව ම සිටී. එසඳ අනඳයෝ නිහඬ වෙත්.

3. ඉදින් මහණෙනි, උපාසකවරු අනඳයන් දක්නට එත් ද, අනඳයන්ගේ දැක්මෙන් ම ඔවුහු සතුටු වෙත්. ඉදින් අනඳයෝ ඔවුන් හා මියුරු දහම් කථායෙහි යෙදෙත් ද, ඒ මියුරු තෙපුල් අසා ඔවුහු සතුටු වෙත්. වැලිදු උපාසකවරු අතෘප්තිමත් ව ම සිටිත්. එසඳ අනඳයෝ නිහඬ වෙත්.

4. ඉදින් මහණෙනි, උපාසිකාවෝ අනඳයන් දක්නට එත් ද, අනඳයන්ගේ දැක්මෙන් ම ඔවුහු සතුටු වෙත්. ඉදින් අනඳයෝ ඔවුන් හා මියුරු දහම් කථායෙහි යෙදෙත් ද, ඒ මියුරු තෙපුල් අසා ඔවුහු සතුටු වෙත්. වැලිදු උපාසිකාවෝ අතෘප්තිමත් ව ම සිටිත්. එසඳ අනඳයෝ නිහඬ වෙත්."

නාරි මායමෙන් ගැලවෙන අනඳ තෙරණුවෝ

අනඳ මහතෙරණුවෝ එකල කෙතරම් සුප්‍රසිද්ධ ව සිටියාහු ද යත්, ඇතැම් ළාමක ගති ඇති කාන්තාවෝ උන්වහන්සේව වරදෙහි පොළඹවා ගන්ට පවා මාන බැලූහ.

එකල අනඳ තෙරණුවෝ වැඩසිටියෝ කොසඹෑ නුවර ඝෝෂිතාරාමයේ ය. අසල පිහිටි මෙහෙණවරකින් හස්නක් රැගෙන ආ පුරුෂයෙක් අනඳ තෙරුන් මුණ-ගැසී වන්දනා කොට මෙය කීය. "ස්වාමීනී, මේ අසවල් භික්ෂුණියගේ හසුන ය. මේ මොහොතේ ඕ ගිලන් ව, දුක්ඛිත ව, බොහෝ සේ රෝගී ව සිටින්නී ය. ඕ තොමෝ භදන්තානන්දයන්ගේ පා සිරසින් නමදී. මෙසේත් කියයි. ස්වාමීනී, භදන්තානන්දයෝ ඒ භික්ෂුණිය කෙරෙහි අනුකම්පා කොට මෙහෙණවරට වැඩම කරත්වා!"

මහත් දයානුකම්පා ඇති අනඳ මහතෙරණුවෝ මේ ස්ත්‍රී මායමට හසුවූහ. ඇරයුම නිහඬ ව පිළිගත්හ. භික්ෂුණියකට දහම් කථාවෙන් පිහිට වන සිත් ඇති ව පාසිවුරු ද ගෙන මෙහෙණවරට වැඩියහ. කපටි භික්ෂුණිය අනඳ තෙරුන් වඩනා මග නෙත් දල්වා බලා සිටියාය. අනඳ තෙරුන් ඈතින් වඩින අයුරු දුටු සැණින් ඕ වහා කුටියට වැදී, ඇඳෙහි වැතිර, හිස වසා පොරවා ගිලන් වගක් මවා පෑවාය. අනඳ තෙරණුවෝ එහි වැඩම කොට ඈ සිටි කුටියෙහි පනවන ලද අසුනෙහි වැඩහුන් සැණින් නාරි මායම හඳුනාගන්ට සමත් වූහ. කිසි කලබලයක් හෝ වෙනසක් නො දක්වා සිය ප්‍රකෘති ශාන්ත ස්වභාවයෙන් ම බණ කියන්ට පටන් ගත්හ.

"සොයුරී, මේ කය යනු කබලිංකාර ආහාරයෙන් හටගත් දෙයකි. ඒ ආහාරය කෙරෙහි ම පිළිකුල් සංඥාව උපදවා ආහාරය පිළිබඳ ඇල්ම ප්‍රහාණය කළ යුතු.

එසේ ම සොයුරී, මේ කය යනු තෘෂ්ණාවෙන් හටගත් දෙයකි. ඒ තෘෂ්ණාව විමුක්තිය පසක් කිරීමේ තෘෂ්ණාව බවට පත්කොට කාම තෘෂ්ණාව ප්‍රහාණය කළ යුතු.

එසේ ම සොයුරී, මේ කය මාන්නයෙන් හටගත් දෙයකි. 'මම් වනාහී නිමල නිකසළ බුදු සසුනෙක පැවිදි වූ උදාර අලෞකික මග යන්නියක් නො වෙමි' දැයි මාන්නය උපදවා සසරට පවත්නා ළාමක මාන්නය නැසිය යුතු.

එසේ ම සොයුරී, මේ කය වනාහී ස්ත්‍රී පුරුෂ දෙදෙනෙකුගේ එක්වීමෙන් හටගත් දෙයකි. උත්තම නිවන් මගෙහි පිළිපන් ශ්‍රාවකයින් විසින් ඒ ස්ත්‍රී පුරුෂ එක්වීමට පවත්නා යම්තාක් හේතු ඇද්ද, ඒ සියල්ල මුලිනුපුටා දැමිය යුතු යි අප භාග්‍යවතුන් වහන්සේ විසින් වදාරන ලද්දේ ම ය."

මෙසේ දහම් නය මාතෘකා වශයෙන් තැබූ අනඳ මහතෙරණුවෝ විස්තර වශයෙන් ඇයට පහදා දුන්හ. ඇයගේ කාමදාහය සංසිඳී, ගත ඩහ වැගිරී, බියට පත් ව, සියොලඟ කිලිපොළා ගියේය. හෘදය වේගයෙන් ස්පන්දනය විය. ඇයට තවදුරටත් ගිලන් වෙස් ගෙන නාරි මායම් පාන්ට නො හැකි විය.

වහා ඇඳෙන් නැගිට බිම වැටුණාය. අනඳයන්ට වන්දනා කොට හඬන්ට පටන් ගත්තාය. "අනේ ස්වාමීනී අනඳයන් වහන්ස, මහා අනුවණ එකියක සේ, මං මුළා

වූ එකියක සේ, අකුසලයට යට වූ එකියක සේ මා අතින් මේ සිදු වූයේ මහත් මැ වරදෙකි. ස්වාමීනී අනඳයන් වහන්ස, මට මින් මතු සංවර වීම පිණිස මා අතින් වූ මේ වරද, වරද වශයෙන් පිළිගෙන සමාව දෙන සේක්වා!"

කිසි කලබලයක් හෝ තැතිගැනීමක් නැති අනඳ තෙරුන් ඒ භික්ෂුණිය විසින් කරන ලද නාරි මායම ගැන අමනාප නො වුණහ. දොස් නො කීහ. පිළිකුල් නො කළහ. කරුණාවෙන් ම බැලූහ. අනඳ තෙරණුවෝ ඇයට සමාව දී වැඩියහ.

ඒ දහම් කරුණු තුළින් ඇ සිහි නුවණ ලබාගත් අතර සංවර භික්ෂුණියක් වන්ට සමත් වූවාය. ඒ භික්ෂුණියට මුල අමතක වී තිබුණි. ස්ත්‍රියට භික්ෂුණී පැවිද්ද ලැබුණේ කෙසේ දැයි ඕ මතක තබා සිටියා නම් කිසි දිනෙක මෙවන් අකරතැබ්බයක් ඇයට නොවනු නිසැක ය.

අනඳ තෙර භික්ෂුණී පැවිද්දට මැදිහත් වේ

එකල අප භාග්‍යවතුන් වහන්සේ වැඩසිටි සේක් ශාක්‍ය ජනපදයෙහි කිඹුල්වත් පුර නිග්‍රෝධාරාමයෙහි ය. දිනක් ප්‍රජාපතී ගෞතමී දේවිය ශාස්තෲන් වහන්සේ බැහැදැක්මට අවුත් වන්දනා කොට එකත්පස් ව සිට මෙය අයැද සිටියාය.

"ස්වාමීනී භාග්‍යවතුන් වහන්ස, තථාගතයන් විසින් වදහළ ධර්ම විනයෙහි, ගිහිගෙන් නික්ම ලබන පැවිදි බව ස්ත්‍රිය ද ලබන්නී නම් ඉතා මැනවි."

එයට භාග්‍යවතුන් වහන්සේගෙන් ලැබුණේ ඍජු පිළිතුරෙකි. "නැත ගෞතමී, තථාගතයන් විසින් වදහළ

ධර්ම විනයෙහි, ගිහිගෙන් නික්ම ලබන පැවිදි බව තොප රිසි නො කරව."

ප්‍රජාපතී ගෞතමී පසුබට නො වූවාය. දෙවනුවත් තෙවනුවත් එය ම අයැද සිටියාය. දෙවනුවත් තෙවනුවත් භාග්‍යවතුන් වහන්සේගේ ඍජු පිළිතුර වූයේ ද කලින් වදාළ දේ ම ය.

එකල්හි ප්‍රජාපතී ගෞතමිය බොහෝ දුකට පත් ව, දොම්නසට පත් ව, කඳුළු වැගිරුණු මුව ඇත්තී, භාග්‍යවතුන් වහන්සේට වන්දනා කොට හඬ හඬා පිටත් ව ගියාය.

භාග්‍යවතුන් වහන්සේ ද කපිලවස්තුවෙහි ටික කලක් වැස සුපුරුදු චාරිකාව පිණිස භික්ෂු සංඝයා පිරිවරා විශාලා මහනුවර බලා වැඩි සේක. කෙමෙන් විසල්පුරට පැමිණ මහවෙනෙහි කූටාගාර ශාලායෙහි වැඩවසන සේක.

ප්‍රජාපතී ගෞතමිය ද උත්සාහය අත් නො හැරියාය. ගිහිගෙන් නික්ම ලබන පැවිද්ද පිණිස ශාක්‍ය රාජවංශික ස්ත්‍රීන් පන්සියයක් පොළඹවා ගන්ට ඈ සමත් වූවාය. ඉක්බිති ගෞතමිය සිය කෙස් කළඹ කප්පවා හිස මුඩු කරවා, අන් කතුන්ගේ ද කෙස් කප්පවා හිස මුඩු කරවූවාය. ගිහිවත් අත්හළ ගෞතමී කසාවත් පොරවා ගත්තාය. අන් කතුන්ට ද කසාවත් පොරවා හැන්දූවාය. ඔවුහු පාගමනින් භාග්‍යවතුන් වහන්සේ සොයා පිටත් ව ගියෝය. අනුපිළිවෙළින් විසල්පුර මහවෙනෙහි කූටාගාර ශාලාව තෙක් පැමිණියෝය.

අතිශය සුකුමාල දිවියක් ගෙවූ, රාජවංශික සම්භාවනීයත්වයෙන් උපහාර ලද, පාවහන් නො පැළඳ මාවතකට නො බට, දුහුල් සළු මිස රළු වත් නො හැඳි, සුවඳ සුණු ගා සිහිල් පැන් ස්නානය කළ, මියුරු පිණී බොජුන් අනුභව කළ, කෝමල සියුමැලි අත්පා ඇති, වෙහෙස යනු කිමැයි නො දන්නා මේ ශාක්‍ය කුලාංගනාවෝ දැන් මුඩු හිසින්, දැඩි අව්රැසින් වියැළී, පිඬුසිඟීමෙන් ලත් රළු අහරින් යැපී, ධූලි වැකි මං මාවත් ඔස්සේ මෙතෙක් දුර ආ ගමන හේතුවෙන් ඔවුන්ගේ සියුමැලි පා ඉදිමී යටි පතුල් පුපුරා ගියේය. කය පෙරවූ වත් ධූලියෙන් වැසී ගියේය. පැවිදි බව නො ලත් දුකින් නෙත ගැලූ කඳුළින් මුව තෙමී නෙත් ඉදිමී ගියේය. එක ම පැතුම පැවිද්ද ය. මහවෙනෙහි කූටාගාර ශාලාවෙහි බිහිදොරකොටුවෙහි සිටගත් ඔවුහු භාග්‍යවතුන් වහන්සේ වැඩහුන් දිශාවට වැඳගෙන හඬ හඬා සිටියෝය.

අනඳ තෙරණුවෝ සිය නැන්දණිය වන ගෞතමිය දැක වහා එතැනට පැමිණියහ. "කිම ගෞතමියෙනි මේ? හිස මුඩු කොට, කහවත් දරා, හඬ හඬා? ඕහ්... ඉදිමී ගිය පා සඟලින්? ධූලි වැකී ගිය සිරුරු? මේ ආයේ කවර නම් ගමනෙක් ද?"

"ස්වාමීනී අනඳයන් වහන්ස, එය එසේ ම ය. තථාගතයන් විසින් වදාළ ධර්ම විනයෙහි, ගිහිගෙන් නික්ම ලබන පැවිදි බව භාග්‍යවතුන් වහන්සේ ස්ත්‍රියට නො අනුදත් සේක."

අනඳ තෙරණුවෝ මොහොතක් නිහඬ ව සිට මෙය කීහ. "ගෞතමී, මෙහි ම රැඳී සිටුව. තථාගතයන් විසින් වදාළ ධර්ම විනයෙහි, ගිහිගෙන් නික්ම ලබන පැවිද්ද

ස්ත්‍රියට ද ලබාදෙන ලෙස භාග්‍යවතුන් වහන්සේගෙන් මම ඉල්ලමි. එතෙක් ඉවසව."

අනඳ තෙරණුවෝ භාග්‍යවතුන් වහන්සේ වෙත ගොස් වන්දනා කොට එකත්පස් ව හිඳගත්හ. භාග්‍යවතුන් වහන්සේට මෙය සැලකළහ.

"ස්වාමීනී භාග්‍යවතුන් වහන්ස, මේ මහා ප්‍රජාපතී ගෞතමී හිස මුඩුකොට, කසාවත් පොරවා, ඉදිමී ගිය පාසඟලින් යුතු ව, ධූලි වැකී ගිය ගතින් යුතු ව, දුකින් දොම්නසින් යුතු ව, කඳුළු වැකුණු මුවින් යුතු ව මෙහි බිහිදොරකොටුවෙහි සිටින්නී, තථාගතයන් විසින් වදහළ ධර්ම විනයෙහි, ගිහිගෙන් නික්ම ලබන පැවිද්ද ස්ත්‍රියට නො අනුදත් සේකැ යි හඬ හඬා සිටී.

ස්වාමීනී භාග්‍යවතුන් වහන්ස, තථාගතයන් විසින් වදහළ ධර්ම විනයෙහි, ගිහිගෙන් නික්ම ලබන පැවිදි බව ස්ත්‍රිය ද ලබන්නී නම් ඉතා යහපති."

"නැත අනඳයෙනි, තථාගතයන් විසින් වදහළ ධර්ම විනයෙහි, ගිහිගෙන් නික්ම ලබන පැවිදි බව ස්ත්‍රියට ලබාදීම තොප රිසි නො කරව."

අනඳ තෙරණුවෝ ද භාග්‍යවතුන් වහන්සේගෙන් තුන් යලක් ම කාන්තා පැවිද්ද අයැද සිටියහ. තුන් වර ම භාග්‍යවතුන් වහන්සේගෙන් ලදුයේ එක ම පිළිතුර ය.

වේගවත් ප්‍රඥා ගති ඇති අනඳ මහතෙරණුවෝ වෙනත් ක්‍රමයකින් භාග්‍යවතුන් වහන්සේගෙන් මෙය ඉල්ලා සිටින්ට ඉටා ගත්හ. එසඳ තෙරණුවෝ භාග්‍යවතුන් වහන්සේගෙන් මෙය ඇසූහ.

"ස්වාමීනී, භාග්‍යවතුන් වහන්ස, යම් හෙයකින් ස්ත්‍රියක් ගිහිගෙන් නික්ම, තථාගතයන් විසින් වදහළ ධර්ම විනයෙහි පැවිද්ද ලැබූ කල, ඇයට සෝවාන් ඵලය හෝ සකදාගාමී ඵලය හෝ අනාගාමී ඵලය හෝ රහත් ඵලය හෝ පසක් කළ හැකි ද?"

"අනඳයෙනි, තථාගතයන් විසින් වදහළ ධර්ම විනයෙහි ගිහිගෙන් නික්ම පැවිදි බව ලද ස්ත්‍රියට එකී මගඵල ලබන්ට හැකිය."

"ඉදින් ස්වාමීනී භාග්‍යවතුන් වහන්ස, තථාගතයන් විසින් වදහළ ධර්ම විනයෙහි ගිහිගෙන් නික්ම පැවිද්ද ලද ස්ත්‍රියට මගඵල ලද හැකි නම්, ස්වාමීනී, මහා ප්‍රජාපතී ගෞතමී භාග්‍යවතුන් වහන්සේට බොහෝ උපකාරී වූවාය. සුළු මව් ව සිටියාය. වැඩුවාය. පෝෂණය කළාය. කිරි දුන්නාය. භාග්‍යවතුන් වහන්සේ වැදූ මව් කලුරිය කළ කල්හි ඕ සිය තනයෙන් කිරි පෙව්වාය. ස්වාමීනී, තථාගතයන් විසින් වදහළ ධර්ම විනයෙහි ගිහිගෙන් නික්ම ලබන පැවිද්ද ස්ත්‍රිය ද ලබන්නී නම් ඉතා යෙහෙකි."

"එසේ වී නම් අනඳයෙනි, ඉදින් මහා ප්‍රජාපතී ගෞතමී අෂ්ට ගරුධර්මයන් පිළිගන්නී නම්, එය ඇයගේ පැවිද්දත් උපසම්පදාවත් වේවා." යි භාග්‍යවතුන් වහන්සේ අෂ්ට ගරුධර්මයන් යනු කිමැයි අනඳයන්ට පහදා දුන් සේක.

අනඳයන් විසින් මේ කරනු ලබනුයේ තමා ඉල්ලූ දෙය නො ලත් හෙයින් කෙසේ හෝ එය ලබාගන්ට වෑයම් කරන දඩබ්බරයෙකු ගේ හිතුවක්කාර ක්‍රියාවකි යි නො සිතිය යුතු ය. අනඳ තෙරුන් පවා තමා විසින් කරන මේ දෙය කෙතරම් බරපතල දැයි හරි හැටි තේරුම් ගෙන සිටි

වගක් නො පෙනේ. එයට මුල් ම කරුණ නම් ප්‍රජාපතී ගෞතමී නැන්දණිය කෙරෙහි අනඳයන් තුළ පැවති මහා දයානුකම්පාව ය. එය ද කුසල් දහම් උපදවා දීම පිණිස ය.

මෙහි දී පමණක් නො ව මින් පෙර ද මෙවැන්නක් සිදු විය. වරක් ගෞතමී දේවිය සියතින් ම නූල් කැට, වියන ලද පිළී සඟලක් දෝතින් ගෙන භාග්‍යවතුන් වහන්සේ වෙත ආවාය. තමා කෙරෙහි අනුකම්පා උපදවා පිළිගන්නා ලෙස අයැද සිටියාය.

එවේලෙහි භාග්‍යවතුන් වහන්සේ වදාළේ 'ගෞතමිය, සංඝයා උදෙසා පුදව. තොප විසින් සංඝයා උදෙසා පිදූ කල්හි මම් ද පුදන ලද්දෙමි. සංඝයා ද පුදන ලද්දේය.' යනුවෙනි.

එහෙත් ගෞතමිය ගේ සිතේ ආශාව වූයේ සිය තනයෙන් කිරි පොවා, මොළකැටි අත් පා හදා වඩා, පුත්‍ර ස්නේහයෙන් තමා විසින් පෝෂණය කරන ලද භාග්‍යවතුන් වහන්සේට ම ඒ පිළී සඟල පුදා භාග්‍යවතුන් වහන්සේ ම එය පරිහරණය කරනු දැකීම ය. එහෙයින් ඕ භාග්‍යවතුන් වහන්සේ ගේ අදහසට නො එකඟ ව දෙවනුවත් ඉල්ලා සිටියාය. භාග්‍යවතුන් වහන්සේගෙන් ලදුයේ කලින් පිළිතුර ම ය. ඕ නැවතත් ඉල්ලා සිටියාය. කලින් පිළිතුර ම ලැබුණි.

එකල්හි ගෞතමී දේවිය ගේ මුව දොම්නසින් බර ව නෙත කඳුළු පිරී ගියේ දැයි අපට සිතෙනුයේ අනඳ තෙරුන් ගේ මැදිහත් වීම නිසා ය. භාග්‍යවතුන් වහන්සේ වදාළ කරුණු මත පිහිටා 'එසේය ගෞතමියෙනි, භාග්‍යවතුන්

වහන්සේ විසින් වදාරන ලද්දේ අනගි උපදෙසකි. එය මැනවි. එසේ කරව.' යි කියා ගෞතමිය පොළඹවා ගැනීමේ හැකියාවක් අනඳ තෙරුන්ට තිබුණි.

එහෙත් අනඳයන් විසින් කරන ලදුයේ අනිකකි. තෙරණුවෝ ද ගෞතමිය පැත්තේ සිටගත්හ. ගෞතමිය වෙනුවෙන් ඉදිරිපත් වූහ.

"ස්වාමීනී, භාග්‍යවතුන් වහන්ස, මහා ප්‍රජාපතී ගෞතමිය ගේ නව පිළී සඟල පිළිගන්නා සේක්වා! භාග්‍යවතුන් වහන්සේ ගේ මව් කලුරිය කළ කල්හි මෑ සිය තනයෙන් කිරි පෙව්වාය...." යනාදී ගෞතමිය විසින් කරන ලද උපකාරයන් කියන්ට පටන් ගත්හ.

ඉන් පසු මෙසේත් කීහ. "ස්වාමීනී, භාග්‍යවතුන් වහන්සේ වෙත ආ මේ මහා ප්‍රජාපතී ගෞතමිය බුදුන් සරණ ගියාය. දහම් සරණ ගියාය. සඟුන් සරණ ගියාය. නිති පන්සිල්හි පිහිටියාය. එසේ ම, භාග්‍යවතුන් වහන්සේ වෙත ආ මහා ප්‍රජාපතී ගෞතමිය බුද්ධ, ධම්ම, සංඝ යන තෙරුවන කෙරෙහි නො සෙල්වෙන පැහැදීමෙන් යුක්ත වූවාය. එසේ ම, චතුරාර්ය සත්‍ය ධර්මය කෙරෙහි නිසැක බවට පත් වූවාය. මෙසේ මහා ප්‍රජාපතී ගෞතමියට ද භාග්‍යවතුන් වහන්සේ බොහෝ උපකාරී වූ සේක."

අනඳ තෙරුන් ගේ මේ කීමෙන් නිසැකව ම පැහැදිලි වනුයේ ප්‍රජාපතී ගෞතමිය ගිහිගෙයි සිටියදී ම සෝවාන් ඵලයට පත් ව සිටි බව යි.

අනඳ තෙරුන් කී මේ හැම දෙයක් ම නිවැරදි වග භාග්‍යවතුන් වහන්සේ ද එසේ ම පිළිගත් සේක. මෙහි

අපට තේරුම් ගත හැකි වැදගත් දෙයක් තිබේ. සෝවාන් ඵලයට පත් වූ ආර්ය ශ්‍රාවිකාවක් බුදුසසුනට හානිදායක දෙයක් ඉල්ලා සිටීවි ද? මෙකල මෙන් හුදු ආශාවකට හෝ මුහුණුපොතින් ලබන ප්‍රසිද්ධියකට හෝ කිසියම් සමාජ නැඹුරුවක් හෝ උදෙසා තරඟයකට මෙන් ස්ත්‍රියට පැවිද්ද ඉල්ලාවි ද? සෝවාන් ඵලයට පත් ව සිටිනා ආර්යශ්‍රාවක භික්ෂුවක් එබඳු දෙයකට සිය ශාස්තෘන් වහන්සේ පොළඹවා ගනු පිණිස සිතා මතා උපක්‍රමශීලී ව වක්‍රාකාරව උගුලකට කොටු කර ගනී ද? නැත. එය කිසිසේත් ම නො වේ.

භික්ෂුණී පැවිද්දේ ආරම්භය උදෙසා සිදුවිය යුතු, සිදුවිය හැකි හොඳ ම ක්‍රමය සිදුවෙමින් තිබිණ. අනික, භාග්‍යවතුන් වහන්සේ සම්බුද්ධත්වයට පත් මුල් දිනවල ම මාරයා විසින් පිරිනිවන් පානා ලෙස බලකොට සිටි වේලෙහි, ඔහුට සෘජුව ම වදාළේ තමන් වහන්සේ ගේ සසුනෙහි භික්ෂු, භික්ෂුණී, උපාසක, උපාසිකා යන සිව්වණක් පිරිස ම ධර්මය තුළින් පිරිපුන් වනතුරු නො පිරිනිවන් පානා බව ය.

එසේ නම් අනාගත භික්ෂුණී සංඝයා ගේ ආරම්භය අවශ්‍යයෙන් ම සිදුවිය යුතු දෙයක් බව භාග්‍යවතුන් වහන්සේ දන්නා සේක. එසේ ම, ස්ත්‍රීන්ට පැවිද්ද දීමෙන් අධිගම සසුන් බඹසර සද්ධර්මයෙහි ආයු කාලය අඩකින් අඩුවන බවත් මැනවින් දන්නා සේක. එසේ ම, එයට ඉඩප්‍රස්ථා ද සැලසූ සේක. කවර බුදුසසුනක වුව භික්ෂුණී සංඝයා ගේ ආරම්භය හේතුවෙන් අධිගම සසුන් බඹසර සද්ධර්මයේ ආයු කාලය අඩකින් අඩු වීම ධර්මතාවක් විය හැකිය. බුදු කෙනෙකුන් නො රැවටිය හැකි බව සෝවාන්

පුද්ගලයෙකු හොඳින් ම දන්නා දෙයකි. එය ඔහු ගේ සෝතාපත්ති අංගයට අයත් දෙයක් නො වේ ද?

අනඳ තෙරණුවෝ සිනහ මුසු මුහුණින් ගෞතමිය වෙත පැමිණියහ. "ඉදින් ගෞතමී, තෙපි මේ අෂ්ට ගරුධර්මයන් පිළිගනිව් නම්, තොපගේ පැවිදි උපසම්පදාව වන්නේ යැ" යි පවසා අෂ්ට ගරුධර්මයන් පහදා දුන්හ.

මහා ප්‍රජාපතී ගෞතමියගේ වියළී ගිය මුවමඬල අකල් වැස්සකින් පසු හදිසියේ පිපී ගිය මල් ඇති නෙළුම් විලක් සේ සතුටින් පිපී, සිනායෙන් සැරසී, දෑස් පොපියා ගියේය. ඉපිල ගිය තුටු සිතින් යුතු ඕ දෝත හිස නගා ගත්තාය. "අනේ ස්වාමීනී, අලංකාරයෙන් සැරසෙනු කැමති යොවුන් ළඳක් හෝ කුමරෙක් මැනවින් හිස සෝදා අන්දම් තබා පීරා, නිලුපුල් හෝ දෑසමන් හෝ යොහොඹු හෝ කුසුම් දමක් දෝතින් පිළිගෙන හිස මත තබාගන්නා සෙයින් මම් ද ස්වාමීනී, දිවි හිමියෙන් නො ඉක්ම පවත්නා ලෙස මේ අෂ්ට ගරුධර්මයන් හිස් මුදුනින් පිළිගනිමි."

අනඳ තෙරණුවෝ යළි භාග්‍යවතුන් වහන්සේ වෙත එළඹ වන්දනා කොට කිසි කලබලයක් නැතිව සන්සුන් ව එකත්පස් ව හිඳගත්හ. "ස්වාමීනී භාග්‍යවතුන් වහන්ස, මහා ප්‍රජාපතී ගෞතමිය විසින් අෂ්ට ගරුධර්මයන් පිළිගත් හෙයින් භාග්‍යවතුන් වහන්සේගේ ආඥාව පරිදි ඒ භාග්‍යවතුන් වහන්සේගේ සුළුමව පැවිදි උපසම්පදාව ලද්දීය."

භික්ෂුණී සංඝයාගේ ආරම්භය මෙය ය. මෙසේ භික්ෂුණී සංඝයාගේ බිහිවීම මිස භික්ෂුණී ශාසනය කියා

දෙයක් ලෝකයෙහි කිසි කලෙකත් කිසිදු බුදුසසුනක නො තිබුණි. ඉදින් යම් හෙයකින් භික්ෂුණී ශාසනයක් කියා දෙයක් තිබුණේ නම්, භික්ෂු ශාසනය, උපාසක ශාසනය, උපාසිකා ශාසනය වැන්නකුත් තිබිය යුතු ම ය. සම්බුදුවරයෙකු ගේ සසුනක එවැනි සසුනක් කෙසේ ලබන්ට ද!

මෙතැන් පටන් කාන්තාවන්ට ගිහිගෙන් නික්ම ලබන පැවිද්ද උරුම විය. සැබැවින් ම ගෞතමියගේ පැවිදි උපසම්පදාව සිදුවූයේ අනඳ තෙරුන් විසින් භාග්‍යවතුන් වහන්සේගේ ආඥාවෙන් පවසන ලද අෂ්ට ගරුධර්මයන් ප්‍රජාපතිය පිළිගත් මොහොතේ ය.

ස්ත්‍රියට පැවිදි උපසම්පදාව දුන් පසු, ඒ කාන්තා පැවිද්ද බුදු සසුනෙහි ආයු බලය අඩකින් අවසන් කරන්ට සමත් දෙයක් බව භාග්‍යවතුන් වහන්සේ මෙසේ හෙළි කළ සේක.

"අනඳයෙනි, ඉදින් තථාගතයන් විසින් වදහළ ධර්ම විනයෙහි ගිහිගෙන් නික්ම ලබන පැවිද්ද ස්ත්‍රිය නො ලද්දී නම් අනඳයෙනි, මේ අධිගම සසුන් බඹසර සද්ධර්මය දහස් වසරක දිගු කලක් පවත්නේය.

යම් හෙයකින් අනඳයෙනි, තථාගතයන් විසින් වදහළ ධර්ම විනයෙහි ස්ත්‍රිය පැවිද්ද ලබන ලද්දී ද, දැන් ඉතින් මේ අධිගම සසුන් බඹසර සද්ධර්මය බොහෝ කල් නො පවත්නේය. දැන් මෙතැන් සිට අධිගම සසුන් බඹසර සද්ධර්මය පවතිනුයේ පන්සිය වසරෙකි."

මෙසේ වදාළ භාග්‍යවතුන් වහන්සේ මාගමුන්ගේ පැවිද්ද හේතුවෙන් අධිගම සසුන් බඹසර සද්ධර්මයට ඇති

අන්තරායයන් උපමාවලින් වදාරා මෙසේත් වදාළ සේක. "අනඳයෙනි, මහා වැවක දියකඳ පිටාර ගැලීම වළකනු වස් පුරුෂයෙක් වේලාසනින් වැව් බැම්මක් බඳින්නේ යම් සේ ද, එසේ ම, දිවි ඇති තෙක් නොකඩ කොට රැක්ක යුතු දෙයක් ලෙස මා විසින් අෂ්ට ගරුධර්මයන් කලින් ම පනවන ලද්දේ එනිසා ය.

මෙහෙණියන් විසින් දිවි හිමියෙන් නොකඩ කොට රැක්ක යුතු අෂ්ට ගරුධර්ම මේවා ය.

1. උපසම්පදාවෙන් සියවස් ඉක්ම වූ මෙහෙණක් වුව ඇය විසින් එදින ම උපසම්පදාව ලත් භික්ෂුවකට වැඳීම, දැක හුනස්නෙන් නැගිටීම, ගරුසරු දක්වා කථා කිරීම කළ යුතු.

2. භික්ෂූන්ගේ වාසයක් නැති ගමෙක හුදෙකලා කුටියෙක මෙහෙණිය විසින් වස් නො වැසිය යුතු.

3. මෙහෙණියන් විසින් අඩමසක් පාසා භික්ෂු සංඝයා වසන වෙහෙරකට ගොස් පොහොය කිරීම පිළිබඳ විචාරීමත් ධර්මාවවාද ඇසීමත් කළ යුතු.

4. වස් වැස අවසන් වූ මෙහෙණ විසින් භික්ෂු - භික්ෂුණී උභය සංඝයා ඉදිරියේ, තමන්ගේ ක්‍රියාවන් පිළිබඳ දැකීමෙකින් හෝ ඇසීමෙකින් හෝ සැකයෙකින් හෝ ආපත්තිජනක යමක් ඇද්දැයි කිව මැනව යි පැවරිය යුතු.

5. පනවන ලද ශික්ෂාපදවලින් නැගීසිටිය හැකි සිකපද කඩ වුවහොත් භික්ෂු - භික්ෂුණී උභය සංඝයා වෙත මානත් පිරිය යුතු.

6. සාමණේරිය විසින් උපසම්පදාවට පෙර සික්ඛමානාවක් ලෙස දහම් සයෙක්හි හික්මී, භික්ෂු - භික්ෂුණී උභය සංඝයා වෙතින් උපසම්පදාව ලැබිය යුතු.

7. මෙහෙණ විසින් කවර කරුණක් අරභයා හෝ භික්ෂුවකට ආක්‍රෝශ පරිභව නො කළ යුතු.

8. අද සිට මෙහෙණියන් හට භික්ෂූන් කෙරෙහි අණ කොට කථා කිරීම් වසා දමන ලද්දේ ය. එසේ ම, භික්ෂූන්හට මෙහෙණියන් කෙරෙහි මෙසේ කරව, මෙසේ ධර්මය මෙනෙහි කරව ආදී අණ කොට කිරීම් නො වසන ලද්දේය. මෙය ද මෙසේ ම පිළිපැද්ද යුතු.

බුදු සසුනේ අඩක් අවසන් කළ හැකි මහා අනතුරක් මෙහෙණ උපසම්පදාව තුළින් ඇති වූ වගට භාග්‍යවතුන් වහන්සේ වදාළ වචනය එකල වැඩහුන් මහතෙරුන් වහන්සේලා තුළ කිසියම් කනස්සල්ලක් උපදවන්ට සමත් වූ බව සැක නැත. ස්ත්‍රීන්ට පැවිද්ද ලබාදීම පිළිබඳව භාග්‍යවතුන් වහන්සේ ජීවමාන ව වැඩසිටියදී ම අනඳ තෙරුන් කෙරෙහි සංඝයා අතර කිසියම් කහටක් තිබූ බවට සැක කළ හැකි කරුණු නැත්තේ නො වේ.

අප භාග්‍යවතුන් වහන්සේ පිරිනිවන් පා තෙමසක් ඇවෑමෙන්, මහාකස්සප මහරහතන් වහන්සේ ගේ මූලිකත්වයෙන් පන්සියයක් ෂඩ් අභිඥාලාභී මහරහතුන් ගේ සහභාගීත්වයෙන්, අජාසත් මහනිරිඳුන් ගේ දායකත්වයෙන්, උපාලි මහරහතුන් ගේ විනය විචාරීමෙන්, අනඳ මහරහතුන් ගේ ධර්ම විචාරීමෙන් තුන් මසක් පුරා පළමු මහා සංගීතිය සිදුකෙරිණි. ඒ සංගායනාවෙන් පසු

රහත් සංඝයා විසින් අනඳ මහරහතන් වහන්සේ වෙත එල්ල කරන ලද චෝදනා අතර ද මෙකරුණ තිබුණි.

"ඇවැත් අනඳයෙනි, මෙය ද තොප විසින් නො කළ යුතු ව තිබූ දෙයකි. එනම්, තථාගතයන් විසින් වදහළ ධර්ම විනයෙහි ගිහිගෙන් නික්ම ලබන පැවිද්ද උදෙසා තෙපි ස්ත්‍රිය උත්සාහවත් කළාහුය. තොප විසින් නො කළ යුතු දෙයකි ඒ කරන ලද්දේ. වරද පිළිගනුව."

එකල්හි අනඳ මහතෙරණුවෝ සංඝයාට මෙය පැවසූහ. "අනේ ස්වාමීනී, හිස මුඩු කොට, කහවත් පොරවා, ධූලි වැකුණු කයින් යුතු ව, කඩා හැලෙන කඳුළු ඇති මුවින් යුතු ව, ඉදිමී ගිය පාසඟලින් යුතු ව, කිඹුල්වත් පුර සිට අවුත් විසල් පුර මහවෙනෙහි කූටාගාර ශාලායෙහි බිහිදොරකොටුවෙහි සිට 'භාග්‍යවතුන් වහන්සේ මාගමුන්ට පැවිද්ද නො අනුදත් සේකැ' යි මහා ප්‍රජාපතී ගෞතමී හඬ හඬා මට කීවාය.

එවේලෙහි ස්වාමීනී, මට සිතුණේ මෙය ය. 'මේ මහා ප්‍රජාපතී ගෞතමී වූ කලී භාග්‍යවතුන් වහන්සේගේ සුළුමව ය. භාග්‍යවතුන් වහන්සේ වැදූ මව් කලුරිය කළ පසු මැය සිය තනයෙන් කිරි පොවා, ඇතිදැඩි කොට, මැනවින් පෝෂණය කොට, මහත් ආදරයෙන් භාග්‍යවතුන් වහන්සේට උපකාර කළාය. එකරුණ නිසාම තථාගතයන් විසින් වදහළ ධර්ම විනයෙහි ගිහිගෙන් නික්ම ලබන පැවිදි බව පිණිස ස්ත්‍රිය උත්සාහවත් කළෙමි. නො කළ යුතු ව තිබූ දෙයක් කළ බවක් මම් නො දුටුවෙමි. එහෙත් ස්වාමීන් වහන්සේලා කෙරෙහි ශ්‍රද්ධාවෙන් යුතු ව නො කළ යුතු දෙයක් කළ බවට වරද පිළිගනිමි. එයට කමා කළ මැනව."

මහබෝ පිදුමට මුල් වූයේ ද අනඳ මහතෙරණුවෝ ය

බුද්ධ කාලයේ මිනිසුන් ගේ බොහෝ සෙයින් ගමන් බිමන් කෙරුණේ පාගමනින් ය. රජවරුන් ආදී ප්‍රභූ උදවිය නම් ඇතුපිටින් හෝ අසුන් බැඳි රථවලින් ගමන් ගත් බව පෙනේ. එහෙත් සාමාන්‍ය ජනයා ගේ ගමන නම් පයින් ම ය. ඇතැම් විට ගවයන් බැඳි කරත්තවලින් ද ගොස් ඇත.

භාග්‍යවතුන් වහන්සේ පිළිබඳ දඹදිව් තලය පුරා මිහිරි ලොව්තුරු සුවඳක් සේ විහිද පැතිර ගිය යස ගී රාවය ඇසූ ක්ෂත්‍රිය, බ්‍රාහ්මණ, වෛශ්‍යාදී බොහෝ ජනී ජනයා භාග්‍යවතුන් වහන්සේ දකිනු පිණිස ඈත දුර ගම් දනව් ගෙවා සැවැත් නුවර දෙව්රමට පැමිණියෝය. එකල බොහෝ දෙනෙකු තුළ පැතිර පැවති අදහස වූයේ භාග්‍යවතුන් වහන්සේ සැවැත් නුවර දෙව්රමෙහි නිබඳ වැඩවසන බව යි.

එහෙත් ඇතැම් අවස්ථාවන්හි ඔවුන් එසේ පැමිණි විට භාග්‍යවතුන් වහන්සේ බැහැදැකීමේ දුර්ලභ වාසනාව නො ලැබේ. ඒ වන විට භාග්‍යවතුන් වහන්සේ චාරිකායෙහි වැඩම කොට ඇති හෙයිනි. එකල්හි ඔවුහු දෙව්රම ගඳකිළි දොරටුව පාමුල සුවඳ මල් ආදිය පුදා, සුන් වූ බලාපොරොත්තු ඇති ව ආපසු දුකසේ යති.

දිනක් භාග්‍යවතුන් වහන්සේ චාරිකාවේ වැඩම කොට නැවත වැඩි කල්හි අනේපිඬු සිටාණෝ අනඳ තෙරුන් බැහැදැක වන්දනා කොට මෙකරුණ සැලකොට සිටියහ.

"ස්වාමීනී අනඳයන් වහන්ස, භාග්‍යවතුන් වහන්සේ චාරිකායෙහි වැඩි කල්හි භාග්‍යවතුන් වහන්සේ බැහැදකිනු

රිසියෝ දුර ඈත ජනපදවල සිට මෙහි පැමිණෙත්. එහෙත් ඔවුනට ශාස්තෘන් වහන්සේ බැහැදකින්ට අවස්ථාව නො ලැබේ. ඉතා දුකසේ ආපසු යත්. මෙහි වැසියන්ට ද ශාස්තෘන් වහන්සේ බැහැදකින්ට නො ලැබේ. අනේ ස්වාමීනී, භාග්‍යවතුන් වහන්සේට මෙකරුණ දන්වා බුදුපුදට නිසි පූජ්‍ය වස්තුවෙක් මෙහි වඩාහිඳුවා දුන මැනව." යි කීහ.

වහා වැටහෙන නුවණින් යුතු අපගේ අනඳ තෙරණුවෝ භාග්‍යවතුන් වහන්සේ වෙත මේ ගැටලුව ඉදිරිපත් කරන ලද්දේ අමුතු ම පිළිවෙළකට ය. අනඳ තෙරුන් ඇසුවේ මෙය ය.

"ස්වාමීනී, භාග්‍යවතුන් වහන්සේ නමක් වෙනුවෙන් වන්දන මානන කරනු පිණිස චෛත්‍යයෝ කෙතෙක් තිබෙත් ද?"

"අනඳයෙනි, චෛත්‍යයෝ තුනක් ඇත්තාහ. ඒ ශාරීරික, පාරිභෝගික, උද්දේසික වශයෙනි."

"ස්වාමීනී, භාග්‍යවතුන් වහන්සේ දිවමන් ව වැඩසිටින කල්හිත් චෛත්‍යයන් කොට වන්දනා මාන කිරීමට පිළිවන්කමෙක් තිබේ ද?"

"අනඳයෙනි, ශාරීරික ධාතු චෛත්‍යයන් කළ හැක්කේ තථාගතයන් පිරිනිවීමෙන් පසු සිදුකෙරෙන ආදාහනයේ දී ශේෂ වන ධාතූන් වහන්සේලා පිහිටුවා ඉදිකරනු ලැබීමෙනි.

එසේ ම අනඳයෙනි, තථාගතයන් සිහිකොට කිසියම් සලකුණක් උදෙසා වැඳුම් පිදුම් කරයි නම්, එය අයත් වනුයේ උද්දේසික චෛත්‍යයට ය.

එසේ ම, අනඳයෙනි, තථාගතයන් විසින් පරිභෝග කරන ලද බෝධි වෘක්ෂය වනාහී තථාගතයන් දිවමන් කල්හිත් පිරිනිවි කල්හිත් චෛත්‍යය ම වේ."

එකල්හි අනඳ තෙරණුවෝ භාග්‍යවතුන් වහන්සේගෙන් මෙසේ අයැද සිටියෝය. "ස්වාමීනී, භාග්‍යවතුන් වහන්සේ චාරිකාවේ වැඩි කල්හි ලෝවැසි පිනැතියන්ගේ මහා පින්කෙත වන තථාගතයන් වහන්සේ දැක්මට දුර ඈත සිට පවා බොහෝ අය දෙව්රමට එත්. එහෙත් ඔවුහු තථාගතයන් වහන්සේ නො දැක දුකසේ ආපසු හැරී යත්. එහෙයින් භාග්‍යවතුන් වහන්ස, මගධ දනව්වෙහි නේරංජරා නදිය අසබඩ භාග්‍යවතුන් වහන්සේ සම්බෝධිය ලද මොහොතේ සෙවණ සලසාලූ ජය මා බෝධීන් වහන්සේගෙන් බෝධිඵලයක් ගෙනවුත් දෙව්රම් දොරටුව අසල රෝපණය කරන්ට ද?"

"සාධු සාධු අනඳයෙනි, එය මනා යැ. රෝපණය කරව. එසේ වූ කල්හි මේ දෙව්රම මාගේ නිබඳ වාසයක් මෙන් වනු ඇති."

මහා ප්‍රීතියට පත් අනඳ තෙරණුවෝ කොසොල් රජු, අනේපිඬු මහසිටු, විශාඛා මහඋවැසි ආදීනට ද මේ වග පැවසූහ. දෙව්රම් දොරටුව සමීපයේ බෝධි රෝපණයට නිසි රම්‍ය වූ බිම්කඩෙක් පිළියෙල කරවූහ. ජය මහ බෝධියෙන් බීජයක් ගෙනවුත් දෙන්නැයි මහමුගලන් තෙරුන්ගෙන් ඉල්ලා සිටියහ.

මහමුගලන් තෙරණුවෝ අහසින් එහි වැඩියහ. බෝධීන් වහන්සේ වෙත අවුත් වන්දනා කොට සිටි කල්හි එහි හටගෙන තිබූ බීජයක් එසැණින් ගිලිහී ගියේය. එය

බිම වැටෙන්ට පෙර තෙරණුවෝ සිය සිවුරෙන් දෝතට ගත්හ. දෙව්රමට අහසින් ම ගෙන ආහ. සැදැහැවත්හු දිවමන් තථාගත බුදුනට සෙයින් මහත් හරසර ඇති ව සැදී පැහැදී සිටියෝය. මහමුගලන් තෙරණුවෝ එය අපගේ අනඳ මහතෙරුනට දුන්හ. අනඳ තෙරණුවෝ එය කොසොල් මහනිරිඳාට දුන්හ.

කෝසල නිරිඳා මෙය කීවේය. "ස්වාමීනී, රාජ්‍ය වූ කලී හැම කල්හි එක් රජෙකු ගේ යටතේ නො පවතින්නකි. ඉදින් අප කෙරෙහි වෛරී වූ කිසියම් රජකෙනෙකු ආ විට අප කළ දෙයට උපද්‍රව කරන්ටත් ඉඩ ඇත්තේය. එහෙයින් අනේපිඬු සිටු ලවා මේ බෝධිඵලය රෝපණය කරවීම යෙහෙකි." යි අනේපිඬු සිටාණන් අත තැබුවේය. සිටුතුමා එය ගෙන සුවඳ පස් පිරවූ කටාහයෙහි රෝපණය කළේය.

එසැණින් සියල්ලන් ගේ ම ගත ලොමුඩැහැ ගන්වමින් මහත් අසිරියක් සිදු විය. බෝධිඵලය මැනවින් පොළොවෙහි බැසගති. වහා එයින් අංකුරයක් පැන නැඟිණි. හැම දෙන විස්මයෙන් ඇලළී ගොස් බලා සිටියදී එය මහා බෝධි වෘක්ෂයක් බවට පත් විය. සිව් දිශාවටත් උඩටත් ශාඛාවෝ විහිද ගියහ. සැමට සෙවණ සලසමින් එය සුවිසල් බෝරුකක් බවට පත් විය.

අනඳ තෙරණුවෝ භාග්‍යවතුන් වහන්සේට සෙයින් බෝධීන් වහන්සේටත් ආදරයෙන් වැඳ යළිත් ගඳකිළියෙහි වැඩහුන් භාග්‍යවතුන් වහන්සේ වෙත ගොස් වන්දනා කොට මෙය සැලකොට සිටියහ.

"ස්වාමීනී, භාග්‍යවතුන් වහන්ස, ඉතා අසිරියෙකි! මහා අද්භූතයෙකි! ඒ බෝධිඵලය රෝපණය කළ මොහොතේ ම

පංච ශාඛාවන් විහිද ගිය මහා බෝධි වෘක්ෂයක් බවට පත් විය. ස්වාමීනී, එදා භාග්‍යවතුන් වහන්සේ සම්බෝධිය ලබන මොහොතේ විදුරසුන් අරා වැඩහිඳ සමවැදී හුන් ඵලසමවත බඳු සමවතකින් මේ බෝරුක් සෙවණෙහි ද වැඩහිඳින සේක්වා!"

"නැත අනඳයෙනි, එදා මා විදුරසුන් අරා වැඩහුන් එවන් සමවතක් දරන්ට මේ පොළෝ තෙළෙහි අන් කිසි බිම්කඩකට උරුමයක් නැත්තේය. එය අන් තැනකට දරන්ට නො හැකි ය."

"එසේ නම් ස්වාමීනී, ලෝසත කෙරෙහි පතළ මහා කරුණාවෙන් මේ බෝධි වෘක්ෂරාජයා ගේ සෙවණෙහි එයට සෑහෙන සමවතකින් වැඩහිඳිනා සේක්වා!" යි ඇරයුම් කළහ. අනඳයන් ගේ ඇරයුම පිළිගත් භාග්‍යවතුන් වහන්සේ එදා මුළු රැය ම බෝ සෙවණෙහි කිසියම් සමවත් සුවයකින් වැඩහුන් සේක. එදා සිට සැවැත් නුවර දෙව්රමෙහි පිහිටි ඒ බෝධීන් වහන්සේ ලොව පතළ වූයේ 'අනඳ බෝධිය' යන නමිනි.

ලොව බෝධි වන්දනාව මුලින් ම ඇරඹියේ අපගේ අනඳයන් වහන්සේගෙනි. භාග්‍යවතුන් වහන්සේ ගේ අග්‍ර උපස්ථායකයන් වහන්සේ විසින් ම අරඹන ලද බෝධි වන්දනාව මේ දක්වා ම ලෝසත හට අපමණ සෙත සුව සලසමින් පවත්නා අයුරු කෙතරම් අසිරිමත් ද!

ඡන්න භික්ෂුවට අනඳ තෙරුන්ගේ පිහිට ලැබේ

භාග්‍යවතුන් වහන්සේගේ ගිහි කල අමාත්‍යයෙකු වූ ඡන්න තෙමේ කන්ථක අසු සාදා අභිනික්මන් කළ

ගමනට එක් වූයේය. පසු කලෙක ඡන්න පැවිදි විය. පැවිදි වූ පසු ඔහු සිතුවේ බෝසත් අවදියේ සිට තමා කිඹුල්වත් පුර මාලිගයේ එකට වුසූ හෙයින් පැරණි ම සාමාජිකයා ඔහු බව ය. එහෙයින් කිසිවෙකුටත් අවනත නො වූ ඔහු, තමන්ට නිසි තනතුරක් නො ලැබීම ගැනත් සිතමින් හුදෙකලා භික්ෂුවක් ව සිටීම මදිපුංචිකමක් ලෙස සැලකීය. එනිසා ඔහු කිසිවෙකු ගේ බසට කන් නො දෙන, දඩබ්බර, ගොරසැඩි භික්ෂුවක් බවට පත් විය. කොටින්ම භාග්‍යවතුන් වහන්සේටවත් ඔහු අවනත නැත. ඡන්න භික්ෂුව සම්බන්ධයෙන් කෙසේ පිළිපැදිය යුතු ද යන්න අනඳ මහතෙරුන් තුළ ද පැවති ගැටලුවකි.

භාග්‍යවතුන් වහන්සේ ගේ අවසන් මොහොතේ අනඳ තෙරුන් විසින් මේ ගැටලුව ඉදිරිපත් කළහ. "අනඳයෙනි, එසේ නම් මාගේ ඇවෑමෙන් පසු සංඝයා විසින් ඡන්න භික්ෂුවට බ්‍රහ්මදණ්ඩනය පැනවිය යුතු."

"ස්වාමීනී, බ්‍රහ්මදණ්ඩනය යනු කිමෙක්ද?"

"අනඳයෙනි, ඡන්න භික්ෂුව කැමති යමක් භික්ෂූන් හා කථා කළ හැකිය. එනමුදු භික්ෂූන් විසින් ඡන්න භික්ෂුව හා කථා නො කළ යුතු. අවවාද නො කළ යුතු. අනුශාසනා නො කළ යුතු. මෙය ය බ්‍රහ්මදණ්ඩනය."

ධර්ම සංගායනාවේදී ඡන්න තෙරුන්ගේ අර්බුදය ගැන සංඝයා ඇසූ විට අනඳ තෙරණුවෝ සියල්ල පහදා දුන්හ. එවිට සංඝයා වදාළේ "එසේ නම් ඇවැත් අනඳයෙනි, තෙපි ම ගොස් ඡන්න භික්ෂුවට බ්‍රහ්මදණ්ඩනය පනවව." කියා ය.

"අනේ ස්වාමීනී, තනි මම් ගොසින් ඡන්න භික්ෂුවට කෙසේ නම් බ්‍රහ්මදණ්ඩනය පනවම් ද? ඔහු මහ දඩබ්බර ගොරසැඩි භික්ෂුවක් නොවැ."

එවිට මහතෙරුන් වහන්සේලා අනඳ මහතෙරුන් සමග ඡන්න භික්ෂුව වෙත යෑම පිණිස පන්සියයක සඟ පිරිසක් ලබාදුන්හ. තෙරණුවෝ පන්සියයක සඟ පිරිස සමග පාටලීපුත්‍ර නගරාසන්නයේ තොටුපළින් නැව් නැග උඩුගං බලා ගොස් කොසඹෑ නුවරට සේන්දු වූහ. කොසඹෑ නුවර උදේනි රජහුගේ උයනට නුදුරින් වූ එක්තරා සුවිසල් රුක් සෙවණක සඟ පිරිස සමග වැඩහුන්හ.

එදින උදේනි රජ ද සිය අන්තඃපුරාංගනාවන් පිරිවරා උයනට පැමිණ සිටියේය. ආර්ය වූ අනඳ මහතෙරණුවෝ උයන අසලට වැඩම කොට එක්තරා රුක් සෙවණක වැඩසිටිති යි අන්තඃපුර කතුන්ට ද ආරංචි විය. ඔවුහු උදේනි රජුගෙන් අනඳ මහතෙරුන් බැහැදකින්ට අවසර ඉල්ලූහ. "දේවයෙනි, අප ගේ ආචාර්යෝත්තම ආර්ය වූ අනඳ මහතෙරණුවෝ උයනට නොදුරෙහි එක් රුක් සෙවණෙක වැඩහිඳිනා සේක. ආර්ය වූ අනඳයන් වහන්සේ බැහැදකින්ට අපිදු රිසියෙමු."

"ඕහ්... එසේ නම් තෙපි ගොස් ශ්‍රමණ අනඳයන් බැහැදකිව්." ඉතා සතුටින් පිනාගිය සිත් ඇති ඔවුහු එහි අවුත් වන්දනා කොට වාඩිවූහ. අනඳ මහතෙරණුවෝ අමා දම් රස වෑහෙන සුමධුර ධර්ම කථාවෙන් ඔවුන් සතුටට පත්කළහ. ඉක්බිති එය අනුමෝදන් වූ ඔවුහු අනඳයන් වන්දනා කොට පැදකුණු කොට යළි රජු වෙත ගියහ.

අඟනුන් දුටු සැණින් රජුට අමුත්තක් පෙනිණ. "තෙපි ශ්‍රමණ අනඳයන් දුටුවහු ද?"

"එසේය දේවයෙනි, අපි ආර්ය අනඳයන් දුටුම්හ."

"හරි... තෙපි ශ්‍රමණ අනඳයන්ට කිසිවක් දුන්නහු ද?"

"එසේය දේවයෙනි, අපි ආර්ය වූ අනඳයන් වහන්සේට අප පොරවා සිටි උතුරු සළු පන්සීය ම පිදුවෙමු."

"ඕහ්... ඒ කෙසේ ද? ශ්‍රමණ අනඳයන් එතරම් බොහෝ වස්ත්‍ර පිළිගත්තේ රෙදි කඩයක් දමන්ට ද? නැතිනම් විකුණන්ට ද? ඕහෝ... එය නම් හරි නැතැ" යි රජ අපැහැදුණේය. ඉක්බිති උදේනි රජ කෙලින් ම අනඳ මහතෙරුන් වෙත පැමිණියේය. පැමිණ පිළිසඳර දොඩා එකත්පස් ව හිඳගති.

"භවත් අනඳයෙනි, අප ගේ අන්තඃපුර කාන්තාවෝ මෙහි ආ දැ ද?"

"එසේය මහරජ, ඔවුහු මෙහි ආ දැ ය."

"ඔවුන් විසින් කිසිවක් දෙන ලද්දේ ද?"

"එසේය මහරජ, මවෙත උතුරු සළු පන්සියයක් දෙන ලද්දාහ."

"භවත් අනඳයන් හට මෙතරම් බොහෝ සිවුරු කුමක් කරන්ට ද?"

"මහරජ, දිරාගිය සිවුරු ඇති භික්ෂූන් අතර ඒවා බෙදා දෙන්නෙමි."

"එසේ වී නම් භවත් අනඳයෙනි, ඒ භික්ෂූන් කලින් පෙරවූ දිරාගිය සිවුරුවලට කුමක් කරව් ද?"

"මහරජ, අපි ඒවා ඇතිරිලි සඳහා පරිහරණය කරන්නෙමු."

"එසේ වී නම් භවත් අනඳයෙනි, කලින් තිබූ පැරණි ඇතිරිලිවලට කුමක් කරව් ද?"

"මහරජ, ඒවායෙන් අපි මෙට්ට කවර පිළියෙල කරන්නෙමු."

"එසේ වී නම් භවත් අනඳයෙනි, කලින් තිබූ මෙට්ට කවරවලට කුමක් කරව් ද?"

"මහරජ, අපි ඒවායෙන් බුමුතුරුණු සකසන්නෙමු."

"එසේ වී නම් භවත් අනඳයෙනි, කලින් තිබූ පැරණි බුමුතුරුණුවලට කුමක් කරව් ද?"

"මහරජ, අපි ඒවායෙන් පාපිස්නා බිසි තනන්නෙමු."

"එසේ වී නම් භවත් අනඳයෙනි, කලින් තිබූ පැරණි පාපිසිවලට කුමක් කරව් ද?"

"මහරජ, අපි ඒවා දුහුවිලි පිසින රෙදිකඩ පිණිස ගන්නෙමු."

"එසේ වී නම් භවත් අනඳයෙනි, දුහුවිලි පිසීමට ගත් පැරණි රෙදිකඩවලට කුමක් කරව් ද?"

"මහරජ, අපි ඒවා කොටා මැටි සමග අනා බිම පිරිබඩ ගෑම පිණිස යොදා ගන්නෙමු."

මෙය ඇසූ උදේනි රජ අතිශයින් ම පැහැදී ගියේය. අනඳ මහතෙරුන්ට තව අලුත් වස්ත්‍ර පන්සීයක් පූජා කරගති.

ගමන පිටත් වූයේ ඡන්න භික්ෂුව මුණගැසීමට ය. ඒ කොසඹෑ නුවර ඝෝෂිතාරාමයට ය. එහි ගොස් පනවන ලද අසුනෙහි හුන් අනඳ තෙරුන් වෙත ඡන්න භික්ෂුව පැමිණියේය. වන්දනා කොට එකත්පස් ව හිඳගත්තේය. අනඳ තෙරණුවෝ මෙය කීහ. "ඇවැත් ඡන්න, සංඝයා විසින් තොපට බ්‍රහ්මදණ්ඩනය පනවන ලද්දේය."

"බ්‍රහ්මදණ්ඩනය? ස්වාමීනී අනඳයෙනි, ඒ කිමෙක්ද?"

"ඇවැත් ඡන්න, තෙපි භික්ෂූන්ට යමක් කියන්ට කැමති වව් ද, එය කිව හැකිය. එහෙත් භික්ෂූහු ප්‍රතිවචන වශයෙන් තොප හා කිසිවක් නො දෙඩිය යුත්තාහුය. ඔවදන් නො දිය යුත්තාහුය. අනුශාසනා නො කළ යුත්තාහුය."

බ්‍රහ්මදණ්ඩනය පැනවීම ඡන්න භික්ෂුව කිසිසේත් නො සිතූ නො පැතූ සිය හිස මත පතිත වූ හෙණගෙඩියක් බඳු දෙයක් විය. ඡන්න තෙර මහහඬින් මොරගා මෙය කීය. "අයියෝ ස්වාමීනී අනඳයෙනි, භික්ෂූන් වහන්සේලා මා හා නො දොඩත් නම්, අවවාද නො කරත් නම්, අනුශාසනා නො කරත් නම්, මෙපමණකින් ම මා නැසුණා නොවැ." යි සිහිසන් නැතිව එහි ම වැටුණේය.

දැන් බ්‍රහ්මදණ්ඩනය ක්‍රියාත්මක ය. ඡන්න භික්ෂුව විසින් යම් ධර්මයක් අසන ලද ද, පිරිවහන ලද ද, මෙනෙහි කරන ලද ද, එය පමණක් ම පිහිටට තිබුණේය.

බ්‍රහ්මදණ්ඩනයෙන් ලද ලැජ්ජාවත්, තමා කෙරෙහි ම හටගත් පිළිකුළත් හේතුවෙන් හුදෙකලා වාසය තුළ දහම් මග වඩන්ට උත්සාහයෙන් කැප විය. නොබෝ කලකින් ඡන්න භික්ෂුව ද උතුම් අර්හත්වය සාක්ෂාත් කරන්ට සමත් විය. අර්හත්වයට පත් වූ සැණින් ඡන්න රහතන් වහන්සේ බ්‍රහ්මදණ්ඩනයෙන් නිදහස් ව ගියහ.

අනඳ තෙරහු භාග්‍යවතුන් වහන්සේ ගේ හැකියාව විමසත්

අනඳ තෙරණුවෝ බුද්ධෝපස්ථානයේ යෙදෙමින් එයට ම කැප වී සිටිය ද, භාග්‍යවතුන් වහන්සේ වදාරන ලද යම් යම් ධර්ම කාරණා ද තෙරුන්ගේ සිතෙහි රැව් පිළිරැව් දේ. දිනක් අනඳයන් වහන්සේ ගේ සිතෙහි අපූරු ප්‍රශ්නයක් පැන නැංගේය. තෙරණුවෝ භාග්‍යවතුන් වහන්සේ වෙත අවුත් වන්දනා කොට එකත්පස් ව හිඳ ඒ පැනය ඇසූහ.

"ස්වාමීනී, භාග්‍යවතුන් වහන්ස, දිනක් මෙකරුණ මට වදාළ බව මතක ය. 'අනඳයෙනි, සිඛී නමැති භාග්‍යවත් අර්හත් සම්‍යක් සම්බුදුන් ගේ අගසව් අභිභූ නම් ශ්‍රාවක භික්ෂුවට බඹලොව ගොස් එහි සිට, සිය හඬින් දහසක් ලෝක ධාතුවට ඇසෙන්ට කථා කළ හැකිය' යන කරුණ ය. එසේ නම් ස්වාමීනී, අර්හත් සම්‍යක් සම්බුද්ධ වූ භාග්‍යවතුන් වහන්සේ කොපමණ ලෝකධාතුන්ට ඇසෙන්ට හඬ විහිදුවා කථා කළ හැකි සේක් ද?"

"අනඳයෙනි, අභිභූ තෙමේ ශ්‍රාවකයෙක් නොවැ. තථාගතවරු වනාහී නො මිණිය හැක්කෝ ය." අනඳයන්ගේ කුතුහලය තව ඇවිස්සී ගියේය. තෙරණුවෝ

දෙවනුවත් එය ම අසා සිටියහ. දෙවන වට ද ලදුයේ ඒ පිළිතුර ම ය. ඉන් නො නැවතුණු තෙරණුවෝ තුන්වෙනි වටත් එය අසා සිටියෝ. එකල්හි භාග්‍යවතුන් වහන්සේ මෙය වදාළ සේක.

"අනඳයෙනි, තොප විසින් දහසක් සක්වළින් යුතු චූලනිකා නම් ලෝකධාතුවක් ඇති වග අසන ලද ද?" එසඳ අනඳ මහතෙරණුවෝ ඒ ලද අවසරයෙන් ඉතා අසිරිමත් ලෝකධාතු විවරණයකට දොර විවර කරමින් භාග්‍යවතුන් වහන්සේ මෙසේ අයැද සිටියහ.

"ස්වාමීනී, ලෝකධාතු පිළිබඳව යමක් වදාරන සේක් ද, භාග්‍යවතුන් වහන්ස, මේ එයට කාලය යි. සුගතයන් වහන්ස, මේ එයට කාලය යි. භාග්‍යවතුන් වහන්සේගෙන් මෙකරුණ අසා දැන භික්ෂූහු සිත්හි ලා දරාගන්නාහ."

"අනඳයෙනි, චන්ද්‍ර සූර්යයෝ යම්තාක් දුර හැසිරෙත් ද, දිසාවන් එළිය කරත් ද, දහසක් ලෝක ධාතුව (සහස්‍රී ලෝක ධාතුව) යනු ඒ තාක් තැන ය. ඒ දහසක් ලෝක ධාතුවෙහි සඳු දහසෙකි. හිරු දහසෙකි. සිනේරු පර්වතරාජයෝ දහසෙකි. දඹදිව් දහසෙකි. අපරගෝයාන දහසෙකි. උතුරුකුරු දිවයින් දහසෙකි. පූර්වවිදේහ දහසෙකි. සිව් මහ සමුදුරු දහසෙකි. සිව් මහරජ දහසෙකි. චාතුම්මහාරාජික දෙව්ලෝ දහසෙකි. තව්තිසාවෝ දහසෙකි. යාම දෙව්ලෝ දහසෙකි. තුසිත දෙව්ලෝ දහසෙකි. නිර්මාණරතී දෙව්ලෝ දහසෙකි. පරනිර්මිත වශවර්තී දෙව්ලෝ දහසෙකි. බඹලෝ දහසෙකි. අනඳයෙනි, මෙයට කියනු ලබනුයේ චූලනිකා සහස්සී ලෝකධාතුව කියා ය.

එසේ ම අනඳයෙනි, දහසක් සක්වළින් යුතු චූලනිකා ලෝක ධාතුව යම්තාක් ද, ඒ චූලනිකා ලෝකධාතුව තව දහසකින් ගුණ කළ විට ලැබෙන යම්තාක් ලෝකය ඇද්ද, අනඳයෙනි, මෙය හඳුන්වනු ලබනුයේ දස ලක්ෂයක් සක්වලින් යුතු ද්විසහස්සී මජ්ඣිමා ලෝකධාතු කියා ය.

එසේ ම අනඳයෙනි, දස ලක්ෂයක් සක්වලින් යුතු ද්විසහස්සී මජ්ඣිමා ලෝක ධාතුව යම්තාක් ද, ඒ මජ්ඣිමා ලෝක ධාතුව තව දහසකින් ගුණ කළ විට ලැබෙන යම්තාක් ලෝකය ඇද්ද, අනඳයෙනි, මෙය හඳුන්වනු ලබනුයේ කෝටි සියයක් සක්වලින් යුතු තිසහස්සී මහාසහස්සී ලෝක ධාතුව කියා ය.

අනඳයෙනි, ඉදින් තථාගතයෝ කැමති වෙත් නම් කෙළ සියයක් සක්වළ වන තිසහස්සී මහසහස්සී ලෝකධාතුවෙහි සත්වයනට ඇසෙන්ට හඬ පැතිරවිය හැකි ය. තථාගතයනට රිසිතාක් දුර ඊටත් වඩා වුව එසේ හඬ පැතිරවිය හැක්කේය."

"ස්වාමීනී, කෙසේ නම් කෙළ සියයක් සක්වල සතුනට ඇසෙන්ට, භාග්‍යවතුන් වහන්සේ රිසිතාක් සත්වයන්ට ඇසෙන්ට හඬ පැතිරවිය හැක්කේ ද?"

"අනඳයෙනි, මෙහි තථාගත තෙමේ කෙළ සියයක් සක්වල සිය අභිඥා බලයෙන් ආලෝකය පතුරුවයි. ඒ ලෝකයන්හි වසනා යම්තාක් සත්වයෝ වෙත් ද, ඔවුහු යම් කලෙක ඒ එළිය හඳුනත් නම්, තථාගත තෙමේ ඒ තාක් දුර බඹගොස පතුරුවයි. අනඳයෙනි, තථාගත තෙමේ කෙළ සියයක් සක්වලට ඇසෙන්ට හඬ පතුරුවා

ඉන් පිට යම්තාක් ලෝක ධාතු ඇද්ද, රිසියේ නම් ඒ තාක් හඬ පැතිරවිය හැක්කේය."

කෙතරම් ඍද්ධි බල ඇති ශ්‍රාවකයෙක් වුව, ශ්‍රාවකයනට විෂය වනුයේ පළමු ව කී චූලනිකා සහස්සී ලෝක ධාතුව පමණි. දස ලක්ෂයක් සක්වළ හා කෝටි සියයක් සක්වල විෂය වනුයේ තථාගත අර්හත් සම්‍යක් සම්බුදුවරුනට පමණි. මේ සක්වල පිළිබඳ පෙර නො ඇසූ විරූ අතිශය විස්මයාවහ විවරණය ඇසූ තෙරණුවෝ මහත් ප්‍රීතියෙන් උද්දාමයට පත් විය. තෙරහුගේ මුවින් මේ ප්‍රීති වාක්‍යය නිතැතින් ම නික්ම ගියේය.

"අහෝ අසිරියෙකි! මා සරණ ගිය යම්බඳු මාගේ ශාස්තෘන් වහන්සේ මෙබඳු විස්මයාවහ මහඍද්ධිබල ඇති සේක් ද! මෙබඳු අචින්තනීය වූ අවාච්‍ය වූ මහානුභාව ඇති සේක් ද! ඒකාන්තයෙන් ම මෙය මට මහත් මැ ලාභයෙකි! ඒකාන්තයෙන් ම මට මනා වූ මැ ලැබීමෙකි!"

සැදැහැයෙන් ඉපිල ගිය අනඳයන් මුවින් කියැවුණ මෙ වදන් ඇසූ කල්හි එතැන හුන් උදායී නම් තෙරනමට නොරිස්සුම් ගතියෙක් ඇති විය. අනඳයන්ගේ පහන් සිත ඉවසිය නො හැකි විය. හේ මෙසේ දෙඩීය.

"කිම ඇවැත් අනඳයෙනි, තොප ගේ ශාස්තෘහු මේ සා ඍද්ධි ඇති බව, මේ සා මහත් ආනුභාව ඇති බව සැබෑ ය. එහිලා තොපට කිමෙක් ද?"

එසඳ භාග්‍යවතුන් වහන්සේ උදායී ගේ කීම මෙසේ වැළකූ සේක. "උදායී, එසේ නො කියව. උදායී, එසේ නො කියව. ඉදින් උදායී, අනඳයන් තුළ ඇති වූ මේ පහන් සිත

හේතුවෙන් අනඳයෝ දුරු නො කළ රාගයෙන් යුතු ව කලුරිය කරත් නම්, දෙවියන් අතර සත් වරක් දෙව්රජෙකු වන්ටත්, මේ දඹදිව් තෙලෙහි ම සත් වරක් මහරජෙකු වන්ටත් තරම් ම නිසි යැ. වැලිදු අනඳයෝ මෙ අත්බැව්හි ම පිරිනිවන් පාන්නාහ."

සත්තෙකින් ම අනඳයන් මුවින් කියැවුණේ සිය සිතෙහි බුදුරදුන් පිළිබඳ උපන් පහන් බව නො වේ ද? එහි ඇති වරද කිම? එය අනුමෝදන් වීමට නො නිසි ද? එහෙත් අනඳයන් වැනි මහත් ආදරයෙන් උවටැන් කරන භික්ෂුනමක තුළ සිය ශාස්තෘන් වහන්සේ පිළිබඳව උපන් චිත්තප්‍රසාදය පවා ඇසෙන විට නො රිස්සූ භික්ෂූන් එකල සිටීම එක් අතෙකින් බලන විට පුදුමසහගත ය. සිය නො පැහැදීම භාග්‍යවතුන් වහන්සේ ඉදිරියේ ම කළ එක හොඳ ය. වෙනත් තැනක කීවේ නම් එය හුදු කසුකුසුවෙක් පමණක් ම වනු ඇත. අහෝ..! උදායී තෙරුනට වූයේ පාඩුවෙක් ම ය. හානියෙක් ම ය.

අන්‍ය තවුසෝ ද අනඳ තෙරහුට පැහැදුණෝය

අද්විතීය වාක් කෞශල්‍යය, අප්‍රතිහත ධෛර්යය, අසාමාන්‍ය ධාරණ ශක්තිය, වේගවත් ප්‍රඥාව යනාදී විශිෂ්ට ගුණ ගන මාණික්‍ය රත්නයන්ගෙන් විහිද ගිය කිත් යස සෝභාවෙන් සුශෝභිත ව සිටි අප ගේ අනඳ මහතෙරුන් පිළිබඳ එකල වුසූ අන්‍ය තීර්ථකයන් අතර ද මහත් ගෞරවයක් හා භය පක්ෂපාත බවක් තිබූ බවට කරුණු ඇත්තේය.

වරක් අනඳ මහතෙරණුවෝ රජගහ නුවර තපෝදාරාමයේ වැඩවසන කල හිමිදිරියේ අවදි ව

ඇඟපත සෝදා ගැනීම පිණිස අසල වූ තපෝදා නදිය වෙත එළඹියහ. අඩ අඳුරු ඇති හිමිදිරියේ ඇඟපත සෝදා අඳනය පමණක් හැඳ සිරුරු තෙත සිඳුවමින් සිටගෙන සිටියහ.

එවේලෙහි කෝකනද නම් පරිව්‍රාජක තවුසාත් හිමිදිරියේ නැගිට ඇඟපත සෝදා ගැනීමට තපෝදා නදියට එද්දී කවුදෝ අයෙකු හුදෙකලාවේ සිටගෙන සිටිනු දැක මෙය ඇසීය. "ඇවැත්නි, කවරහු ද තෙපි?"

"ඇවැත්නි, මම් භික්ෂුවක් මි."

"ඇවැත්නි, තෙපි කවර භික්ෂූන් අතර කෙනෙක් ද?"

"ඇවැත්නි, ශාක්‍යපුත්‍ර ශ්‍රමණයන් අතර කෙනෙක් මි."

"ඉදින් ආයුෂ්මත්හු මට යම් ගැටලුවක් අසන්ට ඉඩ දෙත් නම් යන්තමින් කරුණක් අසන්ට කැමැති වෙමි."

"අසව ඇවැත්නි, අසා දන්නමෝ නොවැ."

"භවත, ලෝකය සදාතනික ය. සත්‍යය එය ම ය. අන් මත හිස් ය යන මේ දෘෂ්ටියෙන් යුක්තහු ද තෙපි?"

"නැත ඇවැත්නි, මා තුළ එවන් දෘෂ්ටියක් නැත්තේය."

මෙසේ එකල භාරතීය සමාජය පුරා පැතිර තිබූ, කවුරුත් දන්නා, එසේ ම, විශේෂයෙන් තවුසන් පිරිවැජියන් අතර පැතිර ගිය පොදුවේ අසන සුපුරුදු ප්‍රශ්න වැල අසන්ට පටන් ගති. ඒ හැමෙකකට ම අනඳ තෙරහු ගේ පිළිතුර වූයේ තමා තුළ එවන් දෘෂ්ටියක් නැති බව ය.

ඊළඟට කෝකනද තවුසා ඇසුවේ මෙය ය. "ඇවැත්නි, තොප කියනුයේ මේ කිසිදු දෘෂ්ටියකට තමා

අයත් නැති බව ය. ඒ කෙසේ ද? තොපට මේ පිළිබඳ වැටහීමක් අවබෝධයක් නැද්ද? තොප පැවසූ දෙයෙහි අර්ථය කිමැයි මට දත හැකි ද?"

"ඇවැත්නි, ලෝකය සදාතනික ය යනාදී තොප විසින් අසන ලද හැම කාල්පනික මතවාදයන් නිසා වනුයේ සත්වයා ඒ මත තුළ ම සිර ව ඉන් නිදහස් වනු නො හැකි ව මං මුළා වීම පමණි. ඉන් වන යහපතෙක් නැත.

ඇවැත්නි, මෙබඳු වූ යම්තාක් දෘෂ්ටි ඇද්ද, මෙවැනි මනඃකල්පිතයන් තුළින් ව්‍යාකූල වන මතවාද උපදවන යම්තාක් හේතු ඇද්ද, මෙබඳු මතයන්ට නවාතැන් ගැනීමට නිසි යම්තාක් මනෝ භ්‍රාන්ති ඇද්ද, මෙබඳු මතයන් ඉමක් කොණක් නැතිව සිතෙහි හටගන්ට යම්තාක් ඉඩහසරක් ඇද්ද, මා තුළ ඒ සියල්ල නැසී ඇත්තේය. එහෙයින් මම් ඒ තැන දනිමි. දකිමි. එනිසා ය මා තොපට කීයේ තොප ඇසූ මතවාද මට අයත් නැති වග."

"ඕ හෝ... ආයුෂ්මත්හුගේ නම කිමෙක්ද? සබ්‍රහ්මචාරීහු ආයුෂ්මත් කවර නමකින් දැනගනිත් ද?"

"ඇවැත්නි, මගේ නම ආනන්ද ය. සබ්‍රහ්මචාරීහු මා අමතනුයේ ආනන්ද යන නමිනි."

නම ඇසූ පමණින් කෝකනද තවුසා තැතිගත්තේය. පසුබා ගියේය. ගෞරව සම්ප්‍රයුක්ත පක්ෂපාතී බවක් ඔහු තුළ ඇති විය. ඔහු ඉතා යටහත් ව මෙය කීය. "ඒකාන්තයෙන් ම මහාචාර්ය වූ භවතාණන් සමග දොඩන බවක් අපි නො දැන සිටියෙමු. ඉදින් අපි මේ වනාහී ආයුෂ්මත් අනඳයෝ යැයි දනිමු නම් මෙපමණකින්වත්

කථා කරගන්ට අපට බැරි වන්නේය. ආයුෂ්මත් අනඳයෝ මා කෙරෙහි කමත්වා!"

අනඳ තෙර ගැඹුරු දහම් වටහාගන්නා අයුරු

අප ගේ අනඳ මහතෙරහු ගේ විමසීමේ කුසලතාව අතිප්‍රබල ය. ඉතාමත් සූක්ෂ්ම ධර්මතාවන් පවා වහා වටහා විමසා විග්‍රහ කොට අර්ථාවබෝධයට අතිශයින් ම දක්ෂ ය. තෙරණුවෝ පටිච්ච සමුප්පාදය දෙස ද නොයෙක් අයුරින් විමසන කල්හි වහා අරුත් වැටහී ඉතා පැහැදිලි ලෙස තේරුම් ගිය සෙයක් දැනුණි. මෙය අනඳ තෙරුනට අදහාගත නො හැකි දෙයක් විය. මහා අසිරිමත් විස්මයජනක දෙයක් විය. ඉතා ගැඹුරු ය කියා භාග්‍යවතුන් වහන්සේ වදාළ මේ පටිච්ච සමුප්පාද ධර්මය මෙසේ ප්‍රකටව වැටහෙන්නේ කෙසේ ද යන්න භාග්‍යවතුන් වහන්සේට සැලකළ යුතු යැයි සිතූහ.

එකල භාග්‍යවතුන් වහන්සේ වැඩවුසූ සේක් කුරු රට කම්මාස්සදම්ම නම් නියම්ගම ඇසුරු කොට ය. අනඳ තෙරණුවෝ එහි අවුත් භාග්‍යවතුන් වහන්සේට වන්දනා කොට එකත්පස් ව හිඳ මෙය සැලකොට සිටියහ.

"ස්වාමීනී, මහ අසිරියෙකි! මහ අද්භූතයෙකි! ස්වාමීනී, මේ හේතු ප්‍රත්‍ය ධර්මයන්ගේ එකිනෙක සම්බන්ධයෙන් දුක හටගන්නා පිළිවෙළ හෙවත් පටිච්ච සමුප්පාදය කෙතරම් නම් ගැඹුරු දෙයක් ද. කෙතරම් නම් ගැඹුරකට විමසා දැක්ක යුතු දෙයක් ද. එහෙත් ස්වාමීනී, එය මට වැටහුණේ ඉතා ප්‍රකට වූත් ඉතා පහසුවෙන් අවබෝධ කට හැකි වූත් දෙයක් කියා නොවැ."

ඒ මොහොතේ ම භාග්‍යවතුන් වහන්සේ අනඳ තෙරුන් නිවැරදි කළ සේක. "අනඳයෙනි, කිසිසේත් එසේ නො කියව. අනඳයෙනි, කිසිසේත් එසේ නොකියව. අනඳයෙනි, හේතු ප්‍රත්‍ය ධර්මයන් එකිනෙක උපකාර වීමෙන් දුක හටගන්නා පිළිවෙළ නමැති මේ පටිච්ච සමුප්පාද ධර්මය නම් ගැඹුරු දෙයක් ම ය. ඉතා ගැඹුරින් විමසා දැක්ක යුතු දෙයක් ම ය.

අනඳයෙනි, මේ පටිච්ච සමුප්පාද ධර්මය අවබෝධ කිරීමට අසමර්ථ වීම නිසා, ප්‍රත්‍යක්ෂයෙන් අත්දකින්ට අසමර්ථ වීම නිසා මෙසේ මේ සියලු සත්ව ප්‍රජාව ම අභ්‍යන්තර බාහිර සකලවිධ කෙලෙස්වලින් කිලිටි ව, දෘෂ්ටි මතවාදයන්ගෙන් අවුලෙන් අවුලට පත් ව සිටිනුයේ හැම අතින් ම අවුල් වැ ගිය මහ නූල්කැටියක් සෙයිනි. හැම අතින් ම ගැටගැසී ගුලිගැසී ගිය නූල්රැසක් සෙයිනි. අවුල් ව ගිය මුඤ්ජතෘණ, බුබුස්තෘණ සෙයිනි. සතර අපායේ වැටීම ඉක්ම යාගත නො හැකි ව ලෝසත දුක් විඳිනුයේ එනිසා ම ය."

ඉන් පසු භාග්‍යවතුන් වහන්සේ අනඳ තෙරුන්ට ආධ්‍යාත්මික වශයෙන් සත්වයාගේ සාංසාරික පැවැත්ම පටිච්ච සමුප්පාදය තුළ සැකසෙන අයුරුත්, එසේ ම, ව්‍යවහාරික බාහිර සමාජය තුළ සකලවිධ අර්බුදයන් තෘෂ්ණා මූලික ව සකස්වෙන අයුරුත්, විඤ්ඤාණයක් මව්කුසක බැස උපතක් සැකසෙන අයුරුත්, සත්වයන් අනේක දෘෂ්ටීන්හි පැටලෙන අයුරුත්, ශ්‍රාවක භික්ෂූන් පමණක් එයින් නිදහස් ව අර්හත්වයට පත්වන අයුරුත් වදාළ සේක.

තමා සිතූ අදහසෙහි බරපතලකම අනඳයන්ට වැටහුණේ එවිට ය. භාග්‍යවතුන් වහන්සේ වදාළ ධර්මය මහත් සතුටින් පිළිගත් අනඳයෝ ඒ අනුව ම සිතූහ.

අනඳ තෙර වටා තමා වැනි ම භික්ෂූහු පෙළගැසෙත්

බොහෝ විට අප ගේ අනඳ මහතෙරුන් හා සමීප ව විසුවෝ උන්වහන්සේ බඳු ම බහුශ්‍රැත භික්ෂූහු ය. ඒ භික්ෂූහු අනඳ තෙරුන්ගේ ඇසුර ඉතා කැමති වූහ. දිනක් භාග්‍යවතුන් වහන්සේ ගිජ්ඣකූළ පව්වෙහි වැඩවසන සඳ, අනඳ මහතෙරුන් සමග බොහෝ භික්ෂූහු සක්මන් භාවනාවේ යෙදෙමින් සිටියෝය. ඒ දුටු භාග්‍යවතුන් වහන්සේ ළඟ හුන් භික්ෂූන් අමතා මෙය වදාළ සේක.

"මහණෙනි, තෙපි බොහෝ භික්ෂූන් හා සක්මන් කරමින් සිටින අනඳයන් දකිව් ද?"

"එසේය ස්වාමීනී"

"මහණෙනි, මේ සියලු භික්ෂූහු බහුශ්‍රැතයෝ ය. මහණෙනි, සත්වයෝ එකිනෙකාට හිතවත් වනුයේ ගැලපී යනුයේ ඔවුන් විසින් සසර පුරුදු කරන දේ තුළින් සැකසෙන ධාතු ස්වභාවය අනුව ය. ලාමක අදහස් ඇති සත්වයෝ එබඳු ම ලාමක අදහස් ඇති සත්වයන් හා හිතවත් වෙති. ගැලපී යති. එසේ ම, යහපත් අදහස් ඇති සත්වයෝ එබඳු ම යහපත් අදහස් ඇති සත්වයන් හා ගැලපී එකතු වෙති.

මහණෙනි, අතීතයටත් වර්තමානයටත් අනාගතයටත් පොදු, හැම කල්හි දක්නට ලැබෙන ධර්මතාවෙකි මෙය. හැම කල්හි සිදුවනුයේ ද මෙය ම ය."

අනඳ තෙරුන් ගේ උතුම් කලණ මිතුරා

මහාප්‍රාඥ සාරිපුත්ත මහරහතන් වහන්සේ කෙරෙහි අනඳ මහතෙරුන් තුළ පැවතියේ මහත් මැ ආදර ගෞරවයෙකි. සිය ආයු කාලය අවසන් ව ඇති වග වටහාගත් අප ගේ මහාප්‍රාඥ සාරිපුත්තයන් වහන්සේ භාග්‍යවතුන් වහන්සේ බැහැදැක වන්දනා කොට පිළිවෙළින් චාරිකායෙහි යෙදී මගධ රට බලා වැඩම කළහ. තමන්ගේ ජාතභූමිය වූ නාලක නම් බ්‍රාහ්මණ ගමෙහි සිය නිවසට වැඩියහ. පවුලේ සියලු දෙනා පැවිදි කරගත් හේතුවෙන් මහාප්‍රාඥයන් වහන්සේගේ මව් වන රූපසාරී බ්‍රාහ්මණිය තම පුත්‍රයන් වහන්සේ කෙරෙහි මහත් අමනාපයකින්, ගරුසරු රහිත ව විසුවාය. ඈ කිසිසේත් සැරියුත් තෙරුන්ට සවන් දෙන්ට කැමති වූයේ නැත. එහෙත් මහාප්‍රාඥයන් වහන්සේගේ එක ම අරමුණ වූයේ පිරිනිවෙන්ට පෙර සිය මව් සෝවාන් ඵලයෙහි පිහිටුවන ලෙසින් දහම් කථාවක යෙදීම ය.

ජීවිතය ගෙවී යමින් තිබෙන අවසන් මොහොතේ සිය නිවසේ තමා උපන් පැරණි කාමරයේ ම උන්වහන්සේට නවාතැන් ලැබුණි. එහිදී මහාප්‍රාඥ සැරියුත් තෙරණුවෝ දැඩිසේ ගිලන් වූහ. උන්වහන්සේගේ උපස්ථාන කටයුතු කරනු ලැබුවේ චුන්ද සමණුද්දේසයන් විසිනි. තමන් වහන්සේ සිතාගත් පරිදි ම අවසන් මොහොතේ බණ අසන්ට මෑණියන් කැමති වූවාය. සැරියුත් මහතෙරුන්ගෙන් බණ ඇසූ මව සෝවාන් ඵලයට පත්වූවාය. මහාප්‍රාඥ සැරියුත් තෙරණුවෝ ඒ ආබාධයෙන් ම පිරිනිවී ගිය සේක.

එකල්හි සැරියුත් මහතෙරුන් පරිහරණය කළ

පාත්‍රයත් සිවුරුත් ගත් චුන්ද සමණුද්දේස තෙමේ සැවැත් නුවර ජේතවනයට වැඩම කොට කෙලින් ම ගියේ අනඳයන් සොයාගෙන ය. "අනේ ස්වාමීනී, අපගේ ආයුෂ්මත් සාරිපුත්තයන් වහන්සේ පිරිනිවී ගිය සේක. මේ උන්වහන්සේ පරිහරණය කළ පාසිවුරු ය."

"හරි ඇවැත්නි, එසේ නම් මෙය භාග්‍යවතුන් වහන්සේට වහා දැන්විය යුතු කරුණෙකි. යමු ඇවැත්නි, භාග්‍යවතුන් වහන්සේ වෙත එළඹ මෙය සැලකරමු." ඉක්බිති අනඳ මහතෙරහු ද චුන්ද සමණුද්දේස ද භාග්‍යවතුන් වහන්සේ වෙත එළඹ වන්දනා කොට එකත්පස් ව හිඳගත්හ. අනඳ තෙරණුවෝ භාග්‍යවතුන් වහන්සේට මෙය කීහ.

"ස්වාමීනී, අප ගේ ආයුෂ්මත් සාරිපුත්තයන් වහන්සේ පිරිනිවී වදාළහ. මේ උන්වහන්සේගේ පාසිවුරු ය. අනේ ස්වාමීනී, භාග්‍යවතුන් වහන්ස, අප ගේ සාරිපුත්තයන් වහන්සේ පිරිනිවී වදාළහ යි ඇසූ සැණින් මා ළය සිරවී, ගත දැඩි ව ගියේය. දැන් මට කිසි දිශාවක් නො පෙනේ. ධර්ම මනසිකාරයත් නැවතී ගිය සේ ය."

අප ගේ භාග්‍යවතුන් වහන්සේ ගේ අග්‍රශ්‍රාවක වූ, ගෞතම බුදුසසුනෙහි ශ්‍රාවක භික්ෂූන්ට සෝවාන් ඵලය උපදවා දෙන අයුරින් ධර්ම කථාව කළ හැකි, සසුන් දරුවන් ලොව්තුරු ගබෙහි මුහුකුරවා බිහිකරවන මවක් වැනි වූ, ප්‍රඥාලෝකය දරන පහන් ටැඹ බඳු වූ, යම් දිශාවෙක සැරියුත් මුගලන් තෙරහු වැඩවෙසෙත් ද, භාග්‍යවතුන් වහන්සේට ඒ දෙසවත් බැලීමේ අවශ්‍යතාවක් නැති තරමට බුදුකිසට පිරිමසාලන, ප්‍රඥාවෙන් අග්‍රේසර වූ, මහාප්‍රාඥ වූ, පෘථුල ප්‍රාඥ වූ, ප්‍රීති ප්‍රමුදිත බව උපදවන හාසුප්‍රාඥ වූ,

වේගවත් ප්‍රඥා ඇති ජවනප්‍රාඥ වූ, කෙලෙස් මල සුනුවිසුනු කරවන තියුණු ප්‍රඥා ඇති තීක්ෂණ ප්‍රාඥ වූ, ලෝකයේ සැබෑ තතු දක්වා කළකිරීම ඇතිකරවන නිර්වේධික ප්‍රාඥ වූ, පාපිස්නා බිස්සක් සෙයින් නිහතමානී වූ, අධිෂ්ඨානයේ වජ්‍රමය පර්වතයක් බඳු වූ, සංඝයා කෙරෙහි මහා දයාර්ද්‍ර වූ අප ගේ සාරිපුත්තයන් වහන්සේගේ පිරිනිවීම පිළිබඳ පුවත භාග්‍යවතුන් වහන්සේ නො කැළඹී ගිය සිතින් යුතු ව, නො වෙනස් වන සිහි නුවණින් යුතු ව, සංසිඳුණු සිතින් අසා සිටි සේක.

එබඳු වූ ශාස්තෲන් වහන්සේ සිය අග්‍ර උපස්ථායක භික්ෂුවට සිහි උපදවනු පිණිස මේ මනහර ඔවදන දුන් සේක.

"කිම අනඳයෙනි, සාරිපුත්තයෝ තොපගේ සීලස්කන්ධයත් රැගෙන පිරිනිවී ගියාහු ද? සමාධිස්කන්ධයත් රැගෙන... ප්‍රඥාස්කන්ධයත් රැගෙන... විමුක්ති ස්කන්ධයත් රැගෙන... විමුක්ති ඤාණදර්ශන ස්කන්ධයත් රැගෙන පිරිනිවී ගියාහු ද?"

"අනේ නෑ ස්වාමීනී, අප ගේ ආයුෂ්මත් සාරිපුත්තයන් වහන්සේ මාගේ ඒ කිසිවක් රැගෙන නො පිරිනිවි සේක. එනමුදු අප ගේ සාරිපුත්තයන් වහන්සේ භික්ෂු සංඝයාට මනාව අවවාද දුන්හ. කරුණු දැක්වූහ. සමාදන් කරවූහ. තෙද ගැන්වූහ. සතුටු කරවූහ. අනුග්‍රහ කළහ. ආයුෂ්මත් සාරිපුත්තයන් වහන්සේ ගේ ඒ සද්ධර්ම ඕජස, සද්ධර්ම භෝගය, ධර්මානුග්‍රහය මට සිහි වේ."

"අනඳයෙනි, මා විසින් මෙය කල් තියා නො කීවේ ද? ප්‍රිය මනාප ව පවත්නා සියලු දේ වෙනස් වී යන

ස්වභාවයෙන් යුතු ය. නැසෙන ස්වභාවයෙන් යුතු ය. අන් ලෙසට පත්වෙන ස්වභාවයෙන් යුතු ය. අනඳයෙනි, යම් දෙයක් උපනි ද, හටගත්තේ ද, හේතුඵලයෙන් නිපන් ද, නැසෙන වැනසෙන ස්වභාවයෙන් යුතුව හටගත්තේ ද, එබඳු දෙයක් නො නැසේවා ය යන කරුණ කෙසේ නම් ලබන්ට ද? එය නො සිදු වන දෙයකි.

අනඳයෙනි, සුවිසල් රුකෙක මහඅරටුව සහිත කඳක් වේ ද, ඒ කඳ පවා නිසි කල නැසී වැනසී යන්නේය. එසෙයින් ම ආනන්ද, භික්ෂු සංඝයා නමැති මහා වෘක්ෂයේ සුරභිසුගන්ධයෙන් සුශෝභිත ව පැතිර ගිය යස සෝෂා ඇති ඒ මහා අරටුව බඳු සාරිපුත්තයෝ ද පිරිනිවියෝ ය.

එහෙයින් අනඳයෙනි, තමා රැකෙන දූපත තමා ම කරගනිව්. තමාගේ පිහිට තමාගෙන් ම ගනිව්. අන් පුද්ගලයෙකු පිහිට නො කොට ධර්මය ම දූපත කරගනිව්. ධර්මය ම පිහිටට ගනිව්. අන් දෙයක් පිහිටට නොගනිව්."

අනඳ තෙරුන් ගේ සහය ලබන සඟරුවන

අප ගේ අනඳ මහා තෙරණුවෝ පොදුවේ භික්ෂු, භික්ෂුණී, උවසු, උවැසි කාටත් උපකාරී වන්ට සැදී පැහැදී සිටි යතිවරයාණ කෙනෙක. දිනක් අනඳ තෙරණුවෝ වංගීස තෙරුන් පසුපසින් යන ශ්‍රමණයන් ලෙස තබා සැවැත් නුවර පිඬු සිඟා වැඩියහ.

පිඬු සිඟා වඩිමින් සිටින වංගීස තෙරුන් තුළ විෂභාග අරමුණක් දැකීමෙන් වහා රාගය උපන. රාගයෙන් සිත පෙළෙන්නට විය. එයට අකැමැති වංගීස තෙරණුවෝ අනඳ මහතෙරුනට මේ ගාථාව කීහ.

කාම අරමුණ ම සිත - රාගයෙන් දවාලයි
ඒ රාග ගිනි වට ව - සිත ම දැඩි ලෙස පෙළයි
අනේ ගෞතම තෙරිඳුනි - සානුකම්පික ව මට
උපායක් කිව මැනව - මේ ගින්න නිවන්නට

එකල්හි අනඳ තෙරණුවෝ මේ ගාථාවන්ගෙන් වංගීස තෙරුන්ට උපදෙස් දුන්හ.

අසුභ අරමුණ විපරීත කොට
ගිනි ඇවිලුයේ තොප සිත
නුනුවණින් සුභ නිමිති - ගත් හෙයිනි තොපේ දුක
කාට වුව මෙලෙස ම ය - නො මගකින් සිතුව විට
වහා අත්හැර දමව - කාමයට බැඳුණු සිත

හේතු ඵලයෙන් නිපන් - හැම දෙය නැසෙන ලොව
දුකක් මිස එය තමා - සතු දෙයක් නො වන බව
දැනගනුව රාග ගිනි - සිතා පල නොමැති බව
වහා අත්හැර දමව - කාමයට බැඳුණු සිත

කයක් තුළ තිබෙනුයේ - අසුභ පිළිකුල් දේ ය
සිතනවිට එය සොඳින් - සහනයක් ලැබ දේ ය
එවන් මනසක් තුළින් - සිත සමාහිත වේ ය
සැබෑ කය දුටුවහොත් - කලකිරුම ඇති වේ ය

ඇතිව නැතිවන සියලු - දෙය ම නුවණින් දකිව්
රාගයට ඉඩ නො දී - සිත ම මැනවින් රකිව්
මානයත් මුල් සමග - හොඳින් උදුරා දමව්
සන්සුන් ය එවිට සිත - එයින් කල් ගත කරව්

අනඳ මහතෙරුන් දුන් මේ ඔවදන් හරියට ම හරි ගියේය. වංගීස තෙරුන් ගේ සිතට මහා සවියක් ඇති

විය. ඒ මොහොතේ ම වීර්යය ඇති කරගනිමින් කාම අරමුණෙන් උපන් අකුසලය දුරු කරගැනීම පිණිස, කාම සංකල්පනාවෙන් සිත නිදහස් කරගැනීම පිණිස අසුභ අරමුණ මෙනෙහි කරන්ට පටන් ගත්හ. සැණෙකින් රාග ගින්න පහ විය. සිතෙහි කලබල ගතිය දුරු වී සහනය ඇති විය.

දෙවියෝත් අනඳ තෙරුනට කැමතියහ

ඒ කාලයේ අනඳ මහතෙරුන් කිනම් තැනක වැඩිය ද උන්වහන්සේ සමග කතාබස් කරනු පිණිස සිව්වණක් පිරිස ම රොද බැඳ සිටීම පොදුවේ දකින්ට ලැබුණු දසුනකි. ඒ හේතුව නිසා උන්වහන්සේ කොයි පෙදෙසක වැඩියත් ආරංචිය සැණෙකින් පැතිර යයි. මොනම කරුණකටවත් කාගේ හෝ සිත් රිදවීම උන්වහන්සේ රිසි නො කළහ. එය උන්වහන්සේ ගේ ස්වභාවය යි. ඇතැම් විට සෙනඟ වට වී උන්වහන්සේ හා කතාබස් කරමින් ඉන්ට දැඩි ආශාවක් දැක්වීම නිසා අපහසුතාවන්ට පත් වූ නමුත් එය පවා ඉවසීමෙන් විඳ දරා ගත්හ.

වරක් අප ගේ අනඳ මහතෙරණුවෝ කොසොල් දනව්වෙහි එක්තරා වනලැහැබක වූ කුටියක වැඩවුසූහ. උන්වහන්සේ එහි වැඩසිටිනා වග හැම තැන පැතිර ගියේය. බොහෝ අය උන්වහන්සේ දකිනු පිණිස වනයට ඇදී ආහ.

ඇතැම් අවස්ථාවන්හි දී ගිහියෝ තම තමන්ගේ දුක් කම්කටොලු කියමින් උන්වහන්සේගෙන් සිත සැනසෙන වදන් පත පතා සිටියහ. ගිහියන්ට ද වෙලාවක් කලාවක් ගැන කිසි ගානක් නැත.

ඒ වනයේ අධිපති දේවතාවෙක් මෙදෙස ඉවසා බලා සිටියේය. ඒ දේවතාවා සැබැවින් ම කැමති වූයේ අනඳයන් වහන්සේ වනයට වැඩි කරුණින් කිසියම් යහපතක් කරගැනීම ගැන ය. එහෙත් සිදු වී ඇත්තේ අනිකකි. ගිහියෝ ඇවිත් ඇවිත් අනඳ තෙරුන් වටකොට ගනිති. තෙරණුවෝ ද තමන්ගේ කටයුතු පසෙකලා ඔවුන්ගේ දුක් තැවුල් පිසමින් බස් දොඩත්. දෙවියාගේ ඉවසීම නැති විය. සිත නිවෙන කථා කියමින් තමාගේ නිවීම නවත්වා ගත් අනඳ තෙරුන්ට පාඩමක් උගන්වන්ට සිතුවේය. උන්වහන්සේට ඇසෙන්ට මේ ගාථාව කීය.

රුකින් පිරි වනගැබට - ආ කරුණ සිහි කරව
ළයෙහි රඳවා පැතුම - නිවන ලබනා රිසි ව
ඇයි ද බිලි බිලි කථා - ගිහි දනන් වට කෙරුව
ගෞතමය නො පමා ව - දැහැන වෙත සිත ගනුව

දේවතාවා ගේ ගාථාව අනඳ තෙරණුවෝ අසා සිටියහ. තෙරුන් ගේ සිතෙහි සැබැවින් ම මහත් ලැජ්ජාවෙක් හටගත්තේය. දේවතාවන් පවා කැමති තමාගේ යහපත යැයි සැලකූ අනඳ තෙරණුවෝ ගිහියන් ගේ පැමිණීම සීමා කරන්ට වග බලා ගත්හ.

අනඳ තෙරුන් ගේ අනුමානඥානය

අප ගේ අනඳ මහතෙරණුවෝ අනුමානයෙන් තර්ක කොට ඉතා නිවැරදි ව නිගමනයන්ට බැසීමට අතිසමර්ථයහ. යම් යම් කරුණු කාරණා හොඳින් ගලපා තේරුම් ගැනීමට උන්වහන්සේ තුළ වූයේ අපූරු හැකියාවෙකි.

වරක් අප භාග්‍යවතුන් වහන්සේ සැවැත් නුවර දෙව්රමෙහි වැඩවසන කලෙක එක්තරා දේවතාවෙක් අවුත් උන්වහන්සේ ඉදිරියෙහි පෙනී සිට ගාථා කීපයක් පවසා නො පෙනී ගියේය. පසුවදා උදයේ භාග්‍යවතුන් වහන්සේ එහි වූ භික්ෂූන් අමතා මෙය වදාළ සේක.

"මහණෙනි, ඊයේ රාත්‍රියෙහි මනස්කාන්ත රූ ඇති දේවතාවෙක් මුළු දෙව්රම බබුළුවාගෙන අවුත් මා වැඳ එකත්පස් ව සිට මේ ගාථාවන් කීය.

සඟ ඉසිවරුන් සෙවුනා - මෙ දෙව්රම මනකල් ය
දම් රදාණන් නිසා - බැබළීම සුවිපුල් ය
මෙය සිතට නැගෙන විට - සොම්නසින් ඉපිලේය
ලොව පතළ දෙව්රමින් - ප්‍රීතිය ම ලැබ දේ ය

සිතා තිදොරින් කරන - දෙයකි කර්මය ලොවේ
වඩා විදසුන් නුවණ - සිල් රැකිය යුතු ම වේ
මෙයින් පමණක් කිලිටි - නසා පිරිසිදුව වේ
කුලය හෝ ධනය හෝ - නිසා පිරිසිදු නොවේ

එනිසා ය නැණවතා - සිය සෙත ම සැදිය යුතු
දිවිය සරු කරන බණ - නුවණින් ම සිතිය යුතු
පිහිට වෙයි ඒ දහම - අටමගින් නිවන යුතු
පිරිසිදු ය ඒ දිවිය - හොඳින් එය සිතිය යුතු

උතුම් සැරියුත් නැණැති - මහතෙරිඳු මෙහි සිටිය
ළයත් සංසුන් ය සිල් - ගුණ කඳින් පිවිතුරු ය
නිවන් වැඩි තෙරිඳු ගැන - සිත පහන් කළ යුතු ය
සඟ පිරිස තුළ එවන් - සඟ නමක් නොමැති ම ය

ඉතින් මහණෙනි, ඒ දිව්‍යපුත්‍රයා මාහට මෙය පවසා මට වන්දනා කොට පැදකුණු කොට නො පෙනී ගියේය."

භාග්‍යවතුන් වහන්සේ මෙය වදාළ කල්හි අනඳ මහතෙරණුවෝ මෙය කීහ. "ස්වාමීනී, ඒ දෙව්පුතු වනාහී ඒකාන්තයෙන් ම අනාථපිණ්ඩික දේවතාවා විය යුත්තේය. අනාථපිණ්ඩික ගෘහපති තෙමේ අප ගේ ආයුෂ්මත් සාරිපුත්තයන් වහන්සේ කෙරෙහි බොහෝසෙයින් පහන් සිතැති ව සිටියේය."

"සාධු සාධු ආනන්දයෙනි, යම්තාක් ආනන්දයෙනි, තර්කානුකූලව කල්පනා කොට නිගමනයකට බැසිය යුතු කරුණක් ඇද්ද, තොප විසින් ඒ නිවැරදි නිගමනයට පැමිණියේය. අනඳයෙනි, හේ වනාහී අනාථපිණ්ඩික දිව්‍යපුත්‍රයා ය."

අනඳ තෙර මියගියවුන් ගැන සොයයි

අප ගේ අනඳ මහතෙරුන් තුළ පැවතියේ හැම දෙනෙකුගේ ම යහපත වෙනුවෙන් හැම දෙයක් ම ගැන ම හැකි පමණින් කල්පනා කොට විමසා බලා අවස්ථානුකූල ව කළ හැකි, කළ යුතු හොඳ ම දේ කිරීමේ විස්මිත කුසලතාවෙකි. අන්‍යයන් ගේ යහපත වෙනුවෙන් අසීමිත ව කැප වූ අනඳ තෙරුන් ගේ හදමඬල වනාහී භාග්‍යවතුන් වහන්සේ ගේ සදහම් රුවන් ආකරය ගබඩා කරගැනීමට ම නිසි මහා රන් මංජුසාවෙකි.

වරක් භාග්‍යවතුන් වහන්සේ නාදිකා නම් ගමෙහි ගිඤ්ජකාවසථයෙහි වැඩවසන සේක. එහිදී භාග්‍යවතුන් වහන්සේ කාසි, කෝසල, වජ්ජි, මල්ල, චේතිය, වංස,

කුරු, පංචාල, මච්ඡ, සූරසේන යන රටවල පැතිර වුසූ, ළඟදී කලුරිය කළ ශ්‍රාවක උවසු උවැසියන් කවර කවර මගඵලයන් සාක්ෂාත් කොට සිටියාහු ද, ඔවුන්ගේ පරලොව ගති කෙබඳු ද, ඔවුන් නිවන් අවබෝධය සඳහා සිය ගමන පිළියෙල කරගත්තේ කෙසේ ද යනාදිය පිළිබඳව අප්‍රකට තොරතුරු රැසක් වදාළ සේක.

එබඳු දෙයක් වදාළ බව අනඳ මහතෙරුන්ට ද අසන්ට ලැබුණි. එකල්හි අනඳ තෙරණුවෝ මෙය සිතූහ. 'භාග්‍යවතුන් වහන්සේ අසවල් අසවල් මහජනපදයන්හි වුසූ, නොබෝදා කලුරිය කළ බොහෝ උවසු උවැසියන් ලබාසිටි මගඵල ගැනත් ඔවුන් උපන් වෙනත් ලෝක ගැනත් වදාළ සේක. ඒ හේතුවෙන් ඒ ඒ දනව්වැසි බොහෝ ජනයා තුළ බුදු සසුනින් සැලසී ඇති පිහිට ගැන පැහැදී ධර්මයේ හැසිරෙන්ටත් දානාදී පින්කම්හි යෙදෙන්ටත් කලණ මිතුරු ඇසුර රැකගන්ටත් මහත් උනන්දුවක් හටගෙන ඇත්තේය.

එහෙත් අප භාග්‍යවතුන් වහන්සේගේ ශ්‍රී සම්බෝධි ප්‍රතිලාභය සිදු වූයේ මගධ රාජ්‍යයේ හෙයින්, මගධ රටවැසියන් අතර සිට නොබෝදා කලුරිය කළ උවසු උවැසියන්ගේ පරලොව ගති පිළිබඳවත් ඔවුන් පසක් කළ මගඵල පිළිබඳවත් වදාරන සේක් නම් කෙතරම් අගනේද? මගධ රටවැසියන්ගේ පරලොව ගති පිළිබඳ දැනගන්ට නො ලැබීම නිසා ඔවුන්ට කිසියම් දීන මනසක් ඇතිවිය හැක්කේය.'

මෙසේ සිතූ අනඳ තෙරණුවෝ පසුදා උදෑසන භාග්‍යවතුන් වහන්සේ බැහැදැක වන්දනා කොට

තම සිතේ උපන් කරුණ සැලකොට "ස්වාමීනී, මගධ රාජ්‍යයෙහි වුසූ, නොබෝදා කලුරිය කළවුන්ගේ සසරගත ජීවිතය ඉන් ඔබ්බට ගෙන යන අසිරිමත් දහම් මාවතින් ලත් යහපත ගැන වදාරන සේක්වා" යි ඉල්ලා සිටියහ. අනඳයන්ගේ අදහස ඉතා යහපත් බව භාග්‍යවතුන් වහන්සේ නිහඬ ව පිළිගත් සේක.

එදා භාග්‍යවතුන් වහන්සේ දහවල දානයෙන් පසු ගඩොල් නිවස හෙවත් ගිඤ්ජකාවසථයට පිවිස මගධ රටවැසියන් අතර සිට නොබෝදා කලුරිය කළ උවසු උවැසියන්ගේ පරලොව ගතිය දැනගන්නෙමි යි අදිටන් කොට එයට ම මුළු සිත යොදා පනවන ලද අසුනෙහි වැඩහුන් සේක. එකල්හි මෙලොව මගඵලලාභී ව සිට පරලොව ගියවුන්ගේ බොහෝ තොරතුරු භාග්‍යවතුන් වහන්සේ දැනගත් සේක. එදා සවස් වරුවෙහි ඉන් පිටත වැඩි භාග්‍යවතුන් වහන්සේ ඉදිරිපස සෙවණේ පනවන ලද අසුනෙහි වැඩහුන් සේක.

එසඳ අනඳ මහතෙරණුවෝ භාග්‍යවතුන් වහන්සේ වෙත එළඹ වන්දනා කොට එකත්පස් ව හිඳ මෙය කීහ. "ස්වාමීනී, භාග්‍යවතුන් වහන්සේ ඉතාම උපශාන්ත විලාසයකින් වැඩහිඳිනා සේක. ඉඳුරන් අතිශයින් ම පහන් ය. මුවමඬල අත්‍යන්තයෙන් ම බබළයි. භාග්‍යවතුන් වහන්සේ අද කිනම් සන්සුන් විහරණයකින් වැඩහුන් සේක් ද?"

"අනඳයෙනි, මා අද ඉටා ගත්තේ මගධවැසි ව සිට නොබෝදා කලුරිය කළවුන් ගේ පරලොව ගති උපත් පිළිබඳ දැනගැනීමට ය. එහි දී මෙලොව යහපත

සලසාගෙන පරලොව දෙවියන් අතර උපන් බොහෝ මගධවැස්සන් මම් දිටිමි.

එකල්හි අනඳයෙනි, මා හට නො පෙනී සිටි එක්තරා යක්ෂයෙක් 'භාග්‍යවතුන් වහන්ස, මම් ජනවසභ වෙමි. සුගතයන් වහන්ස, මම් ජනවසභ වෙමි.' යි හඬ ඇස්සවීය. අනඳයෙනි, තෙපි මින් පෙර මෙබඳු ජනවසභ නම ඇතියෙකු පිළිබඳව ඇසූ විරූ ද?"

"අනේ නෑ ස්වාමීනී, මින් පෙර කිසිදා ජනවසභ නමින් සිටියෙකු පිළිබඳව අසා නැත්තේය. එනමුදු ස්වාමීනී, ජනවසභ යන නම ඇසූ සැණින් මා ගත කිලිපොළා, ඇඟ මවිල් නැගී සිටියේය. ස්වාමීනී, මාහට සිතෙනුයේ ජනවසභ යනු සුළුපටු යක්ෂයෙකු නො වන බව ය."

"අනඳයෙනි, ඔහු හඬ අස්සවමින් මා ඉදිරියේ වැඳගෙන පෙනී සිටියේය. ඔහුට ඉතා අලංකාරවත් වූ මනඃකාන්ත දේහයක් තිබුණි. දෙවනුව ඔහු මට මෙය කීහ. 'භාග්‍යවතුන් වහන්ස, මම් බිම්බිසාර වෙමි. සුගතයන් වහන්ස, මම් බිම්බිසාර වෙමි. ස්වාමීනී, මම් චාතුම්මහාරාජිකයෙහි වෛශ්‍රවණ දෙව්මහරජු සමීපයට ආ මේ උපත ලදුයේ සත්වෙනි වතාවට ය.' කියා ය."

මෙසේ බිම්සර නිරිඳු පිළිබඳව තොරතුරු ලෝවැසියනට දැනගත හැකි වූයේ එදා අනඳ මහතෙරුන් භාග්‍යවතුන් වහන්සේ වෙත ඉදිරිපත් කළ අදහස නිසා ම ය.

අනඳ තෙර බැතිපෙම් වැඩූ මහාකස්සප තෙරණුවෝ

සීල ධුත ගුණ සුගන්ධයෙන් සුවඳවත් වූ, නොයෙක් දිව්‍ය සමූහයා විසින් පිරිවරන ලද, හුදෙකලා දිවිය නමැති

සොඳුරු අහස් තෙළෙහි හැමදා අලුතින් නැගෙන නවගබ සඳමඬලක් බඳු, භාග්‍යවතුන් වහන්සේ ගේ අසිරිමත් රූපකායයේ රැස් වැදී බැබළී ගිය රන් පිළිමයක් බඳු, භාග්‍යවතුන් වහන්සේ ගේ ගුණ සුවඳ වහනය වූ පංශුකූල සුගත් සිවුර පොරවා වැඩසිටි අප ගේ මහාකස්සප මහරහතන් වහන්සේ කෙරෙහි ද අනඳ මහතෙරුන් සිත වූයේ ඉමහත් බැතිබර සාදර සොම්නස් ගෞරවයෙකි.

වරක් අපගේ මහාකස්සප මහරහතන් වහන්සේ ගේ ශිෂ්‍ය සාමණේරයෙකු උපසම්පදා අපේක්ෂකයෙකු වශයෙන් සිටියේය. එකල්හි මහාකස්සපයන් වහන්සේ අනඳ තෙරුන් වෙත පණිවිඩකරුවෙකු යැවූහ. 'ආනන්ද තෙමේ පැමිණේවා! පැමිණ මේ උපසම්පදා අපේක්ෂකයාට කර්ම වාක්‍යය අස්වාවා!' යි. එසඳ අප ගේ අනඳ මහතෙරණුවෝ බොහෝ සෙයින් පසුබා ගොස් මෙය කීහ. "අනේ ඒ උතුම් තෙරුන් වහන්සේ ගේ නම කියන්ට මට පිළිවන්කමෙක් නැත්තේය. ඒ උත්තම තෙරණුවෝ මාගේ ගුරුවරයාණ කෙනෙක." මෙසේ මහාකස්සප මහරහතන් වහන්සේගේ නම කියාගත නො හැකි ව තෙරණුවෝ අසරණ වූහ. එතරම් ම ගෞරවයක් මහාකස්සපයන් වහන්සේ කෙරෙහි තිබුණි.

වරක් අප ගේ මහාකස්සපයන් වහන්සේ සැවැත් නුවර ජේතවනයෙහි වැඩසිටි සමයෙහි උදය වරුවක අනඳ මහතෙරුනට අන්ධ වනයේ මෙහෙණවරට ගොස් භික්ෂුණීන්ට බණ කීමට පැවරී තිබුණි. මහාකස්සපයන් වහන්සේ ගේ උත්තම ගුණ සුගන්ධයත් මැනවින් දන්නා අනඳ තෙරුනට උන්වහන්සේ ලවා භික්ෂුණීන්ට බණ ටිකක් අස්සවන්ට ආශාවක් ඇති විය. ඉක්බිති අනඳ

තෙරණුවෝ ඒ උදයේ සිවුරු හැඳ පොරවා, පාසිවුරු ගෙන මහාකස්සපයන් වහන්සේ වෙත එළඹියහ. "අනේ වඩිනු මැන ස්වාමීනී, අපි එක්තරා මෙහෙණවරකට යමු."

"නෑ ඇවැත් අනඳයෙනි, තෙපි යව්. තොපට බොහෝ වැඩ තියේ නොවැ. කළයුතු බොහෝ දෑ තියේ නොවැ."

අනඳ මහතෙරණුවෝ දෙවනුවත් ඉල්ලා සිටියහ. දෙවන වට ද මහාකස්සපයන් වහන්සේගෙන් ලදුයේ ඒ පිළිතුර ම ය. තෙවන වරටත් ඉල්ලා සිටියෙන් මහාකස්සපයන් වහන්සේ එයට එකඟ වූහ. උන්වහන්සේ ද සිවුරු හැඳ පොරවා පාසිවුරු ගෙන අනඳ මහතෙරුන් පසු ශ්‍රමණයා ලෙස තබා මෙහෙණවරකට එළඹියහ. එළඹ පනවන ලද අසුන්හි වැඩහුන්හ.

එසඳ භික්ෂුණීහු බොහෝ දෙනෙක් අවුත් මහාකස්සපයන් වහන්සේ වන්දනා කරගත්හ. එකත්පස් ව හිඳගත්හ. මහාකස්සපයන් වහන්සේ ඒ භික්ෂුණීන්ට දහම් දෙසූහ. මැනවින් කරුණු සමාදන් කරවූහ. තෙද ගැන්වූහ. සතුටු කරවූහ. එසේ ධර්ම කථාව නිමවා අසුනෙන් නැගිට වැඩම කළහ.

එතැන ථුල්ලතිස්සා නම් මෙහෙණක් සිටියාය. මහාකස්සපයන් වහන්සේ ධර්මය දෙසූ ආකාරය ඇයට නොරිසි විය. ඇ දොස් පරොස් බස් තෙපලන්ට පටන් ගත්තාය. "හහ්... ආර්ය මහාකස්සප තෙරණුවෝ වේදේහමුනි වූ ආර්ය අනඳ තෙරුන් ඉදිරියේ බණ කියන්ට ඕනෑ ය කියා සිතන්නහු ද? එය වූ කලී හිඳිකටු වෙළෙන්දෙක් හිඳිකටු හදන්නෙකු ළඟ හිඳ හිඳිකටු විකිණීම බඳු නොවැ."

මහාකස්සපයන් වහන්සේට ථුල්ලතිස්සාගේ චෝදනාව ඇසුණි. මහාකස්සපයන් වහන්සේ අනඳයන් ඇමතූහ. "කිම අනඳයෙනි, මම් හිඳිකටු වෙළෙන්දා ද? තොප හිඳිකටු නිපදවන්නා ද? නො එසේ නම් මා හිඳිකටු නිපදවන්නා ද? තොප හිඳිකටු වෙළෙන්දා ද?"

"අනේ ස්වාමීනී, කස්සපයන් වහන්ස, කමා කළ මැනව. ස්ත්‍රිය මෝඩයි නොවැ."

"අනඳයෙනි, තෙපි කල්පනාවෙන් වසව්. තොප කෙරෙහි භික්ෂුණීහු සැක නො කරත්වා!"

වැඩි හොඳක් කිරීමට ගොස් අනඳයන් වහන්සේ ඇදවැටුණේ මහා කරදරයකට ය. තමන් වහන්සේ ම තුන් වරක් ආයාචනා කොට මහා කස්සපයන් වහන්සේ අකැමැති ව සිටියදී, බලෙන් ම වාගේ මෙහෙණවරකට වඩමවා බණ කියවන්ට ගොස් මේ සිදුවූයේ කිමෙක්ද? තමන් මේ සා ආදර ගෞරව දක්වන, පරම පූජ්‍යත්වයෙහි ලා සලකන මහා තෙරනමකට මෙබන්දක් සිදු වූ වේලේ අනඳ මහතෙරුන් කෙතරම් අසරණ අඩියකට වැටෙන්ට ඇද්ද?

ථුල්ලතිස්සා භික්ෂුණිය තමාට කරගත්තේ සුළුපටු හානියක් නො වේ. ඇය සිවුරු හැර ගියාය.

තවත් දිනෙක අනඳ තෙරුන්ට මහාකස්සපයන් වහන්සේගෙන් තද වදන් අසන්ට සිදු විය. ඒ මෙසේ ය. අනඳ මහතෙරණුවෝ මහත් භික්ෂු සංඝයා පිරිවරා දක්ඛිණාගිරි දනව්වෙහි චාරිකාවේ වැඩියෝය. මේ ගමනේ දී අනඳයන් වහන්සේ ගේ උපාධ්‍යායත්වයෙන් උපසම්පදාව ලබා තෙරුන් ඇසුරේ සිටි තිහක් පමණ

තරුණ වියේ භික්ෂූහු සිවුරු හැර ගිහි බවට බැසගත්හ.

චාරිකාව නිමවා අනඳ තෙරණුවෝ රජගහ නුවර වේළුවනයට වැඩියහ. අප ගේ මහාකස්සපයන් වහන්සේ වෙත එළඹ වන්දනා කොට එකත්පස් ව හිඳගත්හ. එසඳ මහාකස්සප තෙරණුවෝ මෙය කීහ.

"ඇවැත් අනඳයෙනි, මම් තොපගෙන් කරුණක් අසමි. භාග්‍යවතුන් වහන්සේ විසින් දායක පවුල්වලින් ලැබිය යුතු තුන් වැදෑරුම් බොජුනක් පනවන ලද්දේ කවර අරුතක් උදෙසා ද?"

"ස්වාමීනී, භාග්‍යවතුන් වහන්සේ විසින් දායක පවුල්වලින් ලැබිය යුතු තුන් වැදෑරුම් බොජුන් පනවන ලද්දේ තුන් කරුණක් නිසා ය. එනම්, දුසිල් පුද්ගලයන්ට නිග්‍රහ පිණිස ය. සුපේශල භික්ෂූන්ට පහසුවෙන් වසනු පිණිස ය. පාපී ආශාවන් ඇති අය එබඳු ම අය රැස්කොට භික්ෂු සංඝයා නො බිඳිත්වා යන අදහසට ය. එසේ ම, දායක පවුල් කෙරෙහි ද අනුකම්පාවෙනි."

"කරුණු එසේ නම් අනඳයෙනි, නො රැකගත් ඇස් කන් ආදී ඉඳුරන් ඇති, වළඳින දානයේ සීමාවක් නො දන්නා, නිදි වරමින් නීවරණ ප්‍රහාණයක් නො කරන මේ නවක භික්ෂූන් සමග තොප චාරිකායෙහි සැරිසරා යන්නේ කිනම් කරුණක් අරභයා ද? ගොයම් අස්වනු නසමින් හැසිරීම බඳු නොවැ. දායකයින්ගේ සැදැහැ සිත් නසමින් හැසිරීම බඳු නොවැ. ඇවැත් අනඳයෙනි, තොප පිරිස බිඳී ඇත්තේය. ඉතා තරුණ ඔවුහු කරුණු නො තේරෙන හෙයින් ම වහා බිඳී යත්. මේ දරු තෙමේ තමන් ගේ පමණ නො දන්නා හැටි!"

"අනේ ස්වාමීනී, කස්සපයන් වහන්ස, දැන් මා හිසෙහි පැසී ගිය කෙසුත් ඇත්තේය. එනමුදු අද පවා අපි ආයුෂ්මත් මහාකස්සපයන් වහන්සේ ගේ දාරකවාදයෙන් මිදෙන්ට අසමත් වෙමු."

අප ගේ අනඳ මහතෙරුන්ට ළදරුවාදයෙන් තද අවවාදයක් මහාකස්සපයන් වහන්සේගෙන් අසන්ට ලැබුණු වග හැම තැන පැතිර ගියේය. එය ඇසූ ථුල්ලනන්දා නම් භික්ෂුණිය දොස් පරොස් කිය කියා නිකරුණේ පව් පුරවාගෙන සිවුරු හැර ගියාය.

එසේ නමුදු අනඳ මහතෙරණුවෝ හැම කල්හි මහාකස්සපයන් වහන්සේ ගේ ඇසුර ලබන්ට ආශා කළෝය. මහාකස්සපයන් වහන්සේ කෙරෙහි පිහිටා තිබුණේ ශාස්තෘන් වහන්සේ ගේ වචනය නමැති සීමාවේ ඇලපිල්ලකුදු ඉස්පිල්ලකුදු නො වෙනස් කොට, එහා මෙහා නො කොට, ඒ වදන් තුළ ම නො සෙල්වී අභීත ව රැඳී සිටීමේ අද්විතීය වූ මහා ආත්මීය බලයෙකි. එය තමන්ට පමණක් නොව සමස්ත සංඝයාට ම මහා රැකවරණයක් බව අනඳයන් වහන්සේ මැනවින් දැන සිටියහ.

කොතෙකුත් තද අවවාද කළ ද මහාකස්සපයන් වහන්සේ ද අනඳ තෙරුන් යනු කවරහු දැයි මැනවින් හඳුනා සිටියහ. පළමු ධර්ම සංගීතියේ දී ධර්ම සංගායනා කරනු පිණිස අනඳ මහතෙරුන් තෝරාගන්නා විටත් උන්වහන්සේ නො රහත් ව සිටියහ. එහෙත් අනඳයන් වහන්සේට ඒ උතුම් ශාලායෙහි අසුන වෙන්කොට තිබුණි. එක් නමක් හැර සංඝයා හාරසිය අනූනව නමක්

තෝරාගත්තේ ද මහාකස්සපයන් වහන්සේ විසින් ම ය. අර්හත්වය පිණිස අනඳයන් වහන්සේ මැනවින් උත්සාහවත් කරන ලද්දේ ද තෙදවත් කරන ලද්දේ ද මහා කස්සපයන් වහන්සේ විසිනි.

ධර්ම සංගීතිය ආරම්භ වූ දිනට පෙර රෑ තුන්යම පුරා අනඳ තෙරණුවෝ නිදි වරා ධර්ම මනසිකාරයෙහි යෙදී සිටියහ. සිතට ගත් දැඩි වීරිය තරමක් ලිහිල් කොට හිමිදිරියේ ඇඳෙහි හාන්සි වී විවේකයක් ගන්ට සිතූහ. මනා සිහි නුවණින් යුතුව ඇඳ වෙත එළඹ ඇඳෙහි වාඩි වී, දෙපා උඩට ගෙන, සැතැපෙනු පිණිස ඇලවෙමින් සිටියදී සකල ක්ලේශයන් ප්‍රහාණය කොට, සියලු අභිඥා බල සහිත ව, අර්ථ ධර්ම නිරුක්ති ප්‍රතිභාන යන සිව් පිළිසිඹියා සහිත ව අනඳ තෙරණුවෝ මහරහත් ඵලයට පත්වූහ.

පළමු ධර්ම මහා සංගීතිය ඇරඹීම පිණිස කල් පැමිණියේය. සියලු සංඝයා වහන්සේ අසුන් මත වැඩහුන්හ. භාග්‍යවතුන් වහන්සේ ගේ නාමයෙන් නැගෙනහිරට මුහුණලා විශේෂ ධර්මාසනයක් පනවා තිබුණි. උපාලි තෙරුන් විනය කීමටත්, අනඳ තෙරුන් ධර්මය කීමටත් නියමිත ව තිබුණේ ඒ අසුනේ වැඩහිඳ ය. එක් අසුනක් පමණක් හිස් ව පෙනුණි. මේ අසුන කා සඳහා දැයි සංඝයා වහන්සේ ඇසූහ. මෙය අනඳයන්ගේ අසුන යැයි සංඝයාගෙන් පිළිතුරු ලද සැණින් පොළොවෙන් උඩට මතු වූ අප ගේ අනඳ තෙරණුවෝ ඒ අසුනේ හිඳගත්හ. ඒ මොහොතේ මහාකස්සප මහරහතන් වහන්සේ ගේ නිකෙලෙස් හදමඬලෙහි කෙතරම් ප්‍රීති සොම්නසක් පහළ වෙන්ට ඇද්ද!

අවසන් සම්බුදු චාරිකාවට අනඳ තෙර එක් වේ

අනඳ මහතෙරුන් ගේ දිවියේ සදානුස්මරණීය කාල පරිච්ඡේදය ගෙවී ගියේ භාග්‍යවතුන් වහන්සේට නිබඳව උපස්ථාන කරන සමයේ දී ය. උන්වහන්සේ ගේ ජීවිතය අතිශය විචිත්‍ර භූමිකාවෙන් සැකසුණේ ඒ තුළිනි. භාග්‍යවතුන් වහන්සේ වෙත නොයෙක් ලෝකයන්ගෙන් පැමිණෙන අනේක බ්‍රහ්මරාජයන්, එසේ ම, සක්දෙවිඳුන්, නා නා ගොත් ඇති, නා නා සිරුරු ප්‍රභා ඇති දෙවිවරුන් අනඳ තෙරුන් කොතෙකුත් දකින්ට ඇති. එසේ ම, අනේක යක්ෂ භූත අසුර ආදී නානාප්‍රකාර සත්වයන් කොතෙකුත් දකින්ට ඇති.

පුරිසදම්ම සාරථී ගුණයෙන් බැබළී ගිය ශාස්තෘන් වහන්සේ ඍද්ධි ප්‍රාතිහාර්ය පාමින් දෙවියන්, යක්ෂයින්, මිනිසුන්, තිරිසනුන් ආදී අනේක සතුන් දමනය කරනු දැකීමට තරම් මහා භාග්‍යයක් හිමි ව තිබුණේ අප ගේ අනඳ මහතෙරුනට ය. එසේ ම, ගෞතම සසුනේ පහළ වූ ශ්‍රාවක මහා සංඝයා අතර අනේක ඥාන ගර්ජනාවන්ගෙන් හෙබි, අනේක ඍද්ධි ලාලිත්‍යයෙන් හෙබි, අහස් ගමන් ඇති, අතිශයින් හීලෑ වූ ආජානේය අශ්වයන් බඳු අනේක ගුණස්කන්ධ සමූහයෙන් හෙබි ශ්‍රාවක මහා සංඝයා වැඩිපුර ම ඇසුරු කරන්ට ලැබුණේ අප ගේ අනඳ මහතෙරුනට ය. එමතු ද නොවේ. භාග්‍යවතුන් වහන්සේට වැඩියෙන් ම වන්දනා කිරීමේ භාග්‍යවන්තයා වූයේ ද අපගේ අනඳ මහතෙරණුවෝ ම ය.

කෙමෙන් කාලය ගෙවී ගියේය. අප භාග්‍යවතුන් වහන්සේ එකල වැඩසිටි සේක් රජගහ නුවර ගිජ්ඣකූට

පර්වතයෙහි ය. එකල්හි වජ්ජි දේශය ආක්‍රමණය කරනු පිණිස අජාසත් මහරජුට සිතක් උපන. එහෙත් එය ලේසි පහසු නො වන දෙයකි. මක් නිසා ද යත්, වජ්ජීන් මහානුභාව සම්පන්න ජන පිරිසක් ව සිටි නිසා ය. අජාසත් රජ සිය අදහස මගධ මහාමාත්‍ය වස්සකාර බ්‍රාහ්මණයාට කීය. භාග්‍යවතුන් වහන්සේ බැහැදකින්ට ගොස් උන්වහන්සේ සමග මේ අදහස පවසන ලෙසත් කීය. එසේ ම, භාග්‍යවතුන් වහන්සේ බොරු නො කියන හෙයිනුත් සැබෑ බස් කියන හෙයිනුත් මෙකරුණට උපකාරයක් ලබාගත හැකි පිළිවෙළක් සොයාගත හැකි බව සිතා සිටියේය. එහෙයින් භාග්‍යවතුන් වහන්සේ ගේ මුවින් පිටවන හැම වචනයක් ම සිත දරාගෙන එව යි පිටත් කළේය.

වස්සකාර බ්‍රාහ්මණයා ගිජුකුළු පව්වට ගියේය. එවේලෙහි අනඳයන් වහන්සේ භාග්‍යවතුන් වහන්සේට පවන් සලමින් සිටියහ. බ්‍රාහ්මණයා පැමිණ භාග්‍යවතුන් වහන්සේට වන්දනා කොට පිළිසඳර බස් දොඩමින් සිටිනා අතරේ වටින් ගොඩින් අජාසත් නිරිඳුගේ අදහස ද කියා ගත්තේය. එකල්හි භාග්‍යවතුන් වහන්සේ අනඳයන් අමතා වදාළේ වජ්ජීන් සප්ත අපරිහානීය ධර්මයන් තුළ රැඳී සිටිමින් ඒවා අනුගමනය කරන බව අනඳයන් අසා තිබේ ද කියා ය. එවිට අනඳ තෙරුන් කීවේ වජ්ජීන් අපරිහානීය ධර්මයන් අකුරට ම පිළිපදිමින් සිටින බව තමා අසා ඇති බව යි.

එවිට භාග්‍යවතුන් වහන්සේ වස්සකාර බ්‍රාහ්මණයාට මෙය කී සේක. "බ්‍රාහ්මණය, මින් බොහෝ කලකට පෙර විසල්පුර සාරන්දද සෑයෙහි සිටියදී මවිසින් වජ්ජීන් හට

සප්ත අපරිහානීය ධර්මයෝ උගන්වන ලද්දාහ. මේ ධර්මයන් තුළ ඔවුන් සිටිනා තාක් ඔවුනට දියුණුවක් මිස පිරිහීමක් ඇති නො වන්නේ ම ය." යනුවෙනි.

මෙකරුණ මුල්කොට භාග්‍යවතුන් වහන්සේ රජගහ නුවර ඇසුරු කොට සිටි සියලු භික්ෂු සංඝයා රැස්කොට අපරිහානීය ධර්මයන් සත බැගින් සයකුත්, තව අපරිහානීය ධර්ම සයකුත් වදාළ සේක.

භාග්‍යවතුන් වහන්සේ තමන් වහන්සේ ද ජීවත් වීමට නියමිත වූ කාලය වේගයෙන් නිමා වෙමින් පවත්නා වග මනාව දැනුවත් ව සිටි සේක. එකල උන්වහන්සේ නිතර වදාළේ සීලයත්, සමාධියත්, ප්‍රඥාවත් හොඳින් දියුණු කරගන්නා ලෙස ය. ඒ තුළින් ම නිකෙලෙස් විය හැකි බව ය.

භාග්‍යවතුන් වහන්සේ රජගහ නුවරින් නික්ම චාරිකාවෙහි වඩින්ට සූදානම් වූ සේක. මෙවර වැඩම කරනු ලබන චාරිකාව කිසියම් නිශ්චිත තැනකින් සදහටම නිමා වන්නේ යැයි දැනගන්ට අනඳ තෙරුන්ට බැරි විය. එය භාග්‍යවතුන් වහන්සේ මිස අන් කවුරු දනිත් ද!

රජගහ නුවරින් නික්ම නාලන්දාවට වැඩම කොට අම්බලට්ඨිකායේ රාජාගාරයෙහි වැඩසිට එතැනින් නික්ම පාවාරික අඹ වනයට වැඩි සේක. යළි එතැනින් නික්ම පාටලීගමට වැඩි සේක. පාටලීගමට වැඩි භාග්‍යවතුන් වහන්සේට අලුතින් ඉදිකරනු ලබන මහා නගරයක ගොඩනැගිලිවලට අරක් ගන්නා දෙවිවරුන් දකින්ට ලැබුණේය.

"අනඳයෙනි, පාටලීගමෙහි මහා නගරයක් කරනු ලබන්නේ කවුරුන් විසින් ද?"

"භාග්‍යවතුන් වහන්ස, මගධ මහාමාත්‍ය සුනීධ - වස්සකාර බ්‍රාහ්මණයන් දෙදෙනා ඒ නගරය නිර්මාණය කරනුයේ වජ්ජි දේශය ආක්‍රමණය කිරීමේ අදහසිනි."

එකල්හි භාග්‍යවතුන් වහන්සේ වදාළේ මොවුන් විසින් ඒ නගරය තනමින් සිටිනුයේ තව්තිසා දෙවියන් හා කතාබස් කොට කරන දෙයක් මෙන් බව ය. එහි බොහෝ දෙවිවරුන් අරක් ගන්නා බව ය. එසේ ම, අනාගත ලෝකයේ ප්‍රධාන වාණිජ නගරයක් බවට පාටලීපුත්‍ර නගරය පත්වන බවත් එනමුදු ගින්නෙන් හෝ දියෙන් හෝ මිත්‍රභේදයෙන් හෝ ඒ මහා නගරයේ අවසානය සිදුවන බවත් වදාළ සේක.

මේ අනාවැකිය එලෙසින් ම සිදුවිය. එක් කලෙක ආසියාවේ සුවිසල් මහනගරය ලෙස පැවතියේ පාටලීපුත්‍ර නගරය ය. එය ප්‍රධානතම වෙළඳ මධ්‍යස්ථානය විය. මෙකල පැට්නා යනුවෙන් හඳුන්වනු ලබන්නේ ඒ නගරය යි. දැන් එය වනාහී දුහුවිල්ලෙන් ගැවසී ගත් නො දියුණු නගරයකි.

පසුදා භාග්‍යවතුන් වහන්සේ ගංගා නදියෙන් එතෙර ව කෝටිගමට වඩිනු කැමති විය. ගංතෙරට වැඩි කල්හි ගංගාව පිටාර ගලන මට්ටමින් තිබුණාය. පන්සීයක් භික්ෂූන් ද කැටුව භාග්‍යවතුන් වහන්සේ ඍද්ධි බලයෙන් ගංගා නදියෙන් එතෙර වූ සේක. කෝටිගමෙහි ටික දිනක් වැඩසිට එතැනින් නාදිකාව බලා වැඩම කළ සේක.

නාදිකාවෙහි අනඳ මහතෙරුන් දන්නා හඳුනන බොහෝ දෙනෙකු මියගොස් ඇති වග අසන්ට ලැබිණ. එවිට තෙරණුවෝ ඔවුන් පිළිබඳව කරුණු දැනගන්ට රිසි වූහ. භාග්‍යවතුන් වහන්සේ වෙත පැමිණ ඒ පිළිබඳ ප්‍රශ්න කිරීමට පටන් ගත්හ. සාළ්හ භික්ෂුව, නන්දා භික්ෂුණිය, සුදත්ත උපාසක, කකුධ උපාසක, කාලිංග උපාසක, නිකට උපාසක ආදීන්ගේ බොහෝ නම් එහි ඇතුළත් විය. මේ නිමා නො වන ප්‍රශ්න ඇසීමෙන් භාග්‍යවතුන් වහන්සේ වෙහෙසට පත්වන වගක් අනඳ තෙරුන්ට නො වැටහුණි.

එකල්හි භාග්‍යවතුන් වහන්සේ අනඳ තෙරුනට මෙය කී සේක. "අනඳයෙනි, තොප සිතනා පරිදි මනුලොව උපන්නෙක් මිය යන්නේය යන කරුණ මහඅසිරියක් නොවේ. එසේ මිය ගියවුන්ගේ පරලොව තතු නො නවත්වා ඇසීම නම් අනඳයෙනි, තථාගතයන්ට වෙහෙසකි.

අනඳයෙනි, මම් තොපට දහම් කැඩපත නම් ධර්ම ක්‍රමයක් කියා දෙමි. එනම් ආර්ය ශ්‍රාවකයෙක් යම් කලෙක තථාගත අර්හත් සම්මා සම්බුදුහු ගේ අර්හත්වය ආදී සම්බුදු ගුණයන් පිළිබඳව හොඳින් වටහා නො සෙල්වෙන පැහැදීමකින් යුක්ත වේ ද, එසේ ම, තථාගතයන් විසින් වදාරන ලද ධර්මය වනාහී ස්වාක්ඛාතාදී ගුණයන්ගෙන් යුක්ත බවට නො සෙල්වෙන පැහැදීමක් වේ ද, එසේ ම, ශ්‍රාවක සංඝයා තුළ පවත්නා සුපටිපන්නතාදී ගුණයන් කෙරෙහි නො සෙල්වෙන පැහැදීමකින් යුක්ත වේ ද, එසේම ආර්යකාන්ත සීලයෙන් යුක්ත වේ ද, මෙසේ අනඳයෙනි, මේ සිව් වැදෑරුම් අංගයන් තමා තුළ පිහිටා ඇති බව යමෙක් දකී නම් ඔහු ඒ දකිනුයේ දහම් කැඩපත ය.

මේ දහම් කැඩපතින් තමාව දක්නා ආර්ය ශ්‍රාවකයා සිව් අපායෙන් නිදහස් වූ, තිරසර වශයෙන් නිවන් මගෙහි බැසගත්, අත්‍යන්තයෙන් ම නිවන පිහිට කොට වසනා සෝවාන් වූවෙකු බව තමා ම දැනගන්නේය."

නාදිකාවෙන් නික්ම වැඩි භාග්‍යවතුන් වහන්සේ විසල්පුරයට වැඩම කොට අම්බපාලියගේ අඹවෙනෙහි වුසූ සේක. එතැනින් නික්ම වැඩි භාග්‍යවතුන් වහන්සේ බේලුවගමට වැඩි සේක. වස්සාන ඍතුව ඇරඹුණි. භාග්‍යවතුන් වහන්සේ තමන් වහන්සේ සමග වැඩි භික්ෂූන්ට දන්නා හඳුනන තැන්වල වස් වසන්ට නියම කළ සේක. තමන් වහන්සේ බේලුව ගමෙහි ම වස් වුසූ සේක. මෙම බේලුවගම වනාහී විසල්පුර නගරයට දකුණු පසින් පිහිටි ගමෙකි. මේ වනාහී භාග්‍යවතුන් වහන්සේ ගේ අවසාන වස් වැසීම ය.

අසිරිමත් බුදු උවටැන නිමා වෙන්ට ආසන්න ය

මේ වස් කාලය භාග්‍යවතුන් වහන්සේ ගේ ශරීරයට එතරම් හිතකර නො වී ය. උන්වහන්සේට දරුණු වූ රුජාවෙක් හටගති. මාරාන්තික වේදනා ඇති වුණි. එයින් වෙහෙසට පත් නො වූ භාග්‍යවතුන් වහන්සේ මනා සිහියෙන් යුතු ව ඒ හැම කායික දුකක් ම ඉවසූ සේක. භික්ෂු සංඝයා නො අමතා නො පිරිනිවන් පානා බවට අදිටන් කරගත් සේක. ඒ අධිෂ්ඨාන බලය හේතුවෙන් ටික වේලාවකින් දැඩි ගිලන් බව යටපත් ව ගියේය. එකල්හි ගිලන් බවින් නැගී සිටි භාග්‍යවතුන් වහන්සේ කුටියෙන් නික්ම වෙහෙර සෙවණෙහි පනවන ද අසුනෙහි වැඩහුන් සේක.

අනඳ තෙරණුවෝ මහත් සේ කැළඹී සිටියහ. මේ තාක් කල් භාග්‍යවතුන් වහන්සේට උපස්ථාන කළ නමුත් මෙවන් බිහිසුණු රෝගී අවස්ථාවක් දැක නො තිබුණි. එබඳු ගිලන් ව සිටි තම ශාස්තෘන් වහන්සේ යළිත් සුවපත් ව මෙසේ දැකීම තෙරුන් ගේ සිතට මහත් සැනසීමක් ඇති කළේය.

තෙරණුවෝ භාග්‍යවතුන් වහන්සේ සමීපයට අවුත් වන්දනා කොට හිඳගත්හ. මෙසේ කීහ. "අනේ ස්වාමීනී, භාග්‍යවතුන් වහන්සේට දැන් කිසියම් පහසුවක් ඇති බව පෙනේ. අහෝ... ඒ ගිලන් බව දුටු විට මා ළය තද විය. සිරුර ගල් විය. මට කිසි දිශාවක් නො පෙනේ. කිසි දහම් කරුණක් සිහි කරගන්ට බැරි විය. ස්වල්ප වූ හෝ සැනසීමක් මට තිබුණි නම් ඒ භාග්‍යවතුන් වහන්සේ භික්ෂු සංඝයා අරභයා කිසිවක් නො වදාරා පිරිනිවන් නො පානා සේකැයි යන හැඟීම ය."

"අනඳයෙනි, භික්ෂු සංඝයා මගෙන් තව කුමක් නම් බලාපොරොත්තු වෙයි ද? අනඳයෙනි, මවිසින් ඇතුළත හා පිටත කියා දෙවිදිහකට නො තබා සැමට විවෘත කොට දහම් දෙසන ලද්දේය. අනඳයෙනි, ගුරුවරයෙකු සිය අත්මිටෙහි සඟවා තබාගෙන ඇති දෙයක් බඳු ආචාර්යමුෂ්ටියක් තථාගත ධර්මයෙහි නැත්තේය."

වරක් අනඳ තෙරුන් භාග්‍යවතුන් වහන්සේ ගේ පිට පිරිමදිමින් සිටියදී උන්වහන්සේ ගේ කයෙහි යාන්තමට රැළි හටගෙන තිබූ අයුරු දැක මෙසේ කීහ. "අනේ ස්වාමීනී, භාග්‍යවතුන් වහන්සේ ගේ දුහුවිලි නො රඳනා රන්වන් දිලිසෙන සමෙහි රැළි ස්වල්පයක් නැගී ඇත්තේය. ඉතා

ඍජු ව මහබඹහු ගේ මෙන් පැවති කය ද දැන් ස්වල්පයක් පෙරට නැමී ඇත්තේය." යි කීය. එදා අනඳයන්ට පැවසූ වදන් එලෙසින් ම මෙදා ද භාග්‍යවතුන් වහන්සේ වදාළ සේක.

"අනඳයෙනි, මම් දැන් දිරාගිය අයෙක් මි. වයෝවෘද්ධයෙමි. මහල්ලෙක් මි. බොහෝ කලක් ගියේ නොවැ. මාගේ වයසත් අසූවෙකි. අනඳයෙනි, දිරාගිය ගැලක් පිළිසකර කොට පවත්වනුයේ යම් සේ ද, තථාගතයන් මේ කය ද පවත්වනුයේ එසේ ය. අනඳයෙනි, මම වරින් වර කිසිදු නිමිත්තක් මෙනෙහි නො කොට, විඳීම් අරමුණු නිරුද්ධ කොට අනිමිත්ත චිත්ත සමාධියෙන් වසමි. එකල්හි අනඳයෙනි, ඒ සමවතින් තථාගතයන් ගේ කයට කිසියම් පහසුවක් සැලසේ."

මෙසේ කල් ගෙවන අතරේ එක්තරා දිනෙක භාග්‍යවතුන් වහන්සේ පෙරවරුවෙහි විසල් පුර පිඬු පිණිස හැසිර අවසන් ව චාපාල චෛතිය වෙත වැඩම කළ සේක. අනඳයෝ ද නිසීදනය ගෙන භාග්‍යවතුන් වහන්සේ ගේ පිටුපසින් වැඩියහ. චාපාල චෛතියෙහි දී පනවන ලද අසුනෙහි වැඩහුන් භාග්‍යවතුන් වහන්සේට වන්දනා කොට අනඳ තෙරණුවෝ ද එකත්පස් ව හිඳගත්හ.

එදා භාග්‍යවතුන් වහන්සේ වදාළේ ඇතැම් අවස්ථාවන්හි දී ත් කියන ලද අමුතු ම කථාවෙකි. ඒ හැම වරකදී ම අනඳයනට ඒ කථාවන් නො වැටහුණේය. ඇතැම්විට අනඳයන්ට එය වැටහෙන්ට ඇත්තේ පරිසරය පිළිබඳව කරන කිසියම් සෞන්දර්යාත්මක කථාවක් පරිද්දෙන් විය හැකිය. එහෙත් එසේ වදාරනුයේ මහා

බරපතල සිදුවීමක ගොරෝසු පෙරනිමිත්තකි. ඕළාරික ඉඟියකි. පෙර දැනුවත් කිරීමෙකි. එහෙත් ලෝකාධිපත්‍යය දරන මාරයාගේ මැදිහත් වීම නිසා යෝනිසෝ මනසිකාරය සම්පතක් කොට වසන අනඳ මහතෙරුන් ගේ සිත පවා එහි යොමු වීමට ඉඩක් නො දුන්නේය. එහි අරුත සැඟවීය.

එදා ද භාග්‍යවතුන් වහන්සේ වරින් වර වදාරන ලද සුපුරුදු අමුතු කථාව පැවසූ සේක. "අනඳයෙනි, විසල්පුර මනහර ය. උදේනි චේතිය මනහර ය. ගෞතම චේතිය මනහර ය. සත්තම්බක චේතියත් මනහර ය. බහුපුත්තක චේතියත් මනහර ය. සාරන්දද චේතියත් මනහර ය. චාපාල චේතියත් මනහර ය.

එසේ ම අනඳයෙනි, යමෙකු තුළ ඡන්ද, චිත්ත, විරිය, විමංසා යන සිව් ඍද්ධිපාද ධර්මයන් ඉතා හොඳින්, මනාකොට ප්‍රගුණ වී, පරිසමාප්ත වී, පිරිපුන් ව ඇත්නම්, හේ රිසි වන්නේ නම් ආයුකල්පයක් හෝ එයට මඳක් වැඩියෙන් හෝ විසුව හැක්කේය. අනඳයෙනි, තථාගතයන් තුළ ද මේ සිව් ඍද්ධිපාද ධර්මයන් ඉතා හොඳින් ප්‍රගුණ ව පිරිපුන් ව අත්‍යන්තයෙන් ම පිරිපුන් ව මැනවින් පිහිටා ඇත්තේය. ඉදින් තථාගතයෝ කැමති වෙත් නම් ආයුකල්පයක් හෝ එයට මඳක් වැඩියෙන් හෝ විසුව හැකි වන්නාහ."

මෙසේ භාග්‍යවතුන් වහන්සේ මෙතරම් තදබල ගොරෝසු නිමිති පෙන්වද්දී ද ඕළාරික කරුණුවලින් එළි දක්වද්දී ද එය වටහාගන්ට අනඳ තෙරණුවෝ නො සමත් වූහ. මාරයා විසින් සිත වසන ලදුව 'ස්වාමීනී, භාග්‍යවතුන්

වහන්සේ ආයුකල්පයක් වැඩසිටින සේක්වා! ස්වාමීනී, සුගතයන් වහන්සේ ආයුකල්පයක් වැඩසිටින සේක්වා!' යි ඇරයුම් කරන්ට අනඳ තෙරණුවෝ අදක්ෂ වූහ.

එක් වතාවක් පමණක් නො වේ. දෙවනුවත් තෙවනුවත් මෙය වදාළ නමුත් ඒ හැම වරක ම අනඳ තෙරුන් නිහඬ ව අසා සිටියා මිස එහි අරුත් වටහා කරුණු කාරණා තේරුම් ගෙන මේ පවසන්නේ කුමක් දැයි හඳුනාගන්ට නො හැකි විය. 'අනඳ, එසේ නම් යව' යි කියා භාග්‍යවතුන් වහන්සේ අනඳ තෙරුන් එතැනින් ඉවත් කළ සේක.

එසැණින් ලෝකාධිපති මාරයා පැමිණ පෙනී සිටියේය. භාග්‍යවතුන් වහන්සේ ගේ බුද්ධකෘත්‍යය සම්පූර්ණ ව ඇති බවත්, ව්‍යක්ත, විශාරද, විනීත, බහුශ්‍රැත, ධර්මධර, ධර්මානුධර්ම ප්‍රතිපන්න භික්ෂු, භික්ෂුණී, උපාසක, උපාසිකාවන් බිහි වී ඇති බවත්, දැන් බුදු සසුන පෙරට ගෙන යන්ට ඔවුන්ට හැකි බවත්, එහෙයින් එය ඔවුනට කරගන්ට ඉඩ දී පිරිනිවන් පෑමට කාලය එළඹී ඇති බවත්, පිරිනිවන් පානා ලෙසත් බලවත් ව ඇරයුම් කොට සිටියේය.

ඒ ඇරයුම පිළිගත් භාග්‍යවතුන් වහන්සේ එතැන් පටන් තුන් මසක් පමණක් ජීවත් වන බවට අදිටන් කොට ඍද්ධිපාද බලයෙන් ආයුසංස්කාර දිගු කරගැනීමේ හැකියාව මුළුමනින් ම සිතෙන් ඉවත් කරගත් සේක.

එසඳ භාග්‍යවතුන් වහන්සේ ගේ මුවින් නිතැතින් ම මේ ගාථාව නිකුත් විය.

පමණ කළ හැකි පිනෙන්
අපමණ ව වැඩි සිව් සෘද්ධිපාදයෙන්
හටගෙන තිබුණි මුනිහු ගේ - මේ භව සංස්කාරයන්
මුනි තෙමේ එය අත්හළේය දැන්
හදෙහි වූ නිවනෙහි ම - සිත මනාකොට තබා
අත්බව වැළඳ සිටි - ඒ භව සංස්කාරයන්
බිඳ දැමී - යුද ඇඳුම ඉවත ලන සේ

ආයු සංස්කාරය අත්හැරීම යනු එය ය. එය කෙතරම් ප්‍රබල ව පරිසරයට දැනුනේ ද යත්, අහස්කුස ගුගුරා ගියේය. හෙණ හඬ නැගිණ. පොළොව සැලී ගියේය. සැණෙකින් නොකල් වැස්සෙක් ඇදහැලිණි. බිහිසුණු තැතිගැනීම් ඇතිවුණි.

භාග්‍යවතුන් වහන්සේට නුදුරින් භාවනාවෙන් සිටි අනඳ තෙරණුවෝ එය අසා විස්මයට පත් ව වහා භාග්‍යවතුන් වහන්සේ වෙත අවුත් වන්දනා කොට මේ දැන් සිදු වූ අද්භූත සිදුවීම් මාලාව පවසා සිටියහ. එකල්හි භාග්‍යවතුන් වහන්සේ භූචලනය වීමට හේතු අටක් ඇති බවත් ඉන් සත්වෙනි හේතුව නම් සම්බුදුවරයෙකු ගේ ආයු සංස්කාර අත්හැරීම බවත්, අටවන හේතුව සම්බුදුවරයෙකුගේ පිරිනිවන් පෑම බවත් වදාළ සේක.

මාරයා සිය කටයුත්ත හමාර කොට නො පෙනී ගියේය. දැන් අනඳ තෙරුන් ගේ සිත ද නො පෙනෙන ආධිපත්‍යයකින් වැසී නැත්තේය. වහා සිහි උපන. මනා සිහියෙන් යුතුව ඇහුම්කන් දෙන්ට විය. භාග්‍යවතුන් වහන්සේ මෙතෙක් කලක් පස්විසි වසරක් ම අනඳයන්ට නො කී, කොටින් ම පන්සාළිස් වසරක් ම කිසිවෙකුටත් නො කී විශේෂ වූ දෙයක් කියන්ට පටන් ගත් සේක.

"අනඳයෙනි, ඒ මා සම්බුද්ධත්වය ලද අලුත ය. එදා උරුවෙල් දනව්වෙහි නේරංජරා නදිය අසබඩ අජපල් නුගරුක් සෙවණේ සිටියෙමි. එදා ද මාර තෙමේ මා ඉදිරියේ පෙනී සිටියේය. එදින ම පිරිනිවන් පානා ලෙස බලකොට අයැද සිටියේය. එකල්හි මා ඔහුට කීවේ මාගේ බුද්ධ කෘත්‍යය පිරිපුන් වන තුරු, සිව්වණක් පිරිස දහම් මගෙහි සවිමත් වනතුරු දෙව් මිනිස් ලෝකයා අතර මේ ධර්මය සුප්‍රකාශිත වන තුරු මා කිසිසේත් පිරිනිවන් පාන්ට සූදානම් නැති වග ය.

අනඳයෙනි, මේ දැනුත් මාර තෙමේ පැමිණියේය. තථාගතවරයෙකු ගේ බුද්ධකෘත්‍යය පිරිපුන් ලෙස අවසන් ව ඇති හෙයින් පිරිනිවන් පානා ලෙස බලකොට අයැද සිටියේය. එසඳ මා ඔහුට කීයේ 'මාරය, තොප ඒ සඳහා උත්සුක නො වව. නොබෝ කලකින් තථාගත තෙමේ පිරිනිවෙන්නේය. මෙයින් තෙමසක් ඇවෑමෙන් පිරිනිවීමට අදිටන් කොට මම දැන් මොහොතකට පෙර ආයු සංස්කාරය අත්හළෙමි."

අනඳ තෙරුන්ට එය ඇසුණේ හැම අතින් ම හිස මතට වැදුණු දරුණු පහරක් ලෙස ය. තෙරණුවෝ කියාගත නො හැකි තරම් අසරණකමකට පත් වූහ. එදා තරම් කිසිදා එතරම් හදිසියක් නො තිබුණි. මහත් වේගයකින් භාග්‍යවතුන් වහන්සේ ඉදිරියේ වැඳ වැටුණහ. භාග්‍යවතුන් වහන්සේට කල්පයක් වැඩසිටින්ට කියා බලහත්කාරයෙන් මෙන් මහත් කලබලයෙකින් ඇරයුම් කරන්ට පටන් ගත්හ. භාග්‍යවතුන් වහන්සේ බොහෝ කලක් වැඩසිටිනු දකින්ට අනඳයන් තුළ කෙතරම් නම් ආශාවක් තිබෙන්ට ඇද්ද! තමන් මේ දරනුයේ කිසිසේත්

නො ලැබිය හැකි අසාර්ථක උත්සාහයක් බව අනඳ තෙරුන්ට නො වැටහුණේය.

එකල්හි භාග්‍යවතුන් වහන්සේ වදාළේ දැන් කිසිවක් කියා පලක් නැති බවත්, අයැදුම් කළයුතු කාලය ඉක්ම ගිය බවත්, සිදුවිය යුතු දේ සිදුවී හමාර බවත් ය. අනඳයන්ට ඒ කිසිවක් ම නැසේ. හේ දෙවනුවත් තෙවනුවත් භාග්‍යවතුන් වහන්සේට කල්පයක් වැඩසිටින ලෙස බලකොට සිටියේය. එසඳ භාග්‍යවතුන් වහන්සේ තරවටු ස්වරයකින් මෙය ඇසූ සේක.

"අනඳයෙනි, තෙපි තථාගතයන් ගේ අවබෝධය අදහව් ද?"

"එසේය ස්වාමීනී."

"එසේ නම් ඇයි තොප තථාගතයන් තුන් වරක් තෙක් බලහත්කාරයෙන් මෙන් අයදිමින් මෙලෙසින් පෙළන්නේ?"

"අනේ ස්වාමීනී, භාග්‍යවතුන් වහන්සේ විසින් මෙවන් වදනක් දෙසූ වග මා අසා තිබේ. එනම්, සිව් ඍද්ධිපාදයන්ගෙන් පිරිපුන් ව ප්‍රගුණ වූ තථාගතයන් වහන්සේ නමකට කැමති නම් කල්පයක් හෝ ඊට වැඩියෙන් වුව වැඩසිටිය හැකි ය කියා ය."

"අනඳයෙනි, තෙපි එය අදහව් ද?"

"එසේය ස්වාමීනී."

"අනඳයෙනි, තොපගේ ම ය වරද. තොපගේ ම ය දෝෂය. තථාගතයන් ඉතා ගොරෝසු නිමිතිවලින් ඖළාරික එළි දල්වා යළි යළිත් කිහිප වාරයක දී පවසා සිටිය ද,

තථාගතයන්ට කල්පයක් සිටීම පිණිස ආයාචනා කරන්ට තොප අසමත් විය.”

මෙසේ භාග්‍යවතුන් වහන්සේ වරින් වර ඉඟි පළ කළ බව වදාළ විට අනඳ මහතෙරුන්ට ඒ හැමෙකක් ම මතක් වෙන්ට පටන් ගත්තේය. ඒ හැම වදනක් ම සාණ්ඨා නාදයක් සවන් අතරෙහි රැව්දෙන සෙයින් ඇසෙන්ට පටන් ගත්තේය. ඒ නාදය දෝංකාර දිදී වටා කැරකෙන සෙයින් හිස වටා කැරකෙන්ට පටන් ගත්තේය. තෙරණුවෝ අතිශයින් ම කම්පනයට පත්වූහ. ‘අහෝ... මා වැනියෙකුට මෙතරම් උදාර ජීවිතයක් රැකගන්ට බැරි වූයේ මන්ද?’ යන සිතිවිල්ලෙන් හද කකියන්ට විය. මහත් මැ කම්පනයකට පත් විය.

එකල්හි භාග්‍යවතුන් වහන්සේ අනිත්‍ය ප්‍රතිසංයුක්ත ධර්මයන් පවසා අනඳ තෙරුන් තුළ පැවති කම්පනය දුරුකළ සේක. අස්වැසූ සේක. තමන් වහන්සේ අත්හළ දෙය අත්හළේ ම බවත්, ජීවිතය පිණිසවත් මුවින් පිටකළ වචනයක් ආපසු හරවා නො ගන්නා බවත් පැහැදිලි කොට දුන් සේක.

තෙරණුවෝ සම්බුදු වියෝ දුක ඉවසමින් සිටී

මෙතැන් පටන් අනඳයන් ගේ සිතෙහි වූයේ කෙබඳු බරක් දැයි කාට නම් කිව හැකි ද! තම සිතෙහි ඇති දහසක් සිතුවිලි පවසන්ට ළඟ කවුරුත් නැත්තේය. අගසව් සැරියුත් මුගලන් ආදී මහරහතන් වහන්සේලා නිවී යන පහන් සිළු සෙයින් පිරිනිවී ගොස් ය. මහා කස්සපයන් වහන්සේ දුර ඈත වන සෙනසුනක ය. සිතින් සිතාගත නො හැකි, මුවින් කියා හමාර කළ නො හැකි බොහෝ

දේ සිතින් ම උසුලා දරාගෙන පෙර සේ ම භාග්‍යවතුන් වහන්සේට අවනත ව නිහඬ ව උපස්ථාන කරන්ට පටන් ගත්හ. සිත හදාගෙන එන හැටියට මූණ දීම මිස අනඳයන් හට අන් කිසිවක් ම ඉතිරි නො වී ය.

භාග්‍යවතුන් වහන්සේ එකල්හි වහා භික්ෂූන් එහි රැස් කරවූ සේක. තමන් වහන්සේ මෙතෙක් කලක් වදාළේ සතර සතිපට්ඨාන, සතර සම්‍යක් ප්‍රධාන වීර්යය, සතර ඍද්ධිපාද, පංච ඉන්ද්‍රිය ධර්ම, පංච බලධර්ම, සප්ත බොජ්ඣංග ධර්ම හා ආර්ය අෂ්ටාංගික මාර්ග යෙන් සමුපේත වූ ධර්මයක් බවත්, එය මනාකොට ඉගෙන කියාගෙන දරාගැනීම කළයුතු බවත් පැවසූ සේක. අනතුරුව තමන් වහන්සේ ගේ පිරිනිවීම තව තුන් මසකින් සිදුවන බවත් වදාළ සේක. එසේ වදාරා මේ ගාථාවන් ද කී සේක.

මුහුකුරා ගිය වයස් ඇත්තෙමි
දිවිය තව සුළු කලකි ඇත්තේ
හැර දමා යමි තොපා සියලු දෙන
පිහිට මා හට ලබාගත්තේ

නො පමා ව සිහි ඇතිව මහණෙනි
සුසිල්වත් දිවියක් ගෙවව්
කල්පනා නිසි මග ම රඳවව්
සිය සිත ද මැනවින් රකිව්

මා දෙසූ මේ දහම් විනයෙහි
යමෙක් නො පමාවෙන් වසයි නම්
මැරෙන ඉපදෙන මේ සසර දුක
නිමාවට පත් කරයි ඔහු නම්

මෙතෙක් කල් මුනිරදුන් පසුපස වැඩි ගමන නිම වේ

භාග්‍යවතුන් වහන්සේ සිය ගමනාන්තය කරා කෙමෙන් කෙමෙන් වඩනා සේක. විසල් පුරයෙන් පිටත් වෙන්ට පෙර මුළු කය ම හරවා බලන නාගාපලෝකනයෙන් විසල් පුර දෙස බලා අනඳයනට වදාළේ මේ වනාහී විසල් පුර දෙස බලන අවසන් දැක්ම බව යි.

එතැනින් භණ්ඩගමට ද, එතැනින් හත්ථිගමට ද, එතැනින් අම්බගමට ද, එතැනින් ජම්බුගමට ද, එතැනින් භෝග නගරයටත් වැඩම කොට එහි දී සතර මහාපදේශයන් ද වදාළ සේක. එයින් කියවෙන්නේ සිව් අයුරකින් ධර්ම විනය තුළ ගලපා නිවැරදිව හඳුනා ගැනීමේ ධර්ම ක්‍රමය පිළිබඳව ය.

භෝග නගරයෙන් පාවා නුවරට වැඩි භාග්‍යවතුන් වහන්සේ චුන්ද නම් රන්කරු පුත්‍රයෙකු ගේ ඇරයුමින් එහි වැඩම කොට දන් වැළඳූහ. එය වනාහී භාග්‍යවතුන් වහන්සේ විසින් වළඳන ලද අවසන් දානය ය. ඒ දානය වැළඳීමෙන් පසු යටපත් ව තිබූ රෝගය යළි උත්සන්න විය. මලපහ කරන කල්හි ලේ වහනය සිදු විය. එහිදී ඇති වූ හැම වේදනාවක් ම ඉවසමින් කුසිනාරාව දෙසට වැඩම කළ සේක.

එසේ වඩිනා ගමනේ දී භාග්‍යවතුන් වහන්සේට ඇති වූ විජලනය හේතුවෙන් බලවත් පිපාසයක් ද ක්ලාන්තයක් ද හටගති. එකල්හි භාග්‍යවතුන් වහන්සේ ගමන නවතා, මාවත අසල වූ සිනිඳු සෙවණැති රුක් සෙවණක් දැක, අනඳ තෙරුන් ලවා සඟල සිවුර සිව්ගුණ කොට අතුරවා, වෙහෙස දුරු කරගනු වස් එහි මඳක් වැඩහුන් සේක.

දැඩි පිපාසය කෙතෙක් ද යත්, උන්වහන්සේ අනඳ තෙරුන්ගෙන් පැන් ඉල්ලා සිටි සේක. "අනඳයෙනි, පිපාසය ඉතා දැඩි ය. පැන් ටිකක් ගෙනෙව. වළඳන්නෙමි."

භාග්‍යවතුන් වහන්සේට විසිපස් වසක් සෙවණැල්ලක් සේ උවටැන් කළ අනඳ මහතෙරුනට තම සදාදරණීය ශාස්තෘන් වහන්සේ පත් ව සිටිනා තත්වය හඳුනාගන්ට අපහසු නැත. තෙරණුවෝ වහා පාත්‍රය අතට ගෙන අසල ඇති කුඩා නදියක් වෙත ගියහ. 'අහෝ... ඒ කුඩා නදිය හරහා ගැල් පන්සියයක් එගොඩ වී ගමන් කරනු පෙනේ. එතැනට ගිය අනඳයන් දුටුවේ ගවයින් ගේ කුරපහරින් ද ගැල් රෝද පහරින් ද කුඩා නදියේ ජලය මුළුමනින් ම කැළඹී කිසිසේත් පානය කිරීමට නුසුදුසු මඩදියක් ව තිබෙන බව යි. අනඳ තෙරුනට කර කියා ගන්ට දෙයක් නැති විය. කෙසේ හෝ පැන් ටිකක් සොයාගත යුතු නමුත් කුමක් කරන්ට ද? වෙන දුර ඈත යන්නට වෙලාවකුත් නො වේ. හැබැයි භාග්‍යවතුන් වහන්සේව කැඳවාගෙන හෙමිහිට නමුත් ටික දුරක් යාගත්තොත් ඉතා පිරිසිදු දිය ඇති කකුත්ථා නදිය වෙත යාගත හැකිය.

මෙවන් සිතුවිලිදමෙක පැටලී මහත් කනස්සලු මුහුණින් යුතු ව අනඳ තෙරණුවෝ හිස් පාත්‍රය ඇතිව භාග්‍යවතුන් වහන්සේ වෙත ආයේ මහත් අසරණ විලාසයකිනි. "අනේ ස්වාමීනී, මේ අසල ඇති කුඩා නදිය සරස ගැල් පන්සියයක් එතෙර වී ඇති හෙයින් එහි දිය මුළුමනින් ම කැළඹී මඩින් ආකුල ව ඇත්තේය. කකුත්ථා නදිය නම් වැඩි ඈතක නැත ස්වාමීනී. එතැනට යාගත්තොත් සිහිල් පැන් වළඳා ඇඟපත සෝදාගත හැක්කේය."

එවන් ගමනකට භාග්‍යවතුන් වහන්සේ ගේ කය කිසිසේත් සූදානම් නැත. තමන් වහන්සේට වහා පැන් ටිකක් ගෙනෙන ලෙස නැවතත් වදාළ සේක. 'එසේය ස්වාමීනී' යි පැවසූ අනඳ තෙරුන් කෙසේ හෝ වැළඳිය හැකි පැනිත්තක් ගන්නෙමි යන අදහසින් පාත්‍රය ගෙන, යා හැකි වෙන තැනක් නො දැක යළි ඒ කුඩා නදිය වෙත ම වඩිනවිට කුමක් නම් සිතෙන්ට ඇද්ද! එහෙත් අනඳයන් දුටුවේ කලින් දුටු දෙයට වඩා හාත්පසින් ම වෙනස් වූ දෙයකි. 'අහෝ මහත් මැ අසිරියකි! දැන් මොහොතකට පෙර දැඩි ලෙස කැලතී මඩින් ආවිල වූ ඒ නදිය ම ද මේ? අහෝ... නිල්මිණි දහරෙක සිරියෙන් මඳ මඳ ව ගලා බස්නා මිහිරි පැන් ගඟුලකි! අහෝ... මාගේ ශාස්තෘන් වහන්සේ මහා ඍද්ධි ඇති සේක. මහානුභාව ඇති සේක' යි නිම්හිම් නැති ප්‍රීතියෙන් ඉපිල ගිය අනඳයන් ගේ මුවමඬල හදිසියේ විකසිත වූ මලක් සේ දිස්විය. මහත් සතුටින් යුතු ව පාත්‍රයට පැන් ගෙන සිනා රැඳුණු වතින් වහා භාග්‍යවතුන් වහන්සේ වෙත ගොස් පැන් පිළිගැන්වූහ.

පැන් වැළඳීමෙන් භාග්‍යවතුන් වහන්සේ ගේ කයට මහත් පහසුවක් සැපයක් දැනිණ. ඒ මගෙහි ම මහත් ගැල් සමූහයක් ගෙන ගමන් කරමින් සිටි මල්ලපුත්‍ර පුක්කුස නමැති රජදරුවෙක්, දුටු පමණින් නෙත් සිත් සැනහී යන අත්‍යන්ත ශාන්ත ඉරියව්වෙකින් රන් පිළිමයක් සේ වැඩහිඳිනා මේ අද්භූත ශ්‍රමණයන් වහන්සේ දැක වහා අවුත් වන්දනා කොට කතාබහට වැටුණි. භාග්‍යවතුන් වහන්සේ ඔහු හා කළ කථාවට හේ කෙතරම් පැහැදුණේ ද යත්, වහා දුවගොස් රාජකීය උත්සවයක් පිණිස ගෙන යමින් සිටි රන්වන් වස්ත්‍ර යුගලක් රැගෙන ආවේය. එකක්

භාග්‍යවතුන් වහන්සේට ද අතික අනඳ තෙරුන්ට ද පිදීය. වන්දනා කොට පිටත් ව ගියේය.

පුක්කුස මල්ලයන් පිටත් ව ගිය විට අනඳ තෙරණුවෝ ඉතා මටසිලිටි ඒ රන්වන් වත්යුගල භාග්‍යවතුන් වහන්සේට පෙරවූහ. සැණෙකින් මුළු තථාගත සිරුර ම බබළන්ට පටන් ගති. ඒ බැබළීම අනඳ තෙරුන් අන් කිසිදාක හෝ දැක නැත. නෙත් විදහා විස්මයට පත් අනඳ තෙරණුවෝ භාග්‍යවතුන් වහන්සේ දෙස බලමින් මෙය කීහ.

"ස්වාමීනී, භාග්‍යවතුන් වහන්ස, කෙතරම් නම් අසිරියෙක් ද! කෙතරම් නම් අද්භූතයෙක් ද! මේ මටසිලිටි රන්පැහැ වත් සඟල පෙරවූ කල්හි ඒ රන් පැහැය පරදා භාග්‍යවතුන් වහන්සේගේ සිරුර ගිනිසිළු රහිත රක්ත වර්ණ ගිනි අඟුරු පැහැයෙන් මනස්කාන්තවත් ප්‍රභාෂ්වරවත් බබළයි."

"එසේය අනඳයෙනි, එය එසේ ම ය. තථාගතයන් ගේ සිරුර මෙවන් පැහැයෙකින් දිස්වනුයේ අවස්ථා දෙකක දී පමණි. අනඳයෙනි, යම් රැයක තථාගතයෝ අනුත්තර සම්‍යක් සම්බෝධිය සාක්ෂාත් කළාහු ද, එදාත් මෙය මෙසේ ම විය. එසේ ම, යම් රැයක තථාගතයෝ අනුපාදිශේෂ පිරිනිවනින් පිරිනිවී යන්නාහු ද, එකල්හිත් මෙය මෙසේ ම ය. අනඳයෙනි, අද රෑ පැසුළුයමෙහි මල්ල රජුන් ගේ උපවර්තන සල් උයනෙහි සල් රුකක් දෙකක් අතර තථාගතයන් ගේ පිරිනිවීම වන්නේය. එව අනඳයෙනි, දැන් අපි කකුත්ථා නදිය වෙත යමු."

කකුත්ථා නදියට වැඩම කළ භාග්‍යවතුන් වහන්සේ නදියෙහි බැස පැන් පහසු වූ සේක. සිහිල් පැන් වැළඳූ

සේක. යළි ගොඩ අවුත් අඹවනයට වැඩි සේක. එහිදී ද ගිලන් වූයෙන් භික්ෂූන් ලවා සඟල සිවුර සිව්ගුණ කොට අතුරුවා මඳක් සැතපුණු සේක.

ඉක්බිති භාග්‍යවතුන් වහන්සේ තමන් වහන්සේට සම්බුද්ධත්වයට පෙර දුන් දානයත්, පිරිනිවීමට පෙර දුන් දානයත් මහත්ඵල මහානිශංසදායක සමවිපාක දෙන බවත්, එහෙයින් තමාගේ දන් වැළඳූ හේතුවෙන් ශාස්තෘන් වහන්සේ ගිලන් වූ සේකැයි පසුතැවීමෙන් නො සිටින ලෙස චුන්දයනට කීම පිණිස අනඳ තෙරුන් හට පැවරූ සේක.

භාග්‍යවතුන් වහන්සේ "යමු ආනන්දයෙනි, දැන් හිරණ්‍යවතී නදියෙන් එතෙර පිහිටි කුසිනාරා මල්ල රජදරුවන් ගේ සල් වනයට" යි වදාළ සේක. එකල්හි තෙරණුවෝ භාග්‍යවතුන් වහන්සේව ඉතා පරෙස්සමෙන් එහි වඩමවාගෙන ගියහ. සල් වෙනෙහි සල් රුක් පේළි දෙකක් මැද වැඩසිටි භාග්‍යවතුන් වහන්සේ "අනඳයෙනි, මේ සල් රුක් දෙක අතර උතුරට හිස ලා ඇඳක් පනවව. ක්ලාන්තයෙමි. සැතපෙන්නෙමි." යි වදාළ කල්හි වහා ඇඳක් පැනවිණි. ඉක්බිති භාග්‍යවතුන් වහන්සේ දකුණු ඇලයට හැරී දකුණු පාදයෙන් වම් පාදය මඳක් මෑත් කොට සිංහ සෙය්‍යාවෙන් මනා සිහි නුවණින් යුතු ව සැතපුණු සේක.

එසැණින් සල් වෙනෙහි සියලු රුක්හි දෑසමන් මලෙක හැඩය ගත් ඒ සුදු පැහැ සල් මල් කිණිති මතු වී පිපී මුළු මහත් උපවර්තන සල් වනය ම සුරභි සුගන්ධයෙන් සුවඳවත් වූ මල්ගුලාවක සිරි ඉසිලීය. රුකින් වට මල්

තථාගතයන් වහන්සේ ගේ සිරුර මත වැටෙන්ට පටන් ගති. දිව්‍ය මදාරා පුෂ්පයෝ අහසින් පාවී ආහ.

මෙතැන් පටන් අනඳ තෙරණුවෝ මහත් ආයාසයකින්, මහත් කල්පනාවකින්, ඉතාමත් නුවණැති ව, සියලු වගකීම් සිය හිස මත තබාගත්තේය. කෙළවරක් නැති අසිරිමත් සිදුවීම් වැලකි මේ! දෙවියෝ ද පැමිණියහ.

භාග්‍යවතුන් වහන්සේ දකිනු කැමැති සැදැහැවත් කුලපුත්‍රයෙකු හට දකින්ට සුදුසු, දැක සංවේගයට පත්වෙන්ට සුදුසු තැන් සතරක් ඇති බවත්, ඒ සතර වනාහී තමන් උපන් ස්ථානයත්, අනුත්තර සම්‍යක් සම්බෝධිය පසක් කළ ස්ථානයත්, අනුත්තර දම්සක් පැවැත්වූ ස්ථානයත්, නිරුපදිශේෂ පිරිනිවන් ධාතුවෙන් පිරිනිවී ගිය ස්ථානයත් බව වදාළේ මෙතැන දී ය.

ඉක්බිති අනඳ තෙරුන් සිතෙහි අවශ්‍යයෙන් ම ඇසිය යුතු ප්‍රශ්න මාලාවෙක් පැන නැංගේය. ස්ත්‍රීන් පිළිබඳ පිළිපැදිය යුතු ආකාරයත්, තථාගත සිරුර ආදාහනය කිරීමේ දී පිළිපැදිය යුතු ආකාරය ආදියත් ඇසූහ. සියල්ලට නිසි පිළිතුරු ලැබිණ.

ස්ථූපාර්හ පුද්ගලයන් ගැන වදාළ පසු තම ළයෙහි කැකෑරෙමින් තිබූ වියෝ දුක දරාගන්ට අනඳ හිමියන්ට නො හැකි විය. භාග්‍යවතුන් වහන්සේ දෙස බලා සිටින්ට තවදුරටත් බැරි විය. තෙරණුවෝ වහා වෙහෙරට පිවිසියහ. මෙපමණ මාස ගණනක් භාග්‍යවතුන් වහන්සේ තමන්-ගෙන් වෙන් වී යන බව දැන දැන ළය පුරා කකියමින් තිබූ සෝක දුක දෝර ගලා ගියේය. කර කියා ගත හැකි දෙයක් නැති වූ තෙරණුවෝ දොර අගුල් කණුවෙහි

එල්බ 'අහෝ... මම් දැන් කුමක් කෙරෙම් ද? මම් තවම අර්හත්වය පිණිස කළයුතු බොහෝ කටයුතු ඇත්තෙක් මි. අහෝ... මේ ලෝකයෙහි යම් මහෝත්තම කෙනෙකුන් වහන්සේ නමක් මා කෙරෙහි ඉතා අනුකම්පා කළ සේක් ද, ඒ මාගේ ශාස්තෘන් වහන්සේ ගේ පිරිනිවීම වන්නේය. අහෝ...!' යි කියමින් හඬා වැලපෙන්ට පටන් ගත්හ.

විසිපස් වසක් සෙවණැල්ලක් සේ නිබඳව සිට තමන් වහන්සේට මහත් ආදරයෙන් උවටැන් කළ අනඳයන් දැන් ශාස්තෘන් වහන්සේ ඉදිරියෙහි නැත්තේය. "මහණෙනි, අනඳයෝ කොහි ද?"

"අනේ ස්වාමීනී, අනඳ මහතෙරණුවෝ වෙහෙරට වැද දොර අගුළු කණුව වැළඳ හඬා වැලපෙමින් සිටිත්." භාග්‍යවතුන් වහන්සේ අනඳ තෙරුන් වහා එහි කැඳවූ සේක. අනඳ තෙරණුවෝ නෙතින් ගලනා කඳුළින් තෙත් වූ මුව ඇතිව භාග්‍යවතුන් වහන්සේ වෙත අවුත් වන්දනා කොට හිඳගත්හ.

පස්විසි වසක් පුරා අනඳයන්ගේ සවන්පත්හි නිතර වැදි වැදී තිබූ, මධුමදමුදිත මනෝහර කුරවීක නදින්, බඹගොස් පැතිරුණු හඬින් 'ආනන්ද' යන වචනය යළිත් ඇසුණේය. නො වෙනස් හඬකින් ඒ හඬ ම නැවත ඇසේ.

"පලක් නැත අනඳයෙනි, ශෝක නො කරව. නො වැලපෙව. ප්‍රිය මනාප වූ සියලු දෙයින් වෙන් වෙන්ට සිදුවෙන බව මා කලින් ම නො කීවේ ද...? අනඳයෙනි, තොප විසින් මේ සා දිගු කලක් මුළුල්ලෙහි තථාගතයනට මෛත්‍රී කාය කර්මයෙන්, මෛත්‍රී වචී කර්මයෙන්, මෛත්‍රී මනෝ කර්මයෙන්, පමණ නො කළ හැකි මෙත් සිතින්

දෙහිතක් නැති සිතින් උපස්ථාන කරන ලද්දේය. තෙපි අනඳයෙනි, රැස් කරන ලද පුණ්‍යස්කන්ධයෙන් යුක්තයහ. උත්සාහවත් වව. වහා නිකෙලෙස් වන්නෙහි ය.

ඉක්බිති භාග්‍යවතුන් වහන්සේ එහි රැස් ව හුන් භික්ෂූන් අමතා මෙය වදාළ සේක. "මහණෙනි, අතීතයේ අර්හත් සම්‍යක් සම්බුදුවරු පහළ වූවාහු ද, ඒ භාග්‍යවත් බුදුවරුනට ද දැන් මාහට අනඳයන් බඳු මෙබඳු ම අයෙකු පරම කොට ගත් උපස්ථායක භික්ෂූහු සිටියහ.

එසේ ම මහණෙනි, අනාගතයේ අර්හත් සම්‍යක් සම්බුදුවරු පහළ වන්නාහු ද, ඒ භාග්‍යවත් බුදුවරුනට ද දැන් මාහට අනඳයන් බඳු මෙබඳු ම අයෙකු පරම කොට ගත් උපස්ථායක භික්ෂූහු සිටින්නාහ.

මහණෙනි, අනඳයෝ නුවණැතියහ. ප්‍රඥා ඇතියහ. තථාගතයන් දක්නට භික්ෂූන්හට නිසි කාලය මෙය ය, එසේ ම, භික්ෂුණීන්ට, උවසුවනට, උවැසියනට නිසි කාලය මෙය යැයි මනාව දනිත්."

අනඳ තෙරුන් භාග්‍යවතුන් වහන්සේ කෙරෙහි කෙතරම් හිතෛෂී ද යත්, භාග්‍යවතුන් වහන්සේ ගේ අවසාන කෘත්‍යය රාජකීය ලීලාවෙකින් ජයට ම සිදුවෙනු දැක්ම තෙරුන් ගේ ආශාව විය.

"අනේ භාග්‍යවතුන් වහන්ස, මේ කුසිනාරාව බඳු කුඩා නුවරෙක, රළු මං මාවත් ඇති නුවරෙක නො පිරිනිවෙන සේක්වා! ස්වාමීනී, අපට චම්පා, රාජගෘහ, ශ්‍රාවස්ථි, සාකේත, කෞෂාම්බි, බාරාණසී ආදී මහා නුවර තිබෙනවා නොවැ. එවන් නුවරෙක පිරිනිවන් පානා

සේක්වා! එහි මහා ධනවත් ක්ෂත්‍රියයෝත්, බ්‍රාහ්මණයෝත්, ගෘහපතියෝත් බොහෝ සිටිත්. ඔවුහු භාග්‍යවතුන් වහන්සේ කෙරෙහි ඉතා පැහැදී සිටිත්. ඔවුහු තථාගත සිරුරට නිසි පුද පෙළහර දක්වන්නාහ."

"නැත අනඳයෙනි, එසේ නො කියව. මේ කුසිනාරාව කුඩා නගරයෙක, රළු මාවත් ඇති නගරයෙක, අතු නගරයෙකැයි නො කියව. මේ වනාහී එක් අවධියක තිබූ මහා නගරයෙකි. එහි මහා සුදස්සන නම් සක්විති රජෙක් විසුවේය. හේ අනිකකු නොව මා ය." අනඳයෝ නිහඬ වූහ. ඉක්බිති එහි රැස් කකා හුන් මල්ල රජදරුවන්ටත්, මල්ල දේවීවරුන්ටත් භාග්‍යවතුන් වහන්සේ වන්දනා කිරීමට සලස්වා දුන්හ.

දිවමන් මුනිඳු ගේ අවසන් ශ්‍රාවකයා පැමිණේ

එකල්හි සුභද්‍ර නම් පරිව්‍රාජකයෙක් තමාටත් භාග්‍යවතුන් වහන්සේගෙන් ඇසිය යුතු ප්‍රශ්න ඇතැයි කියමින් කලබලයෙන් හැසිරෙන්ට විය. "අනේ මා අසා තිබෙනුයේ ලොව ඉතා කලාතුරකින් තථාගත අර්හත් සම්බුදුවරු පහළ වෙති කියා ය. ශ්‍රමණ ගෞතමයන් වහන්සේ ද එබඳු කෙනෙක් ල. අද රෑ පිරිනිවී යත් ල. අනේ මගේ සැක සංකා දුරු කරන්ට බණ පදයක් අසන්ට ඕනෑ" යි මහ හඬින් කියන්ට පටන් ගති.

අනඳ තෙරණුවෝ ඔහු වෙත ගියහ. "මේ... ඇවැත් සුභද්‍ර, තථාගතයන් වෙහෙසට පත් නො කරව. භාග්‍යවතුන් වහන්සේ ක්ලාන්ත ව සැතපී සිටින සේක." සුභද්‍ර ගේ හදිසිය නො නැවතුණි. හේ දෙවන වටත් තෙවන වටත් එය ම කියන්ට විය. ඒ හැම වර ම අනඳ

තෙරණුවෝ ඔහු වැළැක්වූහ. මේ කථාසල්ලාපය අසා සිටි භාග්‍යවතුන් වහන්සේ "අනඳයෙනි, සුභද්‍ර ව නො වළක්වව. සුභද්‍රයනට තථාගතයන් ගේ දැක්ම ලැබේවා! තථාගතයන් වෙහෙසවන අදහසක් ඔහුට නැත්තේය. ඔහු වහා වටහා ගන්නෙකි." යි වදාළ සේක.

සුභද්‍ර ඇසූ පැනයන් පලක් නැතැයි කියා භාග්‍යවතුන් වහන්සේ එය බැහැර කොට ආර්ය අෂ්ටාංගික මාර්ගය ගැන වදාළ සේක. යම් ධර්ම විනයක ආර්ය අෂ්ටාංගික මාර්ගය තිබේ නම්, එහි පමණක් ලෝකයෙහි පළමු සෝවාන් ශ්‍රමණයාත්, දෙවන සකදාගාමී ශ්‍රමණයාත්, තෙවන අනාගාමී ශ්‍රමණයාත්, සිව්වෙනි අර්හත් ශ්‍රමණයාත් දැක්ක හැකි බව වදාළ සේක.

සුභද්‍ර බොහෝ සෙයින් පැහැදුනි. භාග්‍යවතුන් වහන්සේ ගේ අවසරයෙන් ඒ මොහොතේ ම පැවිදි උපසම්පදාව ලද්දේය. සුළු මොහොතකට විවේකී තැනකට ගිය සුභද්‍ර භික්ෂුව වහා මගඵල නිවන් පසක් කොට රහතන් වහන්සේ නමක් බවට පත් ව භාග්‍යවතුන් වහන්සේ වෙත අවුත් වන්දනා කොට සිටියේය. ඒ සුභද්‍ර තෙරණුවන්ට දිවමන් ව වැඩහුන් භාග්‍යවතුන් වහන්සේ ගේ අන්තිම ශ්‍රාවකයා වෙන්ට වාසනාව ලැබුණි.

අනඳ තෙරුන් හැරදමා තථාගතයෝ පිරිනිවෙති

ඉක්බිති භාග්‍යවතුන් වහන්සේ භික්ෂූන් තුළ ධර්ම විනය පිළිබඳ කිසියම් විමතියක් ඇත්නම් එය අසන ලෙස පවසා සිටි සේක. ඉදින් ගෞරවය හේතුවෙන් කෙලින් අසන්ට බැරි නම් මිත්‍ර භික්ෂුවක ලවා හෝ අසන ලෙස කී සේක. එහෙත් එවැනි විමති ඇති එක් පුහුදුන්

භික්ෂුවක්වත් එහි නො සිටියේය. ඒ මහා සඟ පිරිසේ අන්තිමයා පවා සෝවාන් වූවෙකි.

ඉක්බිති භාග්‍යවතුන් වහන්සේ භික්ෂූන් ඇමතූ සේක. **හන්දදානි භික්ඛවේ, ආමන්තයාමි වෝ. වයධම්මා සංඛාරා. අප්පමාදේන සම්පාදේථ** "මහණෙනි, දැන් තොප අමතමි. හේතූන් නිසා නිපන් සියලු දෙය ම නැසී යන ස්වභාවයෙන් යුතු ය. එහෙයින් නො පමා ව නිවන් මග හැසිරෙව්." යි වදාරා කාන්තිය කඩාහැලෙන අභිනීල නෙත් සඟල කෙමෙන් පියාගත් සේක. භාග්‍යවතුන් වහන්සේ ගේ සිරුර ක්‍රමයෙන් ගල් වී යන අයුරු අනඳ තෙරණුවෝ ඇස්පිය නො හෙළා බලා සිටියහ.

"අහෝ අනුරුද්ධයෙනි, භාග්‍යවතුන් වහන්සේ පිරිනිවී ගිය සේකැ" යි අනඳයන් හට ඉබේ ම කියැවුණි. "නැත ඇවැත් අනඳයෙනි, තවම භාග්‍යවතුන් වහන්සේ නො පිරිනිවි සේක. නිරෝධ සමාපත්තියට සමවන් සේක." ස්වල්ප වේලාවකින් තථාගත සිරුර යළි ප්‍රකෘති ස්වභාවයට පත්වනු දකින්ට ලැබුණි. යළි කෙමෙන් කෙමෙන් සිරුර අප්‍රාණික වෙමින් පහන් සිලක් නිවී යන සෙයින් පිරිනිවන් පා වදාළ සේක!

භාග්‍යවතුන් වහන්සේ ආයු සංස්කාර අත්හළ මොහොතේ යම් මහා ප්‍රාතිහාර්යයන් වූයේ ද, මේ මොහොතේ ද එවන් ආශ්චර්ය අද්භූත බොහෝ ප්‍රාතිහාර්යයෝ වූහ. සහම්පතී බ්‍රහ්මරාජයාත් සක්දෙවිඳාත් අනුරුද්ධ තෙරණුවෝත් ගාථාවන්ගෙන් භාග්‍යවතුන් වහන්සේට ස්තුති පූජා කළෝය. අනතුරුව අනඳ මහතෙරණුවෝ මේ ගාථාව කීහ.

හැම අයුරින් ම ලොව උතුම්
මහ ගුණැති සම්බුදු රදුන්
අහෝ පිරිනිවියෝ යැ සැණින්
එසඳ බිහිසුණු අසිරියෙක් විය
කිළිපොළා ගත ලොමුගැනුම් විය

කල්ප ලක්ෂයකට පෙර, පියුමතුරා සම්බුදුරදුන්ට උවටැන් කළ සුමන නම් මහිර්ධිමත් තෙරනමක් දැක, සිත උපන් හැඟුම, මේ තාක් කල් ළයෙහි රුවා, අප භාග්‍යවත් අර්හත් ගෞතම සම්බුදුරදුන් සමීපයෙහි එහි උත්කර්ෂවත් ම මොහොත විඳ, පස්විසි වසක් නො වෙනස් අකලංක සිතින් නිබඳව උවටැන් කොට, සවන් පුරා අමා දහම් අසමින් ළය පුරා දම් මිණි ආර ගලා බස්වා, සම්බුදු රුව දැක දැක නෙත්සඟල සනහමින්, සම්බුදු සිරුර රකිනු වස් මහා මෙත් සිතින් අත්පා මෙහෙවර කරමින්, සම්බුදු සෙවණැල්ලෙන් ලද මියුරු සැප විඳ විඳ, සම්බුදු සිරුර පිස හමා ආ මඳනලින් සම්බුදු සුවඳ සිඹ සිඹ මෙතෙක් දුර ආ ගමන මෙසේ නිමාවට පත් විය!

ඒ අසිරිමත්, අද්භූත, පරම කලණමිත්, ශාක්‍ය මුනිවර, සුගත තථාගත, අර්හත් සම්බුදු මුවින් යළි කිසිදා 'ආනන්ද' යන හඬ නෑසෙන ලෙසින් ම ලොවෙන් නො ඇසී ගිය විට අනඳ මහතෙරුන් කෙසේ නම් එය දරා සිටින්ට ඇද්ද!

අනඳ තෙරණුවෝත් පිරිනිවෙති

අප භාග්‍යවතුන් වහන්සේ ගේ පිරිනිවීමෙන් තෙමසකට පසු අනඳ මහතෙරුන් ගේ සිහිනය මල්පල ගැනුණේ සැණෙකින් මල් කිණිති සැදී මල් ගොමුවෙකින් වැසී, සුවඳ මල් මුවරද පහස කැවී දසත සුවඳ විහිදුවන

මහා රුකක් සේ සකලවිධ ශ්‍රමණ ගුණ තේජසින් යුතු මහරහත් ඵලය පසක් කරවමිනි.

භාග්‍යවතුන් වහන්සේ පිරිනිවීමෙන් පසු අනඳ තෙරණුවෝ තව සතළිස් අවුරුද්දක් වැඩසිටියහ. උන්වහන්සේ වැඩහුන් මුළු ආයු කාලය එක්සිය විසි වසෙකි. උන්වහන්සේ ගේ අදිටන තිබුණේ කිඹුල්වත් නුවරට වැඩ පිරිනිවීමට ය. සිතූ පරිදි ආයු කාලය අවසන් වූයෙන් තෙරණුවෝ කිඹුල්වතට වැඩම කළහ. කිඹුල්වත රෝහිණී නදියෙහි එක් පසෙක පිරිනිවන් පෑවොත් අනෙක් පස ඤාතීහු ධාතූන් බෙදා ගැනීමට කලහ කරන්නාහ. අනෙක් පස පිරිනිවන් පෑවොත් මෙපස ඤාතීහු ධාතූන් බෙදා ගැනීමට කලහ කරන්නාහ. ඒ කලහය උපදිතොත් උපදිනුයේ තමා නිසා ය. එසේ නො වනු මැනවි යි සිතා පිරිනිවනට කල් දන්වා සිටියෙන් ඤාතීහු රැස්කකා රෝහිණී නදිය දෙපස රොද බැඳ ගත්හ.

අනඳ තෙරණුවෝ නදී තෙරෙන් අහසට පැන නැගී රෝහිණී නදියට ඉහළ අහසේ පලක් බැඳ වැඩහුන් සේක. වළා රහිත නිල් අහසේ බබළමින් වැඩසිටි මහිර්ධිමත් රන් පැහැති මේ එක්සිය විසි හැවිරිදි මහලු තෙරනම දෙස ශාක්‍යයෝ නෙත් අයා, මුව අයා කඳුළු වගුරුවමින් වැඳගෙන බලා සිටියෝය.

නෙත් සඟල පියා භාවනා ඉරියව්වෙන් පද්මාසනය බැඳ වැඩහුන් තෙරුන් ගේ සිරුර නො සෙල්වී එක්තැන් ව පිහිටා තිබුණි. කවුරුත් බලා සිටියදී අනඳ මුනිඳුන් ගේ සිරුරෙහි රන් පැහැ රත් පැහැයට හැරෙන්ට පටන් ගති. සිරුර පුරා දුම් රහිත වූ ගිනිසිළු කෙමෙන් පැන නැංගේය. ඒ ගිනි සිළුයෙන් මුළු සිරුර ම වෙළී ගියේය.

ශාක්‍ය වංශිකයෝ පොළොව ගුගුරවමින් වැලපෙන්ට පටන් ගත්හ. ඔවුන් ගේ ශෝකාලාපරාවයෝ දසත ගුගුළහ. ගින්නෙන් වෙළීගිය සිරුර මැදින් බෙදී දෙකඩ ව වෙන් වී ගියේය. එක් කොටසක් නදියේ මෙතෙරටත් අනෙක් කොටස එතෙරටත් මල්පෙති සමූහයක් මොළොක් ලෙසින් පොළෝ තෙළෙහි වැතිරෙන සෙයින් වැතිර ගියේය. ඉක්බිති ජනයා දුටුවේ අනඳ මහතෙරුන් ගේ උතුම් ධාතුන් වහන්සේලා ය.

අනඳ මහතෙරුන් ගේ ළයෙහි උපන් ගාථා

1. පිසුණු බස් දොඩන්නා - ක්‍රෝධ බඳින්නා
   මසුරු සිතැත්තා - අනුනට විපත දකින්නා
   සමග කිසිවිට ඇසුරු නො කරයි නැණවතා
   පවෙක් ම ය ඇසුර අසත්පුරුෂයන ගේ

2. සැදැහැ සිත් ඇත්තා - සුසිල්වත් තැනැත්තා
   නැණවතා හා බහුශ්‍රැතයා
   සමග නිති ඇසුර කළ යුතු ය නැණවතා
   සොඳුරු ම ය ඒ සත්පුරුෂ ඇසුර නම්

3. විසිතුරු ව සැරසවූ මෙ කය දෙස බලව්
   ඇතුළ කුණු රසෙකි - නැගිටගත් ඇටගොඩෙකි
   රෝදුකින් පෙළේ මෙය
   අනුවණයනට කවි කල්පනාවෙකි
   එනමුදු මෙ කයෙහි ගන්ට හරයක් නොමැත

4. ඇටින් එකතු ව සමින් වැළඳව
   මෙ කය මිණිකොඩොලින් සදා

වතින් සරසා විසිතුරු කළ සැටි බලව
හොබනේ ය මෙය හැඳි වත නිසා

5. ලාරසින් යටිපතුල් රත් පැහැ ගන්වා
සුවඳ විලවුනින් මුවමඬල තවරා
තිබෙන මෙ කය අනුවණ දනන් ගේ
මුළාවට ගැලපෙන නමුත්
නිවන සොයනුවනට නැත මුළාවෙන දෙයක්

6. කෙස් කළඹ අන්දම් තබා සරසා
අඳුන් ගා නෙත් සඟලට
තිබෙන මෙ කය අනුවණ දනන් ගේ
මුළාවට ගැලපෙන නමුත්
නිවන සොයනුවනට නැත මුළාවෙන දෙයක්

7. මනහර ව සිතුවම් කළ
අඳුන්කොපුවක් විලස
සැරසවූ මේ කුණු කය
අනුවණ දනාහට මුළාවන්නට යැ නිසි
නිවන් සොයනුවනට මුළාවෙන්නට නැත දෙයක්

8. මුවෙකු ඩැහැගන්නට
උගුල අටවා බලා සිටී වැද්දා
හසු නො වී ඒ කාම උගුලට
කොරටුවෙහි ගොදුරුත් කා
වැද්දා හඬද්දී පලා ගියෙමු අපි මුවන් සේ

9. වැද්දා ගේ උගුල
කඩා සුණු විසුණු කොට
හසු නො වී ඒ කාම උගුලට

කොරටුවෙහි ගොදුරුත් කා
වැද්දා හඬද්දී පලා ගියෙමු අපි මුවන් සේ

10. ගොයුම් ගොත් බුදුසව්වෙකි
බහුශ්‍රැතයෙකි සොඳුරු දම් දෙසන්නෙකි
ලොව්තුරු බුදුහු ගේ උවටැන්කරු ය
හැම කෙලෙස් බර පසෙක බහා
දැන් සුවසේ සැතපේ ය හේ

11. නිකෙලෙස් ය, බැඳුමෙන් මිදුණෙකි
රාගාදි හැම ඉක්ම ගිය, මැනවින් නිවුණෙකි
ඉපදෙන මැරෙන සසරෙන් එතෙර වූ
හේ දරනුයේ මේ අවසන් කය ය

12. හිරුගොත් වංශයේ උපන් - සම්මා සම්බුදුරදහු ගේ
හැම දහම් මනාකොට - ළයෙහි රැඳුණී ද යමෙකුගේ
ගොයුම්ගොත් අනඳ තෙම - සිටී ඒ නිවන් මග

13. බුදු මුවින් වදහළ - දෙඅසූ දහස් දම්කඳ
සව්වන් විසින් පැවසූ - දෙදහසක් දම්කඳ
සිව් අසූදහසක් දම්කඳ - මා ළයෙහි මැනවින් ඇත

14. දහම්පද නොදත් පුරුෂයා - තර වේ ගොනෙකු සේ
ඇඟ මස් වැඩෙනමුත් - ඔහුට නුවණක් නො වැඩේ

15. බහුශ්‍රැතයෙක් යම්විට එවන් අල්පශ්‍රැතයෙකු
සිය දහම් දැනුමින් - ඉක්ම යන්නට සිතයි නම්
සැබැවින් ම ඔහු - පහනක් අතැති අන්ධයෙක් ම ය

16. බහුශ්‍රැතයෙකු ඇසුරු කළයුතු
අසා දැනගත් දේ - සිතින් නො නසා ගත යුතු

මුල් වේ ය එය නිවනට
එසේ ධර්මධරයෙක් වීම සොඳුරු ය

17. පෙර පසු හැම දෙය ම - දනියි නම් මනාකොට
දොඩනා බුදු වදනේ - අරුත් දැන සැබෑවට
කිව හැකි ද එය ඔහුට මනාකොට
හොඳින් දරාගත් දහමෙහි
අරුත් ද හේ විමසයි නැණින්

18. විදසුන් නුවණෙහි - පිහිටනු රිසිය ඇති
වැර වඩමින් සිතේ - කයෙහි ඇති තතු දක්නා
නිසි කල්හි සිත - හොඳින් එකලස් කොට
හේ නිති සිහි යොදා - සමාහිත කරයි ඒ සිත

19. බහුශ්‍රැත - ධර්මධර - ප්‍රඥාවෙන් ද යුතු
ඒ බුදුසව්වා ඇසුරට ගත යුතු
දහම් වඩනු රිසි අය එය ම කළ යුතු

20. ධර්මය තුළ ම වසනා - දහමට ම රිසි කරනා
ඒ දහමට අනුව ම - සිය සිතැඟි හසුරුවනා
දහම ම මෙනෙහි කරනා - යම් භික්ෂුවක් වේ නම්
නො පිරිහේ හේ උතුම් දහමින් කිසිදා

21. සිය කය ගැන ම සිතමින් - මසුරු සිතකින් වසමින්
පිරිහී යන සමණා - නැගී සිටුම නො කරයි නම්
සිරුරු සැපයට ගිජු වන - එබඳු මහණෙකු හට
කෙසේ නම් කිසි තැනක - පහසුවෙන් වසන්ට ද?

22. මා උතුම් කලණමිත් - සැරියුත් මහතෙරුන්
පිරිනිවී ගිය සඳ - හැම දිශා නො පෙනුණි මට

මෙනෙහි කරමින් සිටි - දහමත් නො වැටහිණ
එතුමන් නොමැති ලොව - අඳුරු යැයි මට සිතේ

23. කලණ මිතුරා අහිමි ව - තනිව හුන් මට සිටියේ
තථාගත මුනිඳු පමණ ය - පිරිනිවී ගියෝ බුදුහු ද
එකලා ව වසන මට - කය අනුව ගිය සිහි හැර
ගන්ට වෙන මිතුරෙක් - නො ඒ ම ය මා සිතට

24. මට සිටි කලණ මිතුරෝ - වැඩියෝ ය මා අත්හැර
අලුත් මිතුරෙකු හා - නො සැසඳේ දැන් මා සිත
තද වැසි වසිනවිට - කැදැල්ලට වන් විහඟෙකු සේ
මම් ද අද තනිවම - දැහැන් වඩමින් පසුවෙමි

25. මා දකිනු රිසි - නොයෙක් රටවල බොහො දෙන
අවුදින් සිටිය විට - නො වළකුව ඒ උදවිය
බණ අසන්නට රිසියෝ - මැනවින් මා දකිත්වා
මාගේ දැකුම ඔවුනට - ලැබ දෙන්ට මේ කාලය යි

26. භගවත් මුනිඳු දැකුමට - නොයෙක් රටවල අය
අවුදින් සිටිය විට - නො වැළකූ සේක බුදුහු ද
පසැස් ඇති බුදුහු ද - සැලසුවෝ ඔවුනට ඉඩ

27. සෝවාන් වූ මා - නිවන් මග අවනත ව
පස්විසි වසක් පුරා - සිටිමුත් බුදුහු පසුපස
කිසිවිටක මසිතෙහි - නො ඉපදුනි රාග හැඟුමෙක්
මේ උතුම් දහමෙ අසිරිය - බලව එය හරි පුදුම ය

28. සෝවාන් වූ මා - නිවන් මග අවනත ව
පස්විසි වසක් පුරා - සිටිමුත් බුදුහු පසුපස
කිසිවිටක මසිතෙහි - නො උපනි ද්වේෂයක්
මේ උතුම් දහමෙ අසිරිය - බලව එය හරි පුදුම ය

29. පස්විසි වසක් පුරා - උවටැන් කළෙමි මුනිඳුට
මෙත් සිතින් යුතු කයින් - හොඳින් වත් පිරුවෙමි
මගේ භගවතුන් පසුපස - සේයාවක් ව සිටියෙමි

30. පස්විසි වසක් පුරා - උවටැන් කළෙමි මුනිඳුට
මෙත් සිතින් යුතු වදනින් - හොඳින් වත් පිරුවෙමි
මගේ භගවතුන් පසුපස - සේයාවක් ව සිටියෙමි

31. පස්විසි වසක් පුරා - උවටැන් කළෙමි මුනිඳුට
මෙත් සිතින් යුතු සිතින් - හොඳින් වත් පිරුවෙමි
මගේ භගවතුන් පසුපස - සේයාවක් ව සිටියෙමි

32. බුදුරදුන් සක්මන් කළවිට - පසුපසින් ගියෙමි මම
දහම මැනවින් දෙසූවිට - නුවණ ඉපදුනි මා තුළ

33. නිවන් මග තව කළයුතු - බොහෝ දේ තිබුණි මට
නො පැමිණි රහත් බව පතා - හික්මුණි හැම විට ම
අහෝ මට අනුකම්පා කළ - මුනිඳෝ පිරිනිවියෝ

34. හැම අයුරින් ම ලොව උතුම්
මහ ගුණැති සම්බුදුරදුන්
අහෝ පිරිනිවියෝ සැණින්
එසඳ බිහිසුණු අසිරියෙක් විය
කිළිපොළා ගත ලොමුගැනුම් විය

35. බහුශ්‍රැත ධර්මධර මම් - මහාසෘෂි බුදුරදුනගෙ
දම්රුවන් රැස ළයෙහි - ගබඩාව කොට සිටියෙමි
මුළු ලොව ඇසක් බඳු - අනඳයෝ පිරිනිවෙති

36. බහුශ්‍රැත ධර්මධර මම් - මහාසෘෂි බුදුරදුනගෙ
දම්රුවන් රැස ළයෙහි - ගබඩාව කොට සිටියෙමි
අඳුරු කළුවර දුරු කළ - අනඳයෝ පිරිනිවෙති

37. ඥානගති තිබුණි ද යමෙකුට - මනා සිහි තිබුණි ද
නුවණින් ධෛර්යයට පත් - ඍෂිවරයෙකු ව සිටි
බුදුහු ගේ දම්කඳ - ළය දරාගෙන සිටි
අනඳ තෙම හැමවිට - දම්රුවන් ආකරයෙකි

38. මා විසින් ශාස්තෘහු සෙව්නා ලදහ මැනවින්
සම්බුදුන් ගේ සසුනෙහි - කළයුත්ත කරගත්තෙමි
මහතද කෙලෙස් බර - සිතෙන් බැහැරට දැමුවෙමි
දැන් ඉතින් මේ අනඳට - මතු නැවත භවයක් නැත

මෙපමණෙකින් අනඳ මහතෙරුන් ගේ අසිරිමත් ගුණකඳ විහිද ගිය අද්භූත දිවිසැරිය කෙසේ නම් අවසන් කරන්ට ද! එහෙත් පොත නම් නිමා විය.

ලියා නිම කළ නොහැකි - කියා නිම කළ නොහැකි
අනඳ මහතෙරුන් නිති - බුදුරදුන් ළඟ නිබඳ
උවටැන් කරන සඳ - සෙවණැල්ලක් ම විලසට
ත්‍රිපිටකය පුරාවට - අනඳ තෙරුන ගෙ නම
නො වෙනස් ව දිස්වේ - ගගන තල පුන් සඳ ලෙස

අනඳ මහතෙරුන ගෙ - මහගුණකඳ රැකින
නෙළා ගත් එක් කුසුමෙක් - පමණි මාගේ මේ ගත
දැන කියාගෙන මෙය - පහදා ගනිව් තම සිත
අනඳ තෙරිඳුන් බඳු - ගුණැතියෝ දුලබ ය ලොව

අවුකන නම් පෙදෙස - ගල්නෑව නම් ගමෙක් ඇත
එහි පිහිටි අසපුවෙක - උතුම් මහසෑයෙකි
අනඳ මහතෙරුන ගෙ - ධාතුන් නිධන් කළ
සිරි අනඳ මහසෑ නමැති - ඒ සෑරදුන් නමදිව්

අනඳ මහතෙරුන ගෙ - අසිරිමත් සඟ ගුණ කඳ
නමැති සිහිලැල් ගඟුලෙන් - නගාගත් දිය බිඳ බිඳ
ඒ අරහත් ගුණය - නිව නිවා සිත සරතැස
හැම දෙනගෙ ම සිතට - දැනේවා අනඳ මුනි ගුණ!

අනඳ මහතෙරුනට මෙසේ ගුණ කියා වඳිමු

යෝ චිත්තකථී ධම්මධරෝ -
සතිමතෝ ගතිධිතීමතෝ
සුගතස්ස කෝසාරක්ඛකෝ -
පූජනීයෝ බහුස්සුතෝ
තං වීතරාගං සුසමාහිතින්ද්‍රියං -
වන්දාමි පරිනිබ්බුතානන්දත්ථේරං

අප සුගත් සම්බුදු රජුන්ගේ - මහා දම්කඳ රැකගෙන
සොඳුරු බණපද පවසන - විස්මිත මතක බල ඇති
මනා සිහි ඇති මහා නුවණැති - සුපූජිත බහුශ්‍රැත වූ
ඒ වීතරාගී සමාහිත ඉඳුරන් ඇති -
අමා නිවනට වැඩිය අපගේ
උතුම් අරහත් අනඳ මුනිඳුට - වඳිමි මම සාදරයෙන්

උතුම් අනඳ මහසෑ මෙසේ අපි නමඳිමු

උපට්ඨහිත්වා භගවන්තං - වස්සානි පඤ්චවීසති
විරෝචයී බ්‍රහ්මචරියං - ආකාසේ භානුමා යථා
ථේරස්ස ධාතු නිදහිතං - සදේවලෝක පූජිතං
ආනන්දචේතිය වරං - අහං වන්දාමි සබ්බදා

භගවත් මුනිඳුහට - පස්විසි වසක් උවටැන් කොට
අහසේ හිරුමඬල ලෙස - බැබළවූ සසුන් බඹසර
සදේවක ලෝ සුපූජිත - තෙරුන්ගේ දා නිධන් කළ
උතුම් ආනන්ද සෑයට - මම වඳිමි හැම කල්හි ම

සාධු! සාධු!! සාධු!!!

Milton Keynes UK
Ingram Content Group UK Ltd.
UKHW021544160924
1673UKWH00056B/290